한국어로 내려온
New Bible

새로운
성 경

제145권

10부 | 총10부

하얀마음

하나님 말씀 중에서

1. 사랑의 하나님

- 세상을 창조하신 하나님은 모두를 사랑하신다. 인간만 특별히 더 사랑하지 않고, 우주 만물을 다 똑같이 사랑하신다. 그러니 하나님이 창조하신 천지 만물과 화친하고, 미물까지도 소중히 대하라.

- 하나님은 특정 종파나 민족만을 더 사랑하지 않으신다. 자기 자신만 구원받겠다는 욕심을 버리고, 자기 종파만 구원받는다는 편협한 교리에서 벗어나야 한다. 종파를 초월해서, 모두를 사랑하라.

- 원수까지 사랑하라 했으니, 이 세상에 사랑하지 못할 자가 누가 있겠는가? 종파가 다르다고 해서 부모 형제와 원수처럼 지내는 자는 인간의 근본을 모르는 자다. 가장 가까운 가족부터 사랑할 때 남도 진심으로 사랑할 수 있다.

- 한 사람을 원수같이 생각하던 마음에서 사랑하는 마음으로 돌리면, 자기 자신의 마음이 가장 기쁘고 행복하다. 하나님께서는 인간의 마음속에 무거움이 없이 기쁘고 행복한 삶을 살기를 바라신다.

- 이웃을 "내 몸처럼" 사랑하라 했으니, 마지막 한 장 남은 천국의 티켓도 이웃에게 양보하라. 자기 중심적인 신앙에서 벗어나서 남을 위해 살아야 한다.

- 독초도, 약초도, 이단도 사탄도 천사도 다 필요하기에 존재한다. 독초일지라도 극소량을 사용해서 생명을 살릴 수 있고, 약초라 하더라도 남용하면 생명을 잃을 수 있다.

- 세상 모든 것을 명약으로 활용하는 것은 인간의 지혜에 달렸다. 어떤 것이든 어떤 사람이든 적재적소에 꼭 필요한 명약으로 승화시키라.

- 사탄도 이단도 천사도 모두 하나님의 주관하에 존재한다. 진정한 하나님의 백성은 사탄과 마귀까지도 감화시켜서 천사로 거듭나게 한다.

2. 기도

- 하나님은 인간의 생각까지 모두를 다 알고 계신다. 우리의 소원도 이미 알고 계시기에, 소원의 기도를 할 필요가 없다. 우리가 받을 자격이 되면 내려 주신다.

- 죄를 짓고 아무리 회개를 해도 용서받지 못한다. 도둑질한 자는 용서해 달라고 기도하고, 도둑맞은 자는 도둑을 잡게 해 달라고 기도하면, 공의의 하나님은 누구의 편에 서시겠는가?

- 자기가 잘못한 것은 그 사람에게 직접 갚고 용서를 구하라. 그가 용서하면 하나님도 용서하신다. 땅에서 매면 하늘에서도 매이고, 땅에서 풀리면 하늘에서도 풀리는 이치다.

- "회당에서 기도하지 말고 골방에서 기도하라" 했다. 눈에 보이는 골방이 아니라, 골방과 같이 고요한 마음이다. 잡념을 버리고 하나님을 향해 마음을 집중하며, 사랑하고 용서하는 아름다운 생각만 나오도록 하라.

- "두드리면 열릴 것이다." 하는 것은 육의 소원을 위해 두드리라는 것이 아니라, 진리의 깨달음을 얻기 위해 두드리라는 것이다.

- 기도하는 방법: 생활 속에서 수시로 기도하는 삶을 살아야 한다.

- "저의 죄를 용서하여 주옵소서." 하는 회개의 기도를 하라.
- 범사에 "하나님! 감사합니다." 하라. 현재 가진 것에 감사하며, 과욕하지 말라. 자기 노력 이상의 것을 더 갖고자 기도하는 것은 도둑놈심보다. 공의의 하나님은 각자 노력한 만큼 주신다.
- "하나님 뜻대로 살아가겠나이다." 하며 마음의 각오를 다지라.

- 기도는 하나님의 말씀을 받아서 "행하는 것"이다. 하나님이 계심을 굳건히 믿고, 하늘을 향하여 한 점 부끄럼 없이 사는 삶 자체가 가장 위대한 기도이며, 삶이 곧 예배다.

3. 지도자

- 똑같이 사랑한다는 말을 해도, 순수하게 하는 말은 천사의 말이지만, 사기 쳐서 재산을 가로채려고 하는 말은 사탄의 말이다.

- 종교 지도자가 아무리 훌륭한 설교를 해도, 신도의 재물을 거둬서 더 큰 교회를 짓고 자기의 부귀영화를 바라며 설교하면 사탄의 가르침이 된다.

- "저희 교회는 만원사례요, 믿음은 다 같으니 이웃의 개척 교회에 가서 예배를 드리시오." 하며, 이웃 교회의 부흥을 먼저 생각하여 제 신도를 보내는 종교 지도자가 있다면 그를 따르라. 그가 하나님의 사랑을 실천하는 자다.

- "부자가 천국에 들어가는 것은 낙타가 바늘구멍을 통과하는 것보다 더 힘들다" 하였거늘, 지금의 교회에서는 부자가 되기만을 기도하고 소원하니, 이는 곧 천국을 포기하고 지옥 행 열차의 티켓을 사는 것과 같다.

- 예수는 빈손이었다. 종교 지도자가 예수보다 더 호화롭고 편안하게 살아간다면 잘못된 것이다. 부귀영화와 명예를 바라는 자는 절대로 갈 수 없는 좁고 협착한 길이 종교 지도자의 길이다.

- 종교 지도자는 유리로 비춰 봐 한 점의 부끄러움이 없이 살아야 한다. 의식주도 직접 일해서 해결하고, 예수의 가르침과 행함을 그대로 따라야 한다.

- 종말은 없다. 지금의 잘못 가는 종교 집단에게만 종말이 있다. 보이지 않는 하나님은 보이는 육의 종말은 관여하지 않으신다. 환경 파괴로 인간이 스스로 멸망을 자초하는 것이다. 종파끼리 싸우기 전에, 무너진 인성을 바로잡고 지구의 몸살을 해결하는 데 뜻을 모으는 게 급선무다.

4. 성전이란

- 이 세상 자체가 하나님께서 만드신 성전이다. 자연보다 더 아름다운 성전이 있는가? 보이는 건물이 성전이 아니라, 성스러운 마음가짐이 성전이다.

- 반석 위에 교회를 지으라 했다. 지상의 단단한 돌은 인간이 쪼갤 수 있으나, 마음속의 굳은 결의는 세상 무엇으로도 쪼갤 수 없다. 바르고 굳건한 믿음으로 성경의 가르침을 실천하는 것이 마음의 반석 위에 교회를 짓는 것이다.

- 손으로 지은 건물의 교회에 모여서 복음을 전하는 것이 아니라, 교회를 개인과 가정에 심어 주어야 한다. 무너지고 부서지는 건물을 짓지 말고, 마음속에 영원히 불변하는 참진리의 교회를 지으라.

5. 십계명

- 십계명은 인간이 죽어서 반드시 통과해야만 하는 열 개의 관문이다.

\- 부모를 공경하지 아니한 자는 "네 부모를 공경하라." 하는 제5계명의 관문이 열리지 않으니 구원받을 수 없다.
\- 살인, 간음, 거짓, 우상 등의 나머지 계명도 마찬가지다.

- 십계명은 하나님의 친필이다. 모기소리만 한 하나님의 음성이라도 들어 보겠다고 여기저기 찾아 헤매지 말고, 십계명부터 암송하고 지키라.

- 십계명은 영혼을 구원하는 양식이며, 십계명을 지키는 것이 구원을 받는 길이다. 인간이기에 지키고자 노력하고 또 노력한다면 지킬 수 있다.

- 십계명을 지키고 천사처럼 아름답게 살아가는 그 마음 하나면 세상에 이루어지지 않는 것이 없다.

6. 보물

- 하나님은 재물이 아니라 우리의 마음을 받으신다. 사랑을 실천하며 천사처럼 변하는 마음이 하나님께 바치는 보물이다.

- 보이지 않는 하나님께 재물을 바치려 하지 말고, 너희를 길러 준 부모에게 용돈 드리고, 찾아뵙고, 효성을 다하라. 그것이 하나님께 효도하는 것이다.

- 하늘에는 선과 악의 창고가 있다. 자기 창고에 선이 많으면 천국으로 구원을 받고, 악이 많으면 심판받아 지옥으로 간다. 그것이 바로 "선한 일을 행한 자는 생명의 부활로, 악한 일을 행한 자는 심판의 부활로" 나오는 것이다.

- "선악과를 따먹지 말라"는 것은 양심을 지키라는 것이다. 선과 악을 구분할 수 있는 양심을 최초에 인간에게 주셨다. 선한 열매는 취하고, 악한 열매는 버리며, 양심에 비추어 부끄럼 없는 삶을 살아가라.

- 가장 작은 거짓말을 하지 않고, 가장 작은 죄를 짓지 않으며, 가장 작은 선행을 하고, 가장 작은 악행을 멀리하는 것이 율법의 일점 일획도 빠뜨리지 말고 다 지키는 삶을 사는 것이다.

7. 우상

- 박물관에 있는 불상은 하나의 예술품이다. 그 조각품에 대고 제 소원을 빌 때 우상숭배가 된다. 십자가라 하여도 그 앞에서 소원을 빈다면 우상숭배하는 것이며, 하나님께 소원을 빈다면 하나님을 우상으로 전락시키는 것이다.

- 지금 기복신앙에 젖어 있는 모든 사람이 우상 앞에 절을 하고 있다. 조각품을 우상이라며 파괴하지 말고, 네 마음속에 있는 욕심의 우상을 무너트리라.

- 생수를 약초가 먹으면 약을 만들고 독사가 먹으면 독을 만든다. 같은 성경을 봐도 선한 지도자는 신도를 천사로 만드는 데 활용한다. 그러나 욕심이 가득한 지도자는 재물을 거두어들여 제가 부귀영화를 누리는 데 악용한다. 그가 바로 성경을 우상숭배의 도구로 전락시키는 거짓 선지자다.

- 성경을 한 획도 빼거나 더하지 말라는 것은, 그 가르침을 빠트리지 말고 온전히 지키라는 것이다. 성경 속에서 자기에게 유리한 구절만 보는 것은, 자기에게 불리한 구절들을 빼 버리는 것이다. 믿음이 제일이요, 행함은 구원과는 관계없다는 것은 자신에게 유리한 쪽으로 성경을 악용하는 것이다.

- 진정한 종교 지도자는 종파에 관계없이 어떤 종파든 어떤 책이든 접하고 보고 깨우쳐 견문을 넓히도록 인도한다. 참진리를 모르고 자신이 없는 자가 남을 이단이라며 배척하고, 신도들의 눈과 귀를 가린다.

8. 예수

- 예수의 재림은 없다. 예수가 다시 온다 해도, 과연 누가 그를 예수라고 믿겠는가? 예수와 같은 삶의 행함이 곧 예수의 재림이다. 각자 모두가 “재림 예수”가 되는, 차원 높은 믿음으로 가야 한다.

- 예수는 “주여 주여 하지 말고, 아버지의 뜻대로 행하라”고 했다. 예수가 전한 하나님의 뜻이 곧 “길이요, 진리요, 생명”이며, 그 가르침이 예수의 보혈처럼 소중한 것이다. 예수를 믿는 것은, 예수의 가르침을 믿고 따르는 것이다.

- 예수는 낮은 자로서 만백성을 섬기고자 했다. 만나는 모든 사람을 다 하나님이라 생각하라. 돈을 벌수록 겸손하고, 높은 지위를 얻을수록 낮아지라.

- 예수는 종파를 만들지 않았다. 인간이 만든 종교와 인간의 교리를 따르지 말고, 예수를 통해 전한 하나님의 참진리를 연구하고 따르라.

- 예수가 2천 년 전에 만백성을 위해 죽었으니, 지금 이 땅에는 예수의 가르침대로 사는 천사만 존재해야 한다. 예수가 죽어 가면서 바란 것은 만백성이 천사가 되어 예수의 자리를 채워 주는 것이지, 지금과 같이 재물을 바치면서 중언부언 제 소원만을 비는 백성들을 바란 것이 아니다.

9. 구원

- 천사가 사는 천국에는 천사만 갈 수 있으니, 천사 같은 마음을 길러야 한다.

- "천국 열쇠를 네게 주리니 땅에서 무엇이든지 매면 하늘에서도 매일 것이라" 했다. 땅에서 천사같이 사는 자가 하늘에서도 천사가 되어 천국에 들어간다. 모든 사람에게 천사같다는 말을 듣는 삶을 살아야 한다.

- 천사의 곱고 아름다운 마음은 부모를 공경하고 어른을 어른으로 대접하는 데에서 출발한다. 효도하는 자는 형제와 화목하게 지내기에 가정이 화목해지고, 이웃과 화목해지고, 국가가 화목해지고, 온 인류가 화목해진다.

- 그러므로 지상의 아름다운 소왕국은 가정에서부터 이루어야 한다.

- 선택된 14만 명만 구원받는 것이 아니라, 천사처럼 변하고자 하는 14만 명을 기초로 온 인류가 천사처럼 거듭나는 영적인 개혁이 시작되는 것이다.

- 천 년에 걸쳐서 하늘에서 이루어진 것같이 이 세상을 낙원으로 만들어, 만백성이 지상의 천국에서 살다가 죽어서 그대로 하늘의 천국으로 들어가는, 영원한 지상 낙원을 건설하는 것이 하나님의 계획이다.

- **이것이 구약과 신약에 이어 "새로운 성경"으로 역사하시는 하나님의 창조의 완성이다.**

- 지금의 믿음으로 구원받을 수 있다면 그 길을 가라. 그러나 자신이 없다면 하나님께서 직접 내리신 160권의 "새로운 성경"을 읽고 구원의 길을 보라!

하나님 머리말씀

이 새로운 성경을 읽는 너희 모두는
이 율법에 따라 행하면 영원히 구원받을 것이니라.

너희 인간이 수년, 수십 년, 평생
성서를 공부하고 기도하는 것은
하늘나라 나의 곁으로 오고 싶은 소망일진대,

몇천 년 전의 너희 인성과 생각이
지금의 너희와는 판이하게 다르니,

꺾여 가고 병들어 가는 너희를 고칠 수 있는 길은,
오늘 내가 선지자에게 내리는 새로운 성경과 같이
너희가 변화되는 것뿐이니라.

나의 예수가 태어난 것처럼
내가 아들 선지자를 선택하여
나의 새로운 성경을 온 세계에 전하고자 하니,

묵은 것은 버리고 새로운 것은 취하여,
너희 모두는
'여호와 하나님! 저의 죄를 용서하여 주옵소서.'
하는 기도문으로 기도하고, 죄를 뉘우치라.

이 새로운 성경은
수천 년간 내려온 성서를 요약한 것이니,
너희는 이 책을 정독하여 쉽게 깨달음을 얻고,
이대로 실천하여 하늘에 오르라.

대역자 머리말

■ 하나님의 율법을 지키는 선지자로 선택을 받다.

저는 남들처럼 그저 열심히 살아온 평범한 사람이었습니다. 그러나 50대 중반에 사업에 실패하여 많은 부채에 시달렸으며, 건강도 악화되어 눈이 잘 안 보이고, 걷기도 어렵고, 두통이 심해서 잠을 이룰 수 없는 고통의 나날을 보냈습니다. 그때 제가 선택할 수 있는 것은 육의 삶을 끝내는 길뿐이었습니다.

죽기 직전에 그동안에 죄를 지은 이들에게 용서를 빌고 인생을 끝내기로 작정하였습니다. 어려서부터 지은 죄를 빌고 빌다 보니 끝이 없었고, 죽음으로도 그 많은 죄를 용서받을 길이 없다는 생각에 하염없이 눈물이 흘렀습니다. 그 순간 '재래식 화장실의 구더기는 죄를 짓지 않는데, 나는 인간으로서 구더기만도 못한 삶을 살았구나.' 하는 생각이 들면서 괴로움에 몸부림칠 때, 갑자기 하나님의 음성이 들렸습니다.

"나는 여호와 하나님이니라. 너는 십계명을 암송하고 내가 내려 주는 메시지를 받아 책으로 만들어 만백성을 구하라." 하시며, 제 눈을 손으로 문지르게 하시고, 아픈 머리와 다리를 손으로 두드리게 하셨습니다. 그러고 나니 눈도 잘 보이고 걸을 수 있었으며 머리의 통증도 말끔히 낫게 되었습니다. 그때부터 십계명을 암송하고 나면 들려주시는 말씀을 기록하였고, 1999년 8월부터 2004년 7월까지 권당 288쪽, 총 160권을 받아서 "새로운 성경"이라는 책으로 펴내게 되었습니다.

그러한 저에게 죽기보다도 힘든 길이 시작되었습니다. 모든 교인들이 저에게 사탄이요, 이단이요, 악마요, 마지막 시대에 온 거짓 선지자라 하면서 공격하였고, 저를 짐승을 보듯이 대하는가 하면, 편협한 종교 지도자들의 선동으로 신도들이 이 책을 직접 읽어 보고 평가할 기회마저 막아 버렸습니다. 그래서 하나님의 말씀을 세상에 내는 데 많은 어려움을 겪으며, 피를 토하는 심정으로 책을 전하고 있습니다.

그러나 아무리 인간의 힘으로 막으려 해도, 하나님의 뜻이 세상에 전해지는 위대한 역사는 계속될 것입니다. 책으로 전해지는 "하나님의 말씀"은 세상 끝날까지 항상 우리와 함께하실 것입니다. 사람은 죽어도, 책에 기록된 말씀은 영원히 남으니까요.

■ 따뜻한 실천

하나님께서는 어려운 사람들에게 삶의 터전을 마련해 주고, 미래를 열어 주는 것을 기뻐하십니다. 어려운 이웃이 스스로 자립할 수 있도록 이끌어 주는 것이 진정으로 이웃을 돕는 것이라고 말씀하셨습니다. 그래서 일자리가 없는 제자들에게 작은 사업장을 만들어 주는 "달란트 사업"을 하고 있습니다. 식당, 반찬 가게 등을 차려 주고, 기존의 어려운 사업장이 자립할 수 있도록 돕고 있습니다(커피숍, 미용실, 의상실 등).

하나님께서는 교회에 나와서 모든 시간과 재물을 쏟기를 원하지 않으시고, 그 시간과 재물을 교육에 투자하여 스스로 미래를 열어 가기를 원하십니다. 그래서 제때 공부하지 못한 제자들에게 학업을 이어 가도록 하였습니다. 중화요리 주방장을 하며 초등학교 검정고시부터 공부하여 2012년에 방통대를 졸업한 36세 남성, 만학도들의 2년제 중학교에 입학해서 2007년에 명지대학을 졸업한 38세 여성, 중학교 검정고시를 시작으로 숭의여자대학을 졸업한 47세 여성 등이 있습니다. 그밖에도 많은 제자들에게 나이를 초월하여 배우고 깨우쳐서 사회 속의 당당한 일원이 되도록 인도하고 있습니다.

학자금 대출로 힘겨워하는 젊은이들을 위해 "따뜻한 바람 장학회"를 발족하여(2016년 12월) 대출받은 학자금 전액을 매월 갚아 주고 있습니다. 또한, 다문화 가정을 위해 "다문화 가족 랜드"를 조성하여, 각종 시설을 무료로 활용하도록 하고 있습니다.

이러한 따뜻한 실천이 아직은 미약합니다. 그러나 책의 수입이 늘고, 저와 뜻을 같이하는 분들이 늘어나면 계속 확대할 것입니다. 지도자로서 신도의 재물을 헌금으로 거둬들여 착복하는 것이 아니라, 하나님께서 기뻐하시는 일에 사용하도록 중매 역할만 하며 살아가고자 합니다. 이런 제가 과연 사탄이고 이단인가요? 하나님께서 기뻐하시는 일이라면, 저에게 사탄이라 하든 거짓 선지자라 하든 굽히지 않고 실천해 나갈 것입니다.

끝으로, 일상의 삶 속에서 "지금 내가 하는 행동이 과연 하나님께서 기뻐하실까, 슬퍼하실까?" 생각하고, 매사에 하나님께서 기뻐하시는 길을 택하기 바랍니다. 교회에 모여서 집단적으로 예배 드리는 것이 아니라, 개인이나 가정 단위로 새로운 성경을 읽어 스스로 깨우치고 그대로 행하면 충분합니다. 그것이 마음속에 성전을 짓고, 신령과 진정으로 예배 드리는 길입니다. 그러면 천국의 문에 들어서게 됩니다.

2017.2.1.

하나님 말씀 대역자 김용철

차 례

십 계 명

이 책은 십계명을 암송하고 나면 내려 주시는 "하나님의 음성"을 듣고 그대로 받아쓴 기록입니다. 하나님께서 십계명을 모세에게 내려 주셨지만, 그것은 만백성에게 내려 주신 것입니다. 마찬가지로 이 책의 모든 말씀도 저에게 내려 주셨지만, 만백성 각자에게 들려주시는 말씀입니다. 여러분도 이 책을 접할 때마다 십계명을 암송하고 나서 정독해 주시기 바랍니다.

제일은, 너는 나 외에는 다른 신들을 네게 있게 말지니라.

제이는, 너를 위하여 새긴 우상을 만들지 말고, 또 위로 하늘에 있는 것이나, 아래로 땅에 있는 것이나, 땅 아래 물 속에 있는 것의 아무 형상이든지 만들지 말며, 그것들에게 절하지 말며, 그것들을 섬기지 말라.

제삼은, 너는 너의 하나님 여호와의 이름을 망령되이 일컫지 말라.

제사는, 안식일을 기억하여 거룩히 지키라.

제오는, 네 부모를 공경하라.

제육은, 살인하지 말지니라.

제칠은, 간음하지 말지니라.

제팔은, 도적질하지 말지니라.

제구는, 네 이웃에 대하여 거짓 증거하지 말지니라.

제십은, 네 이웃의 집을 탐내지 말지니라.

나 여호와가 존재함을 믿는 그 자체가 구원의 길에 들어서는 기본이요, 근본이며, 나의 새로운 성경을 가슴에 안고 정독하는 자, 반석 위에 서서 하늘에 오르는 찬란한 빛을 보게 되는 영광을 얻게 됨이니라. 진정 나를 따르고 믿는 자는 감히 사탄이나 마귀도 근접하지 못하느니라.

〈하나님 말씀〉

2004년 5월

10,886 번째 하나님 말씀

2004년 5월 4일 06시 28분

1 사랑하는 나의 아들아!
2 "네, 아버님! 말씀하옵소서."
3 나 여호와가 사랑하는 나의 아들딸들
을 위하여 모든 것을 예비하여 세상에
다 준비하였으며, 나 여호와가 모두를
다 너희들에게 내려보냈다 하지 않더
냐?
4 그리하여 나 여호와가 빈 껍데기요,
내가 아무것도 가진 것이 없는 이와
같은 형국의 형태라 하였으며, 또한
이와 같은 것이 나에게 가장 큰 기쁨
이요, 나 여호와의 행복이라 내가 하
지 아니하였더냐?
5 인간 세상에 살아가는 너희들의 삶도
그러하느니라.
6 부모가 자식에게 유업이요, 모두를 부
모가 건강할 때, 살아있을 때, 자식을
믿고 모두를 다 넘겨줄 수 있는 그와
같은 부모라면, 그 자식을 보는 마음
이 얼마나 행복하고 기쁘겠는가?
7 그러나 노후에 부모가 그 모든 재산
을 다 자식에게 모든 유업을 남겨 줌
으로 노후에 불안하며,
8 그가 또 병들어 쓰러졌을 때 보호를
받을 수 있는 그와 같은 자신이 없으
며 불안하여 그 재물을 내놓지 못하고
그를 일부 끌어안고 있는 그와 같은
부모라면, 그 마음이 얼마나 아프겠는
가?
9 그러니 나 여호와가 무엇을 쌓아 놓
고 있으면서 너희들이 울고불고할 때
마다 내가 너희들에게 무엇을 주고자
하는 그와 같은 아버지라 너희들이 생
각하느냐?
10 너희들은 노후에 인간의 부모가 자식
이요, 그 가족의 모두의 그 마음의 정
신 상태요, 그들이 생각하는 효성이
요, 부모를 공경하는 마음을 믿지 못
하기에, 그 부모가 재산을 가지고 있
음이니라.
11 그리하여 그 재산을 받기 위해 자식들
이 부모에게 진실된 효성이요, 진실된
사랑이 아니고, 그 재물을 받기 위하
여 너희들이 사랑을 베풀며 가며 그
부모를 생각하고 공경하는 것처럼 살
아간다면,
12 받는 그 부모의 마음은 얼마나 고통스
러울 것이며, 또한 그와 같이 하는 자
식들의 그 마음을 과연 무엇에 비교하
면 되겠느냐?
13 이것이 지금의 인간 세상에 너희들이
살아가는 형국이니라.
14 그러니 그 주지 못하는 부모의 마음이
어떠하겠는가?
15 그러나 나 여호와는 모두를 다 너희들
에게 주었음이니라.
16 인간 세상에 자식을 믿지 못하며 자식
이 불안하여 재물을 다 내놓지 아니
하며, 그걸 가지고 있으며 지탱하고
있으며,
17 자식들이 그것을 바라고 부모를 함부

로 하지 못하도록 하는 그와 같은 마
음으로 그를 가지고 있는 것이 인간
세상에 너희들의 그 부모의 마음이요,
오늘의 실정이라면,
18 얼마나 그게 가슴 아픈 일이며 얼마나
불행한 일이란 말이더냐?
19 그와 같은 마음으로 나 여호와가 재산
을 챙겨 놓고, 재산이요, 모두를 쌓아
놓고, 너희들이 나에게 기도하고 경배
하는 자, 그리하여 효성스러운 자식으
로 변하는 자에게 무엇을 내려 주고
하는 그와 같은 형국으로 나 여호와가
너희들에게 지금 무엇인가를 그득히
쌓아 놓고 있다 생각하는 마음을 가지
고 있는 자,
20 너희들이 바로 네 부모가 재물이 없을
때 버릴 자와 똑같은 자가 아니더냐?
21 그와 같은 생각을 하는 자가 그와 같
은 행위를 할 수 있는 자임을 알라.
22 나 여호와는 사랑하는 나의 아들딸 너
희들에게 예비하여 모두를 다 준비하
여 내려보냈으며,
23 내가 너희들에게 더 잘하는 자, 더 못
하는 자를 주고 말고 하는 그와 같은
방법으로써 재물을 쌓아 놓은 것이 없
으며,
24 내가 너희들에게 축복이요, 영광을 내
릴 것을 쌓아 놓은 것이 하나도 없음
이니 너희들은 알라.
25 그러니 나 여호와가 사랑하는 나의 아
들딸 너희들에게 모두를 다 내려놓고
다 보냈음이니, 그리고 너희들의 부모
가 자식에게 그 노후를 불안해하지 아
니하며 모든 유업을 넘겨주며 재산을
넘겨주는 편안한 부모의 마음이 행복
하듯이,
26 나 여호와는 또한 그와 같은 길을 선
택했으며, 그리 내가 너희들에게 모두
를 다 내렸음을 알라.
27 그러니 나에게 기도하는 것, 나에게
소원하는 것, 무엇을 이루어 달라 너
희들이 애걸복걸하지 말라.
28 나는 너희들에게 줄 것이 없음이니라.
29 다만, 내가 모두를 다 주었음이니, 너
희들이 거기서 깨우쳐 나에게 오르고
못 오르는 것, 그것은 너희들에게 과
제요, 너희들의 손에 달렸으며 너희들
자유의사에 모두가 달렸다는 것을 잊
지 말라.
30 내 것을 다 주어 내가 빈 껍데기의 형
태라 하였음이니라.
31 그리고 그것이 가장 행복한 내 모습이
요, 내가 가장 큰 기쁨이라 했거늘,
32 어찌하여 너희는 그와 같은 내 뜻을
모르며 그를 모르는 자, 하늘나라 나
여호와의 창고에 너희들이 보물을 그
득히 쌓아 놓아야만 상을 받으며 축복
을 받으며 구원을 받는다 그리 나를
욕되게 하는가?
33 네 모두를 다 주었으며, 가벼운 마음
으로써 더 이상 바라는 마음이 없는
것, 더 줄 것이 없이 모두를 털어놓은
그것이 나의 가장 큰 기쁨이요, 행복
한 마음이라 내가 했거늘,
34 너희들이 어찌하여 내가 싫어하는, 하
늘에 보물을 쌓아 내 창고에 그득히
쌓아 놓는 것이 죽어 와 상이요, 축복
이라는 그 허황된 짓을 하며,
35 그와 같은 거짓된 짓을 나의 피조물
만백성들에게 세뇌시켜 그들을 종과

같이 다루고 너희들은 제왕과 같이 군
림하는 사악한 행위를 하고 있단 말이
더냐?
36 인간의 형태로 내려간 나의 아들 예수
가 과연 재물을 쌓아 놓고 너희들에게
재물을 긁어모았더냐?
37 그가 명예요, 부귀를 위하여 너희들처
럼 그리 몸부림치고 살았던가?
38 나의 아들 예수는 빈손이었으며 빈털
터리였음이니라.
39 그리고 아무것도 지니고 가진 것이 없
음이니라.
40 그러니 나의 아들을 경배하며 '주여,
주여!' 부르며 그 이름으로 보혈을 받
아 은혜를 받았다는 종교 집단 지도
자, 가르치는 자, 너희들이 빈손이요,
빈털터리가 아니면 아니 됨을 알아야
될 것이니라.
41 나의 아들의 보혈로써 은혜를 받고 구
원을 받았다 말하는 자, 그리고 나에
게 올 수 있다는 자, 너희들은 어찌하
여 나의 아들이 빈손이요, 빈털터리
요, 빈 껍데기였던 것은 그대로 너희
들이 따르고 행하려 하지 아니하는가?
42 나의 아들 예수도 빈손이었고, 그를
세상에 보낸 창조주요, 너희들이 말하
는 아버지인 나 여호와도 빈손이니라.
43 이것을 명심하고 명심하도록 그리하
라.
44 나는 받을 필요도 없으며 거둬들일 것
도 없으며 거둬들일 필요도 없는 것이
나 여호와의 마음이거늘, 그리고 이것
이 하늘의 뜻이요, 하늘의 길이니라.
45 그러니 너희들이 지금 무엇인가를 거
둬들이는 행위를 하지 말라.
46 그리하여 내가 너희들에게 재물을 받
아서는 안 된다 하였음이니라.
47 나로부터 명받은 자는 나에게 받은 것
을 무상으로 모두를 가르치고 전하는
그것이 목자가 가는 길이요, 진정한
나로부터 선택된 지도자가 가는 길이
며,
48 그리고 너희들도 그와 같이 너희들의
모두를 다 역사해야 함을 알라.
49 교회의 성당이라는 것, 인간의 너희들
이 부서지고 깨지는 그 건축물을 짓고
더 화려하게 하는 데 재물을 내놓는
자, 너희들은 그만큼 그 죄를 벗어나
지 못할 것이니 그리 알라.

10,887 번째 하나님 말씀

2004년 5월 4일 06시 36분

1 사랑하는 나의 아들아!
2 "네, 아버님! 말씀하옵소서."
3 내가 너에게 내림이니, 네가 나의 성
령을 받아 이를 너의 제자들을 통하여
책으로 만들어 만백성에게 전하는 그
와 같은 역사의 길을 가는 것, 나의 명
에 따라 움직이는 것,
4 나의 참진리요, 내가 원하는 내 뜻을
갖다 세상에 전하는 것으로써 네 직분
이요, 그리고 선택된 너의 제자들이
조용히 그 일을 역사함으로 너희들이
책임진 것을 다하는 지도자가 되듯이,
너희들은 그저 모두를 전해 주는 것으
로써 네 직분이 다함을 알아야 될 것
이니라.
5 그러니 나의 뜻을 전하면서 나의 새로
운 성령이요, 만백성을 구원하기 위하

여 역사하고 이 일을 하는 자,
6너희들이 수고로움이요, 힘들다 하여
무엇을 거둬들이며 그 대가를 거둬들
이고 받고자 하는 그와 같은 마음으로
간다면, 과연 이것이 나로부터 선택된
백성이 할 수 있는 짓이더냐?
7나의 아들이 지금 새로운 성령이요,
새로운 성경을 만들어 냄에 있어서 나
로부터 그 모두를 받음이니,
8그가 그를 빙자하여 재물을 갈취하며
재물을 쌓아 두는 그와 같은 행위를
한다면,
9과연 이것이 정녕 나의 아들이요, 나
의 뜻에 따라 가는 선지자라 할 수 있
겠느냐?
10나는 너희들에게 지금 묻노라.
11모든 지금의 믿음의 길을 가는 그 지
도자라는 자들이 어떠한가, 그리고 그
들이 어떠한 형국으로 가며 어찌 설교
를 하는가?
12그들은 신도들의 삶이 아무리 어렵고
힘들다 해도, 길거리로 쫓겨나는 그와
같은 행위가 있다 해도, 너희들이 많
은 헌금이요, 재물을 더 많이 바침으
로 인하여 열배 백배 축복이 있나니,
13그리하여 너희들이 오늘의 삶이요, 오
늘의 고통이요, 오늘의 너희들의 병고
에서 벗어나려거든, 너희들이 재물을
무조건 있는 것 없는 것 많이 갖다 바
치고 기도하라, 그러면 너희들에게 열
배 백배 준다 그리 말하니,
14과연 이것이 지금까지 종교 집단이요,
지도자들이 거침없이 단상에 서서 설
교하고 부르짖은 것이며,
15그리고 저희들이 서로가 바꿔서 이와
같은 장난을 치는 그와 같은 계획 속
에서 또한 저희들이 부흥회다, 뭐다,
기타 등등 하며 기도원이다 어디다
하여 이리 끌고 저리 끌고 다니면서
나의 피조물 만백성들로 하여금 어찌
하면 재물을 거둬들일 것인가 그것만
을 생각하니,
16그것이 그들이 진리를 가르치는 길이
요, 하늘에 오르는 내 뜻을 가르치는
길이요, 복음을 전하는 것이라 말할
수 있겠느냐?
17이를 보는 나 여호와의 마음이 얼마나
아프고 저리겠는가?
18그렇다 하여 내가 그들을 재앙으로 다
스릴 수 없다 하지 아니하였더냐?
19그것이 오늘의 믿음의 길을 가는 길이
니라.
20모든 만백성들의 아픔과 슬픔이요, 고
통스러운 것, 그 모두를 만병을 다 고
쳐 줄 수 있는 그와 같은 자가 종교 지
도자요, 인도자라 하였거늘,
21과연 너희들이 나의 사랑하는 백성들
의 고통과 시련과 마음에 견디지 못하
는 아픔 모두를, 그 만병을 치료해 줄
수 있는 지도자로서 아름다운 모습으
로 가고자 노력하는 것인가, 아니면
너희들이 재물을 거둬들이기 위한 거
짓된 자들이 행위를 하는 것인가?
22이와 같은 것을 스스로 너희들이 한번
평가해 볼 때가 되었으며 너희 자신
을 들여다보지 아니하면 아니 될 것
이니라.
23너희들이 지금의 마음으로써 모두를
거둬들이고 재물을 갈취하는 것, 그리
고 남들보다 편안한 삶을 살고자 하는

것,
24 남들보다 더 큰 교회요, 더 많은 신도
를 거느리는 데만 모두를 다 바치고
있는 지도자, 너희들의 그 자세가 어
떠한 것이며 그 대가가 무엇인가를 한
번 돌아다봐야 될 것이니라.
25 내가 나의 아들을 통하여 새로운 성경
에 기록하여 전했느니라.
26 태양과 바람과 같은 그와 같은 형태로
써 가는 자, 그것이 진정한 지도자요,
27 그렇지 아니한 자, 제가 지도자라는
말을 하지 말라 내가 너희들에게 명하
고 전했음이니,
28 그와 같은 모습으로써 너희들이 변화
되지 아니하며, 그와 같은 모습으로써
지금의 종교 집단이요, 지도자가 거듭
나지 아니하면,
29 결국 너희들은 너희 자신이 지옥이요,
나의 피조물 만백성까지도 그리 안내
하는 자요, 인도하는 자이니, 그 죄의
대가를 너희들이 감히 어찌 다 받으려
하느냐?
30 이걸 내가 전함이니, 다시 한 번 너희
들이 무섭고 두려움을 깨달아, 나의
법전을 읽고 깨우쳐 너희들이 바른 지
도자로서 거듭나는 은혜를 받도록 그
리하지 아니하면 아니 될 것이니라.

10,888 번째 하나님 말씀

2004년 5월 4일 06시 39분

1 사랑하는 나의 아들아!
2 "네, 아버님! 말씀하옵소서."
3 너를 따르는 제자들이요, 나의 법전을
읽고 깨우친 만백성, 너희들은 들으라.
4 너희들이 고개 숙이고 사는 삶을 살지
말며, 당당한 모습으로써 서지 못하는
그와 같은 삶을 살지 말라.
5 이 세상에 태양과 바람이 그 모든 너
희들의 기본적인 것을 수없이 내려
주는 것처럼, 너희들이 이 세상의 모
두를 살아갈 수 있는 준비를 내가 다
했으며 예비시켜 놓았음이니라.
6 그걸 거둬들이고 그것을 취해서 너희
들이 살면 되는 것을, 너희들이 욕심
이요, 부질없는 것 때문에 나를 향하
여 한 점의 부끄러움이 없는 삶을 살
지 못하며,
7 너희들이 인간 세상에서 스스로 저
자신이 살아가는 모습을 볼 때, 당당
하게 사람들 앞에 고개 들 수 없는 자
세요, 고개 들 수 없는 삶을 산다면,
8 이는 결코 나의 백성이 아니요, 나에
게 올 수 있는 백성들이 되지 못함을
너희들은 알아야 될 것이니라.
9 이제 나의 아들을 따르는 제자 너희들
은 그늘진 모습이 있어서도 아니 되
며, 너희들이 고개 숙이는 자가 되어
서도 아니 되며, 너희들이 남들 앞에
당당히 고개 들 수 있는 그와 같은 삶
을 살지 못해도 아니 됨이니라.
10 얼마나 이 세상이 아름다우며 이 자연
이 아름다우며, 내가 예비시켜 놓은
것이 얼마나 위대하더냐, 사랑하는 나
의 아들딸들아!
11 너희들이 취하고 얻으면 모두가 다 그
속에서 있거늘, 어찌하여 너희들이 그
와 같은 바른 삶을 살지 못하여 너희
들이 고개 숙인 자요, 그리고 맥없는
자요, 그리고 부끄러워 하늘을 바라보

지 못하는 그와 같은 삶을 산단 말이
더냐?
12 이제는 너희들이 샛별처럼 반짝거리
는 삶이요, 그리고 너희들이 아름답고
명랑한 삶이요, 그리고 너희들이 환한
웃음을 지을 수 있는, 구김살 없는 삶
을 살도록 그리하라.
13 고개 숙이는 나의 아들딸을 나는 기억
하지 아니하며, 고개 숙이고 사는 자,
고개 들지 못하는 자, 그와 같은 아들
딸을 나는 기억하지 아니할 것이니라.
14 너희들이 명랑하지 못하며, 그 죄에
억압을 받아 너희들이 스스로 자연스
러운 이 세상의 아름다움을 느끼지 못
하고 사는 백성, 내가 너희들을 반기
지 아니할 것이니라.
15 너희들은 명랑한 모습이요, 당당한 모
습이요, 기쁜 모습으로써 살아가는 자
가 되며,
16 고개 숙인 백성이 되지 말도록 그리하
라, 사랑하는 나의 아들을 따르는 제
자들아!

10,889 번째 하나님 말씀

2004년 5월 4일 06시 49분

1 사랑하는 나의 아들아!
2 "네, 아버님! 말씀하옵소서."
3 오늘의 믿음의 길을 가는 그 백성들이
요, 돈으로 산 직함을 가지고 단상에
앉아 있는 자, 그와 같은 자들에게 내
가 뭐라 말하였느냐?
4 너희들이 정녕 하늘에 오르며 나를 보
고자 하며 너희들이 갈구하는 구원을
받고자 한다면, 그리고 그 구원의 길
을 역사한다면,
5 너희들이 구원을 받고자 구원의 길을
오고자 지금까지 갖다 바친 그 모든
재물을 회수하지 아니하면 아니 된다
내가 말하지 아니하였더냐?
6 너희들이 지금까지 모두 바친 그 재물
은 무엇이던가?
7 불법 거래자들이요, 불법 거래를 한
자들이라 내가 너희들에게 말한 의미
를 알아야 될 것이니라.
8 모두는 나 여호와의 것이요, 너희들은
내 것을 관리하고 내 것을 다스리고
지키는 것이거늘,
9 너희들이 어찌하여 사탄에게 그 재물
을 갖다 바쳐 사탄이 내려 주는 명함
을 사 불법거래한 그와 같은 재물이
바로 사탄에게 힘을 실어 줬으며,
10 사탄들이 오늘의 이 세상을 덮고 너희
들이 말세의 종말이라는 이와 같은 말
이 나올 수 있게 하였는가?
11 종교 집단이요, 지도자에게 갖다 바치
는 것이 정녕 너희들이 구원의 길이
아니요, 나 여호와의 뜻을 역사하는
것이 아니라, 사탄에게 힘을 준 그와
같은 길을 간 것이라 내가 너희들에게
전했음이니라.
12 그리하여 너희들이 그와 같은 것을 도
로 찾아 나오지 아니하면, 너희들이
아무리 용서를 빌고 회개하고 한다 해
도, 나는 너희들을 알 수 없으며, 내가
너희들을 모른다 하였으며,
13 너희들은 나의 나라 천국에 올 수 있
는 백성이 될 수 없다 내가 법전에 전
한 내용을 어찌 보는가?
14 그를 너희들이 두렵고 무서운 마음으

로 읽고 깨우쳐 그를 행하는 백성이
없음이니, 너희들이 어찌하여 나에게
구원을 받을 수 있다 말하느냐?
15 나는 거기다 기록하여 전했으니, 너희
들이 이를 정독하고 깨우쳐 행하는
자, 내가 너희들을 기억할 것이며,
16 그와 같은 역사를 이루는 자, 너희들
이 곧 나에게 오를 수 있는 자이니라.
17 모든 것이 잘못되었다는 것을 너희들
이 알면서도 그를 고치지 아니하며 그
저 그대로 따라가는 자,
18 그대로 가는 것이 설마하니 하늘에 오
르는 길이요, 그대로 믿지 아니하고
사는 것보다는 낫겠다는 생각에서 거
기에 머무는 자, 거기에서 등 돌려 나
오지 못하는 자,
19 내가 뭐라 말하였느냐?
20 그곳에서 뛰쳐나와 나의 법전을 높이
들고 '나를 따르라!' 외치는 백성이 불
속에서 너희들이 뛰쳐나와 그 생명을
구하는 그와 같은 역사를 얻는 것이
요, 다시 태어나는 것이요, 거듭나는
역사요,
21 너희들이 나를 위하여 그 귀하고 소중
한 생명을 바치는 그와 같은 역사를
이루는 것이라 내가 그리하지 아니하
였던가?
22 그와 같은 삶으로써 너희들이 거듭나
지 아니하면 아니 된다 내가 너희들에
게 그리 말하였느니라.
23 그들이 지금까지 역사하는 것이 무엇
이더냐?
24 그저 나의 피조물 만백성들로부터 어
찌하면 재물을 거둬들일 것인가, 그것
만을 연구하고 그것을 위하여 모두를
다 가고 있는 그들에게서 무슨 진리가
있으며 하늘에 오르는 길이 있겠느냐?
25 그러니 그와 같은 자들에게 재물을 바
친 너희들은 그와 같이 나의 재물을
함부로 관리하고 함부로 썼음이니라.
26 그리하여 너희들이 그를 도로 찾아오
지 아니하면 아니 된다는 것이 나 여
호와의 뜻이니라.
27 그러면서 그들이 너희들에게 뭐라 하
느냐?
28 너희들은 예배 시간이라는 것을 철저
히 지키라, 그리고 그 시간을 지켜 너
희들이 재물을 그득히 하늘에 쌓아 놓
지 아니하면 아니 된다 그들이 강조하
고 설교한다 하지 않았느냐?
29 예배 시간은 철저히 지키라, 그 예배
시간은 하나님과의 약속의 시간이기
때문에, 너희들이 그 예배 시간을 지
키지 아니하는 자 우선 축복을 받을
수 없으며,
30 너희들은 그 시간을 지키지 않는 순간
에 체벌을 받는다 그들이 그와 같이
너희들을 세뇌시키고 가르치고 있지
않더냐?
31 그러나 너희들은 알아야 될 것이니라,
그와 같은 백성들이 얼마나 어리석고
불쌍한 자들인가를.
32 그리고 저 자신을 위하여 저희들이 그
함정을 파고 있다는 것, 제 꾀에 제가
넘어가는 그와 같은 백성들이 지금 지
도자라 서 있는 것을 알아야 될 것이
니라.
33 너희들이 어찌하여 예배를 드리는 시
간만이 나 여호와와 약속된 시간이라
말하느냐?

34 너희들이 이 세상에 살아가는 그 삶
자체요, 너희들이 하루에 살아가는 그
모든 시간이 다 나와 약속된 시간이
요, 약속된 삶이라는 것을 알아야 될
것이니라.
35 그러니 모든 시간이 나로부터 약속된
시간이며 내가 너희들에게 내려 준 시
간이니라.
36 너희들이 삶을 살다 마치고 나에게 돌
아오는 그 정해진 시간 속에서 너희들
이 산다는 것을 알고 있지 않으냐?
37 그러니 사랑하는 나의 아들을 따르는
제자들이요, 나의 법전을 읽고 깨우친
백성, 너희들은 알 것이니라.
38 내가 너희들에게 생명을 주면서 이 세
상에 소모하고 살고 갖고 있다 쓰고
버리고 놓고 오는 그 시간을 정해 주
었음이니,
39 이것이 바로 너희들의 삶의 모두가 나
와 약속된 삶이요, 약속된 시간이거늘,
40 어찌하여 저희들이 예배를 드리는 그
시간만이 약속된 시간이라 그리 말한
단 말이더냐?
41 그들이 예배 시간은 약속된 시간이요,
그 시간을 철저히 지키라 너희들에게
그리 말함이니, 그것이 바로 무엇이더
냐?
42 그 시간을 정해 놓고 너희의 재물을
갈취하는 방법이요, 그리고 너희들에
게 공포 분위기를 조성하며 협박에 이
르기까지, 재물을 바치지 아니하면 하
늘에 오르지 못한다는 그와 같은 분위
기를 만들어, 나의 백성들을 종으로
그들이 억압하여 끌고 가며,
43 그리하여 너희들이 그 숨을 쉬지 못하
며 자연의 아름다움을 보지 못하며,
이웃과의 진정한 사랑이요, 인간과 인
간 세상에 살아가면서 베풀고 나누며
사는 삶이 얼마나 행복하고 즐거운
것인가를 전혀 너희들이 깨닫지 못하
도록 억압하는 자들이 그들이니라.
44 형제지간에 우애 있게 사는 것이 인간
도리요, 얼마나 행복하며, 자식이 부
모를 공경하며 부모가 자식을 사랑하
며 살아가는 것이 얼마나 아름다운 사
랑이요, 소중하던가?
45 진정으로 사랑하며 진정으로 너희들
이 아끼고 산다면, 그것이 바로 하늘
의 법도요, 하늘나라의 삶이니라.
46 가정이 화목하고 형제가 화목하며 항
상 웃음꽃이 떠나지 않는 것은 천국의
삶이니라.
47 그와 같이 사는 백성들이 지상에서 천
국의 삶을 사니, 하늘에 오르는 자들
이니라.
48 부모는 부모대로 찢어져 있으며, 자식
은 자식대로 찢어져 있으며, 종파와
종교라는 것 때문에 형제는 형제대로
갈라졌으며 찢어졌으며,
49 그것이 과연 너희들이 천국에 올 수
있는 백성이요, 아름다운 삶을 사는
백성이라 말하느냐?
50 오늘의 종교 집단이요, 지도자 너희들
이 재물을 갈취하기 위하여 예배 시간
이라는 것은 철저히 지키라는 그 공포
분위기를 만들었는가 하면,
51 가정과 가정이요, 형제와 형제까지도
다 갈기갈기 찢어 놓은 것이 오늘의
종교 지도자이니라.
52 아내와 남편을 찢어 놓았으며, 아들과

딸과 그리고 어머니와 자식과 아버지
와 그리고 모두를 다 갈기갈기 찢어
놓은 것이 오늘의 서로 가지고 있는
종파이니라.
53 한 집에 다섯 명이 종파가 다르다면,
그 다섯 사람의 종파에 의해 다 갈라
지고 찢어진 것이니,
54 어찌하여 종파라는 것 때문에 너희들
이 아름답게 살며 공경하고 살고 사랑
하는 부모와 자식이요, 형제의 우애까
지도 다 말살시켰는지 아느냐?
55 그렇게 무너지지 아니하면 너희 뜻을
따르지 아니하며 재물을 바치지 아니
하기 때문에, 그와 같이 사악한 짓을
한 것이 오늘의 종교 집단이요, 지도
자들이 한 짓이라는 걸 알라.
56 그저 주일을 지키라는 것도, 예배 시
간을 지키라는 것도 공포 분위기를 만
들어 나의 백성들로부터 재물을 갈취
하는 그와 같은 사악한 짓이요, 거짓
된 행위를 하기 위한 그 시간으로써
그리 강조하느니라.
57 그러니 너희들은 알라.
58 나는 너희들이 생명을 받아 세상에 나
가는 그 순간부터 너희들이 죽을 때까
지 쓰는 시간이요, 삶의 그 모두는 나
와 약속된 삶이요, 나와 정해진 시간
의 삶이니,
59 그 모두가 나와 약속된 시간이거늘,
어찌하여 너희들이 예배 보는 시간만
나와 약속된 시간이라 그리 말하느냐?
60 그러니 너희들이 예배 보는 시간만 나
를 찾으며 내 뜻에 살고, 나머지 시간
은 너희들이 인간 생각대로 마음대로
지지고 볶고 살아도 된다 그리 가르침
이니,
61 죄가 죄가 되지 아니한다 지금 가르치
는 사악한 자들이 이 세상을 지배하게
되었음이니라.

10,890 번째 하나님 말씀

2004년 5월 4일 09시 39분

1 사랑하는 나의 아들아!
2 "네, 아버님! 말씀하옵소서."
3 진리의 길이요, 하늘에 오르는 길은
끝이 없음이니라.
4 너희들이 끝이 없는 그 길을 간다는
것으로 인간으로서 지치고 힘든 길이
요, 결코 그 길을 갈 수 없는 것이 인
간 너희들이니라.
5 그러나 나를 경배하며 내 뜻을 따르며
그리고 나와 더불어 가고자 하는, 그
모두를 내가 부른 백성들이요, 내가
쓰고자 하는 너희들은,
6 어떠한 시련과 고통이요, 누구도 갈
수 없으며 누구도 인내할 수 없는 길
이라 해도 그 길을 가야 하는 것이며,
그 길을 역사하지 아니하면 아니 되는
것이니라.
7 이는 하늘의 뜻이요, 창조주 나 여호
와의 뜻이요, 진리의 길이기 때문이니
라.
8 그 길이 아니고 너희들이 다른 길로써
하늘에 오를 수 있는 길이 있으며 참
진리의 길을 갈 수 있다면, 나 여호와
가 너희들에게 어찌하여 그리 가라 하
겠느냐?
9 그러나 너희들이 끝이 없으며 끝이 보
이지 않는 그 길을 달려가는 것, 그것

이 너희들이 해야 할 임무며 나로부터
선택된 백성이요, 너희들의 운명이라
는 걸 잊지 말라.
10 너희들이 끝이 보이지 않는 그곳을 간
다 하여 중단하고 포기하고 지쳐 무너
지는 그와 같은 생각을 해서는 아니
될 것이니라.
11 가면 갈수록 마음이 굳으며 가면 갈수
록 자신을 다스려, 그와 같은 너희들
이 굳건한 마음으로써 가는 자세가 되
지 아니하면 결코 갈 수 없음을 알라.
12 너희들이 육의 세상에 살면서 죽을 때
까지 그 하나라도 놓아서는 안 되며
잠시도 놓아서는 아니 되는 것이 무엇
인 줄 알겠느냐?
13 참진리의 길을 탐구하는 길이요, 그
길을 가는 것이니라.
14 그렇지 아니하면 너희들이 정녕 나에
게 오를 수 없기 때문이니라.
15 이제 나의 아들을 따르는 제자들이요,
그리고 나의 법전을 읽고 선택된 백
성, 너희들은 오로지 한 길이니라.
16 끝이 보이지 않는 길이요, 그리고 결
과를 너희들이 볼 수 없는 그 길을 위
하여 모두를 다 바치고, 쉬지 말고 전
진하고, 쉬지 말고 걸어가야 됨을 알
라, 사랑하는 나의 아들딸들아!

10,891 번째 하나님 말씀

2004년 5월 4일 09시 42분

1 사랑하는 나의 아들아!
2 "네, 아버님! 말씀하옵소서."
3 나의 아들이 너희들과 더불어 나의 성
령을 들어 너희들에게 가르치고 강론
을 하는 이 성전이 어떠해야 되느냐?
4 이 성전은 살아서 움직이는 성전을
이루도록 해야 됨을 절대 잊지 말라.
5 나의 법전 또한 살아서 움직이도록 너
희들이 그 모두를 역사하며, 그리 모
두를 이끌어 가지 아니하면 아니 됨을
알아야 될 것이니라.
6 나의 성전은 생동감이 넘치며, 나의
성전은 살아 있는 것이요, 사랑이 충
만한 그와 같은 성전이 되어야 할 것
이며, 그리되지 아니하면 너희들은 결
코 안 되는 것이니라.
7 모든 종교 집단이요, 교회요, 그들이
그 안에서 서로가 이기주의요, 파벌이
요, 욕심에 의하여 싸움을 하고 저희
들이 얽히는 그와 같은 곳이 되어서
는 결코 아니 됨이니라.
8 그러니 그 모두가 죄의 온상이며 죽어
있는 곳이라 내가 하지 아니하였더냐?
9 그러니 나 여호와가 주관하며 나의 성
령을 받아 만백성을 구하는 나의 새로
운 성경을 만드는 이곳이야말로 살아
서 움직이는 성전이요,
10 그리고 나의 법전이 살아서 움직이는
생동감이 있는 그와 같은 곳으로서 너
희들이 이끌어 가지 아니하면 아니 됨
이니라.
11 그리고 사랑이 충만한 곳이요, 거짓이
없으며 진실만이 존재하는 곳, 그리고
너희들이 속과 겉이 다른 자가 아니
요, 속과 겉이 일치하는 말과 행동을
하는 그와 같은 백성들이 존재하는 곳
이 되어야만 함을 잊어서는 아니 될
것이니라.
12 생동감이 넘치고 살아서 움직이는 나

의 성전이 되도록 너희들이 그리하라.
13 지금 너희들이 마음 자세가 개인의 인
간 생각이요, 인간의 이기주의요, 현
실적인 그와 같은 생각을 버리지 못하
고 나의 법전을 가지고 공부하며 강론
을 듣는다면,
14 너희들은 죽어 있는 성전이요, 죽어
있는 나의 법전을 만드는 곳이라는 것
을 잊지 말라.
15 나의 성전은 살아서 움직이며 생동감
이 있어야 되며, 그리고 나의 법전 또
한 살아서 움직여야 됨이니, 그것을
너희들이 잊지 말도록 그리하라.
16 내가 내리는 뜻이 무엇인가 너희들이
깨우쳐, 그와 같은 하나의 오차가 없
는 오늘의 삶을 살아갈 수 있도록 최
선을 다하라.
17 나의 성전에서 사랑이 넘치지 못한다
면 어느 곳에도 사랑이 넘치는 곳이
없음이니, 이것이 너희들이 얼마나 잘
못된 것인지 아느냐?
18 그 모두가 너희들이 인간의 생각이요,
인간의 현실적인 삶에 대한 끈을 놓
지 못했으며, 아직도 너희들이 마음을
비우지 못했으며, 너희 자신을 버리지
못하였기 때문이라는 것을 깨우쳐 주
라.

10,892 번째 하나님 말씀

2004년 5월 4일 09시 46분

1 사랑하는 나의 아들아!
2 "네, 아버님! 말씀하옵소서."
3 너를 따르는 그 제자들이요, 그리고
나 여호와로부터 선택된 백성, 나의
법전을 읽고 깨우침의 길을 가기 시작
하는 백성, 너희들은 나로부터 선택되
었음을 알아야 될 것이며, 나로부터
부름을 받은 것을 알아야 될 것이니라.
4 그러니 내가 너희들에게 나의 법전에
기록하여 전했듯이, 너희들이 나로부
터 선택된 것이요, 부름을 받은 그 백
성이 얼마나 귀하고 소중하며, 너희들
의 임무가 얼마나 막중한 가를 다시
한 번 생각하지 아니하면 아니 될 것
이니라.
5 너희들이 지금 만백성을 구하는 대명
을 받은 백성이라는 것, 그 자체로써
너희들이 어떠한 삶을 살아야 될 것
이며 어떠한 길을 가야 될 것인가를
항상 생각하고 뒤돌아보지 아니하면
아니 될 것이거늘,
6 너희들이 나로부터 명받은 자요, 부름
을 받은 자요, 대명을 받았다는 것을,
너희들이 지금 그 귀하고 소중한 임무
를 역사한다는 것을 잠시도 잊어서는
아니 되거늘,
7 너희들이 그와 같은 생각을 저버리고
사는 것이 지금 나의 아들을 따르는
제자 너희들의 삶의 모습이 아니더냐?
8 너희들은 들어야 될 것이니라.
9 오늘의 너희들이 아무리 어렵고 힘든
그 고난의 길을 간다 해도 너희들은
결코 무너지지 아니함을 알라.
10 그리고 이 세상에 너희들이 승자라는
것을 알라.
11 확고히 너희들이 승자라는 것을 믿으
며, 너희들은 무너짐이 없으며 쓰러짐
이 없다는 소신을 갖고 그 믿음의 길
을 가야만 하는 것이거늘,

12 그와 같은 마음을 갖지 못하고 너희들
이 흔들리는 마음을 갖고는 아무것도
이룰 수 없음이니라.
13 그 끝이 안 보이는 멀고도 먼 길이요,
그리고 그 결과가 보이지 않는 그와
같은 길을 가는 것, 그리고 너희들이
어렵고 힘든 그 좁은 길만을 가는 것
은, 확고한 믿음과 소신을 갖지 아니
하고는 결코 갈 수 없음을 너희들은
알아야 될 것이니라.
14 인간사에서 너희들이 노력 없이 이루
어지는 것이 무엇이 있더냐?
15 노력의 대가에 의하여 모든 것이 이루
어지고 얻고 잃는 것이 이 세상에 너
희들이 살아가는 삶이 아니더냐?
16 더욱이 하늘에 오르는 길이요, 만백성
을 구하는 지도자라는 너희들이 확실
한 믿음이요, 확고한 신념이 없이는
아무것도 이루어질 수 없다는 것을 알
아야 될 것이니라.
17 그러니 너희들이 구원의 길을 간다는
지도자요, 그리고 종교 집단이요, 너
희들이 앞에 가 믿음의 길을 간다는
백성들이요, 나의 피조물 만백성들을
구하는 그 길을 가기 위하여 너희들이
어찌 가야 하는지를 알겠느냐?
18 너희들 자신이 어떠한 길을 가야 만백
성을 구할 수 있는 지도자로서 설 수
있는가?
19 너희들이 지도자가 되기 위하여 어떠
한 노력을 해야 될 것이며, 어떠한 길
을 가야 되는지 너희들이 스스로 그
답을 찾아 삶을 그리 다스려 나가도
록 그리하라.
20 그것이 너희들이 할 수 있는 일이요,
너희들이 가야 할 길이니라.
21 아무것도 능력이 없으며 아무것도 가
진 것이 없는 나 여호와가 너희들에게
무엇을 이루어 주고 만들어 주기를 바
라는 마음을 지우라.
22 너희들은 그 기대심리에서 그리고 나
여호와가 무엇인가를 이루어 줄 것이
라는 생각에서 살아간다면,
23 너희들이 아무것도 볼 수도 없으며,
이룰 수도 없으며, 건질 수도 없으며,
구원할 수도 없으며,
24 너희 자신도 구원의 길을 올 수 없다
는 것을 명심하라 그리 전하라.

10,893 번째 하나님 말씀

2004년 5월 4일 10시 13분

1 사랑하는 나의 아들아!
2 "네, 아버님! 말씀하옵소서."
3 너의 제자들이 깨우치며 알아야 할
덕목이 있음이니라.
4 너희들이 이 세상에 살아가는 그 생활
속에서도 '내가 아니면 아니 된다.'는
생각을 하고 사는 백성, 그는 너희들
이 말하는, 환영받지 못하며 더불어
살지 못하며 화해하는 삶을 살지 못하
는 것이 아니더냐?
5 그러니 인간 세상에서도 너희들이 '내
가 아니면 안 된다.'는 그와 같은 생각
을 버리지 못하는 백성은 고달프고
힘든 길을 가게 되어 있음이니라.
6 더욱이 너희들이 하늘에 오르는 길이
요, 나 여호와에게 오는 길을, 멀고도
멀고 힘들고도 험악한 그 길을 갈 수
있는 백성이라면,

7 너희들이 '내가 아니면 아니 된다.'는
그와 같은 생각을 가지고 있는 백성은
멀고도 험난한 그 길을 갈 수도 없으
며 나에게 올 수 없다는 것을 알아야
될 것이니라.
8 지금 나의 아들을 따르는 제자들이요,
그리고 나에게 선택된 백성, 나의 부
름을 받고 역사하는 그와 같은 백성,
너희들은 알아야 될 것이니라.
9 너희들이 '내가 아니면 안 된다.'는 그
와 같은 오만한 생각이 아니라, 너희
들은 희생과 봉사 속에서 너희 자신이
살아가야 되는 것을,
10 그리고 그 속에서 나의 복음을 전하며
나의 법전을 만들어 만백성에게 전하
는 희생과 봉사로써 선택된 너희들이
라는 것을 잊지 말라 그리 전하라.
11 너희들은 봉사와 희생정신으로써 나
의 법전을 만들어 만백성을 구하며 세
상을 덮는 그와 같은 역사가 너희들이
해야 할 일이거늘,
12 그와 같은 너희들의 직분을 버리고,
'내가 아니면 아니 되며, 내 뜻대로 하
지 아니하면 아니 된다.'는 것, 제 주
장이요, 제 뜻을 내세우는 그와 같은
제자들이요, 그와 같은 깨우친 백성이
라면,
13 너희들은 하나가 될 수 없으며, 내 뜻
을 역사할 수 없다는 것을 알아야 될
것이니라, 사랑하는 나의 아들딸들아!
14 그러니 세상사의 이치요, 모든 너희들
이 살아가는 그 형국이 그렇지 않더냐?
15 너희들의 손을 한번 주먹을 쥐어 보
라.
16 그 주먹을 쥐고 상대방을 공격하고
가격한다면, 그 주먹은 무엇이더냐?
17 공격하는 무기로써 됨이니라.
18 그러나 너희들이 그 손을 펴 그 펴진
손으로써 아름다운 꽃을 만지듯이 모
든 백성들이요, 사랑하는 사람을 그리
보듬어 준다면, 얼마나 그 손이 부드
럽고 사랑의 손길이요, 인자한 손길이
더냐?
19 너희들이 이와 같이 모두가 다 다른
것처럼, 너희들이 오늘에 어떠한 마음
을 가지고 어떤 자세로 살아가느냐
하는 것이 얼마나 중요한지를 알아야
될 것이니라.
20 제가 아니면 안 된다는 자는 주먹을
쥐고 공격하는 자와 똑같은 자요,
21 봉사와 희생으로써 저를 낮추고 가는
자는 손을 펴 사랑의 부드러운 손길을
내미는 자라는 걸 잊지 말라.
22 너희들의 손이요, 육신만이 그와 같이
무기로 쓰고 안 쓰는 것이라 생각하느
냐?
23 너희들이 모든 인간 세상에 있는 이치
가 다 그러하니라.
24 너희들에게 내가 말하여 일찍이 깨우
쳐 주지 않더냐?
25 너희들이 과일을 깎는 칼로 과일을 깎
았을 때는 너희들이 필요한 도구요,
그걸 잘못 쓰면 살인의 무기라 했던
것처럼,
26 너희들이 이제는 모든 마음의 자세요,
생각의 자세가 다 그렇다는 것을 잊지
말라.
27 칼이요, 손이요, 이와 같은 것만 너희
들이 어찌 쓰느냐에 따라 사랑의 도
구요, 필요한 것으로 쓰이는 것이 아

니라,
28 너희들이 마음을 어찌 갖느냐에 따라
서 너희들이 바로 살인하는 것으로 쓸
수 있으며 천사와 같은 것으로 쓸 수
있으며, 그것이 너희들의 마음의 가짐
이요, 다스림이니,
29 하나서부터 천 가지 만 가지가 다 그
와 같이 어찌 너희들이 쓰느냐에 따
라서 너희들이 하늘에 오르는 길이요,
그렇지 않으면 지옥으로 가는 길이요,
그 모두가 그와 같이 되어 있다는 것
을 잊지 말라 전하라.
30 말하는 것, 행동하는 것 모두가 다 그
와 같이 상대성이 있다는 걸 절대 잊
지 말고,
31 너희들이 하늘에 오르는 길이요, 천사
가 되는 그 멀고도 힘든 길을 마다하
지 아니하고 가는 그와 같은 삶으로써
묵묵히 살아가는 너희들이 되라 그리
전하라.
32 이제는 알겠느냐?
33 너희들 자신이 오만하며 제가 아니면
안 된다는 교만한 자세, 그것이야말로
모두를 다 파괴시키며 너희 자신을 파
괴시키며 모두를 다 무너지게 하는 것
이라는 걸 잊지 말라 그리 전하라.
34 나의 아들을 따르는 제자들이요, 나의
법전을 읽고 깨우친 백성, 너희들은
희생과 봉사로써 나의 복음을 전하며
내 뜻을 전하여 만백성을 구하는 그
새로운 역사를 이루는 것이 너희들의
대명이요,
35 너희들이 오만하고 자만한 것이 아니
요, 제가 아니면 아니 되며, 제가 역사
하지 아니하면 아니 되며, 제 뜻이 관
철되지 아니할 때는 네가 하지 아니하
겠다는 그와 같은 어리석은 자가 되어
서는 아니 된다는 것을 명심하고 명심
하도록 그리 전하라.

10,894 번째 하나님 말씀

2004년 5월 4일 10시 19분

1 사랑하는 나의 아들아!
2 "네, 아버님! 말씀하옵소서."
3 지금까지 하늘에 오르는 길이요, 사랑
을 베푼다는 그 백성들이 어떠한 믿음
으로 왔는지 알겠느냐?
4 내가 그들이 잘못되었으며 내 뜻과 관
계없다는 것이 무엇인 줄 알겠느냐?
5 하늘에 오르는 길이요, 참진리의 길을
가는 백성이요, 그를 가르치는 지도자
라면, 너희들이 기도하고 경배하는 것
을 어찌하여야 한다 내가 했느냐?
6 너희들이 작은 것을 위하는 기도를 하
는 것이 아니요, 나 여호와가 이루고
자 하는 그 역사의 큰 틀에 맞춰 너희
들이 모두를 역사해야 한다 하지 않았
느냐?
7 그리고 기도의 가장 기본적인 것은 무
엇이라 했느냐?
8 남을 위해 기도하는 것이 너희들이 가
야 할 길이며, 그게 기도의 기본인 것
이니라.
9 마음속에 생각하는 것, 너희들이 마음
에 접어 두는 것, 그 모두는 남을 위해
서 너희들이 그 생각을 해야 되는 것
이요, 그 생각이 바로 남을 위한 기도
이니라.
10 그러나 수천 년 동안 오는 지금의 믿

음의 길을 오는 백성들, 사랑의 실천
이요, 사랑을 행하며 저희들만이 구원
을 받았다 말하는 그 백성들이 남을
위해서 기도해 본 적이 있는가 그들에
게 물어보라.
11 이해관계 없이 너희들이 남을 위해 기
도한 적이 있는가, 너희들이 너 자신
을 지워 두고 진심으로 남을 위한 기
도를 해 본 적이 얼마나 있는가?
12 너희 자신을 위해 네가 이루고자 하
는 것을 위해 너희들이 그리했으며,
왜 남을 위해서 기도를 해야 하는지
그 의미조차도 알지 못하는 백성들이
오늘의 신앙생활을 하는 백성 너희들
이요,
13 그리고 남을 위해서 기도할 필요성도
느끼지 못하는 것이 너희들이니라.
14 그러니 얼마나 너희들이 불행한 백성
들이냐.
15 나 여호와가 원하는 것은 남을 위한
기도요, 너희들이 왜 남을 위해서 기
도를 해야 되는 것인가 그 기본이요,
근본을 너희들이 깨닫고 있는 백성이
되어야 되거늘,
16 그것조차도 알지 못하는 백성들이요,
남을 위해서 왜 기도를 해야 되는 것
인지 그 필요성도 모르는 자들이 오로
지 너희들이 오늘까지 기도요, 경배
요, 믿음의 생활을 왔음이니, 그것이
바로 무엇이더냐?
17 이기적인 것이요, 저만을 위한 기도를
한 자들이 아니더냐?
18 나 여호와는 너희들에게 일렀느니라.
19 남을 위한 삶을 살며, '나를 지우고 나
를 버려야 된다.'는 것을 너희들에게
내가 그리 깨우치고 전했거늘, 그를
행하지 못하는 자들이니라.
20 이제 나의 아들을 따르는 제자 너희들
은 너희 자신을 위하는 것이 아니요,
남을 위한 기도를 하는 것, 남을 위해
서 하는 그 기도가 간절하게 너희들이
드리는 기도요, 바라는 마음이 그와
같이 되어야 함을 알아야 될 것이니
라.
21 이제 믿음의 길을 가는 백성 너희들은
알라.
22 너희 자신을 위해 중언부언 짜깁기하
는 기도를 하지 말라.
23 마음속으로 너희들이 만백성이요, 남
을 위하여 모두가 다 고통에서 벗어날
수 있는 그와 같은 애절한 기도를, 간
절한 기도를 드리는 그 깨달음을 얻도
록 그리하라, 사랑하는 나의 아들딸들
아!
24 나의 아들 예수가 누구를 위해 기도했
으며 누구를 위해 역사했느냐?
25 나의 아들은 피보다도 더 진한 땀방울
을 흘리는 그 기도를 왜 했는가?
26 남을 위해서 기도했음이니라, 그리고
남을 위해 모두를 역사했음이니 너희
들은 이를 깨우치라.
27 이제 나의 아들을 따르는 제자들이요,
만백성 너희들은 잠에서 깨어나야 될
것이며, 너희들의 기도가 얼마나 잘못
되었으며 잘못 가고 있는 것인가를 너
희들이 놀라 깨어나지 아니하면 아니
될 것이니라.
28 너희들이 말하기를 빛과 소금이 된다
하지 아니하였더냐?
29 빛과 소금이 되는 그 아름다움을 행

하라.
30 너희들이 빛과 소금의 그 위대함을 행
하라.
31 그렇지 않으면 너희들은 아니 될 것이
니라.
32 백사장의 모래알만도 못한 작은 너를
위해, 너희 자신을 위하여 기도드리고
경배하는 그와 같은 마음을 지우도록
하라.
33 이제 잠에서 깨어나 너희들이 거듭나
는 그 길을 보도록 그리하라.
34 그러하지 아니하면 너희들이 아직도
특권 의식이요, 저만을 위하는 것이
요, 저는 구원받은 자요, 하나님의 자
식이요, 하늘에 가서 상급을 받을 약
속을 받은 자요, 하늘에 가 상급을 받
을 것만 남아 있으며,
35 영원한 세상에서 너희들이 죽고 사는
그와 같은 고통과 시련도 없는 그 하
늘나라에서 살 수 있는 자, 그리고 너
희들이 결정된 자요, 그리고 그것을
받은 자요,
36 거기에 더욱이 상급까지 받는다는 그
와 같은 어리석은 삶에서 깨어나야 되
며, 너희들이 그 변화를 갖지 아니하
면 아니 될 것이니라.
37 너희들은 이를 깨달아 행하도록 그리
하라.

10,895 번째 하나님 말씀

2004년 5월 4일 10시 25분

1 사랑하는 나의 아들아!
2 "네, 아버님! 말씀하옵소서."
3 지금의 믿음의 길을 오는 그 모든 백
성들의 믿음의 결과가 무엇이더냐?
4 예수가 나에게 기도하였던 것, 그리고
만백성을 위하여 기도했던 것, 남을
위하여 피보다 진한 땀방울 흘리면서
기도했던 예수의 그 기도의 의미를 너
희들이 과연 깨닫고 알고 있는가?
5 너희들은 살아가면서 어렵고 힘든 그
현안이요, 모든 발생하는 그것에 대해
너희들이 해결을 위한 기도요, 어려운
것을 해결하며 무엇인가를 얻고자 하
는 그 기도에서 벗어나지 못한 너희들
이 아니더냐?
6 모든 종교 집단이요, 믿음의 길을 가
는 그 백성들은 현안에 부닥치는 그것
을 해결하기 위해서 저희들이 기도하
고 경배하나,
7 이제 나의 아들을 따르는 제자들이요,
법전을 읽고 깨우친 백성, 너희들은
알아야 될 것이니라.
8 너희들이 현안에 부닥쳤을 때 그를 해
결하고자 나를 울고불고 찾지 말며,
9 너희들이 어찌하여 그와 같은 일을 당
했으며 그 일에 당면했으며 너희들이
왜 그 일을 겪지 아니하면 아니 되었
는가 하는 것을 들여다보며 깨닫도록
그리하라.
10 그리하여 두 번 다시 그와 같은 일을
하지 않는 깨달음을 얻도록 먼저 생각
하는 것이 중요함을 알라, 사랑하는
나의 아들딸들아!
11 그리하여 너희들이 그것을 깨달았을
때, 그 지혜를 얻었을 때, 그 지혜를
내려 준 나 여호와에게 감사를 드리며
깨달음에 대한 감사의 기도를 드리는
그와 같은 마음으로 살라, 사랑하는

나의 아들딸들아!
12너희들이 오늘의 어렵고 힘든 문제를
나 여호와에게 풀어 달라, 그리고 매
듭을 풀어 달라, 그리고 이루어 달라,
고통에서 벗어나게 해 달라 울고불고
그리 기도하는 것이 아니라,
13너희들이 그와 같이 기도하지 아니하
면 아니 되는 원인이요, 그 문제점이
어디서부터 생겼으며 어디서부터 역
사한 것인가를 그걸 돌이켜 보며,
14두 번 다시 그와 같은 일을 하지 아니
하도록 너희 자신을 다스리며 너희 자
신을 들여다보는 것,
15그것이 가장 위대한 너희들이 나로부
터 받는 지혜요, 그리고 가장 큰 선물
이요, 가장 축복된 영광이라는 것을
너희들은 잊지 말라, 사랑하는 나의
아들딸들아!
16너희들이 그와 같은 깨달음을 얻었을
때 전환점이 생길 것이며, 그 전환점
이 생겼을 때 너희들의 그 잘못된 것
을 뼈저리게 느끼게 됨이니,
17뼈저리게 잘못을 느끼고 후회하는 자,
무릎 꿇고 나에게 고백하지 아니하는
자가 없으며, 나에게 진실된 기도를
드리지 아니하는 자가 없음이니라.
18너희들이 배부른 자는 진정한 기도를
드릴 수 없기에 나에게 오를 수 없다
하였음이니라.
19배고픈 자야말로 너희들이 진정한 진
실된 기도요, 애절한 기도를 드리니,
20그 애절한 기도의 마음같이 나에게 드
리는 기도만이 나에게 전달되며 내가
그를 거둬들임이니,
21너희들의 그 잘못된 것을 깨달았으며,
너희들이 왜 지금의 문제에 부닥쳐 오
늘의 고통스러움을 풀어 달라 나 여호
와에게 기도해야 되는지 그 입장을 깨
달아,
22그 잘못된 것을 보고 너희들이 잘못됨
을 헤아릴 수 있는 은혜를 얻는 값진
선물을 받았다면, 너희들은 전환점이
될 것이며,
23그리고 너희들은 두 번 다시 죄를 짓
지 아니하며, 두 번 다시 죄에 대한 고
백의 눈물을 흘리지 않는 백성으로 거
듭날 수 있는 영광을 얻기 때문이니
라, 사랑하는 나의 아들딸들아!

10,896 번째 하나님 말씀

2004년 5월 4일 10시 34분

1사랑하는 나의 아들아!
2"네, 아버님! 말씀하옵소서."
3모든 종교 집단이요, 믿음의 길을 가
는 자, 그리고 지도자들, 너희들이 기
본의 양심의 바탕이 다스려지지 아니
하면 아니 됨이니라.
4너희들이 지금 강론하며 설교하며 복
음을 전하면서 무엇을 말하느냐?
5저희들이 속해 있는 교회요, 그 성전
에 와야만 축복을 받으며 은혜를 받으
며 영광이 있다 그리 말함이니라.
6그리고 저희들 교회만이 축복을 받으
며 영광이 있으며, 저희들 교회만이
기쁨이 있으며, 하나님 나 여호와가
같이하며 은총이 내려진다 너희들이
그리 말하니,
7그것이 얼마나 바람직하지 못한 것이
며, 너희들이 이기적인 행동이란 말이

더냐?
8 너희들이 정녕 모든 교회가 너희들이
지금 가고 있는 그 믿음의 길이 진정
한 믿음이요, 창조주 나 여호와의 뜻
에 의해 하늘에 오르는 그 믿음이라
하면,
9 너희들이 이곳을 가면 어떻고 저곳을
가면 어떠하던가?
10 어떠한 것이든지 너희들이 그 교회라
는 곳에 가 공부하고 복음을 전하고
들음으로 축복받으며 구원받는 백성
이라 그리 말해야 되는 것이 아니더냐?
11 그리하여 너희들이 어찌하여 똑같이
검은색을 가지고 가는 자가 이곳은 흰
색이요, 저건 붉은색이요, 그 색깔을
논하여, 오로지 너희들만이 검은색이
라 그리 주장하는가,
12 그리고 너희들에게 오는 것만이 검은
색을 얻을 수 있다 너희들이 그리 말
하는가?
13 그러니 너희들이 기본자세부터 잘못
되어 있으며 기본의 양심도 없으며 저
자신을 부정하는 그와 같은 행위를 하
고 있는 것이니라.
14 너희들이 말하기를, 너희들의 교회에
오는 자만이 축복을 받고 은혜가 있
고 영광을 받으며 은사를 받았다 그리
말함이니, 다른 교회 또한 너희들이
보기에 무어라 하느냐?
15 저한테 오는 자, 제 설교를 듣는 자만
이 은혜를 받으며 축복을 받으며 병
고침을 받으며 모든 역사를 이룬다 너
희들이 그리 말함이니,
16 너희들이 서로 물고 뜯고 서로 손가
락질하며 서로 시시비비하는 그 추하
고 더러운 너희들의 그 모습을 모른
단 말이더냐?
17 그러니 내가 너희들이 기본적인 양심
이 없으며 기본적인 믿음도 모르는 자
들이라 그리함이니라.
18 이제 나의 아들이 이 세상에 새로운
성전을 만들어 나가며 나의 새로운 성
경을 전하는 복음서의 그 거점을 만들
어 감이니,
19 그 거점 간에 너희들이 서로 물고 뜯
고 싸우는 그와 같은 형국이 있는가
한번 찾아보라.
20 세계적으로 모든 이 지상에 나의 법
전이 전해지고 새로운 성경이 전해지
는 거점을 만들어도, 그 지도하는 자,
그 인도하는 자, 똑같은 말을 할 것이
며 두말하는 것이 없을 것이니라.
21 그러니 어떤 것이 나 여호와의 뜻이
요, 내가 하나로 역사하는 것인가 너
희들은 알아야 될 것이니라.
22 구슬을 꿰어야만 제 구슬의 역할을 한
다 하듯이,
23 너희들이 모든 믿음이요, 그것이 하나
로써, 한 입으로써, 한 줄의 똑같은 말
로써 역사해야 되는 것을 알겠느냐?
24 그러니 너희들이 천 갈래 만 갈래 지
금 갈라졌으니, 갈라진 그 죄 속에서
너희들이 그 사악한 행위를 너희 스스
로 만들었음이니,
25 그리하여 제 것만이 옳고 제 것만이
하늘에 오르는 길이요, 제 것만이 은
혜를 받을 수 있다 너희들이 그리하며
남을 욕함이니,
26 남들이 너를 욕하는 것을 모르며 너를
비웃는 것을 모르며 네가 사탄이요,

이단이라 하는 것을 모르는 어리석은
백성들이니라.
27 그러니 내가 너희들에게 원하는 것은
무엇인 줄 알겠느냐?
28 너희들이 하나의 종파의 이름을 가졌
다 하든 무엇을 하든, 십자가를 높이
너희들의 건물에 만들어 놓고 나를
고문하는 짓을 하는 자,
29 그렇다면 십자가를 만들어 놓고 붉은
빛을 비춰 너희들이 밤마다 나를 고문
하는 것, 밤과 낮을 가리지 아니하고
고문하는 십자가를 만들어 걸어 붙인
너희들의 종파라도 한목소리요, 한 말
이 똑같이 나와야 되며, 똑같이 너희
들이 하늘에 오르는 길이요, 축복받은
자들이라 너희들이 그리 말하면 아니
되는가?
30 그 십자가를 똑같이 걸어 놓은 자도
너희들이 제 것만이 최고요, 남의 것
은 믿을 수 없으며 은혜와 축복이 없
으며,
31 저한테 오는 것만이 은혜가 있으며 축
복이 있으며 영광이 있으며 은사가 있
다 부르짖고 있으니,
32 이것이 너희들이 얼마나 어리석은 자
인가?
33 기본의 양심도 없는 자들이요, 제가
누워서 제 얼굴에 침 뱉는 행위를 하
고 있는 것이 오늘의 종교 집단이요,
지도자요, 울고불고 구원을 받았다 하
는 백성, 너희들이니,
34 내가 너희들에게 한 장의 그림을 보여
주니, 모두 너희들이 누워서 하늘을
향하여 침을 뱉는 자들이니 그 침이
어디 가겠느냐?
35 네 얼굴에 떨어지는 그와 같은 추한
짓을 하고 앉아 있는 것이 너희들이요,
36 그리하면서 나에게 오를 수 있으며 구
원받을 수 있으며 선택된 백성이요,
영광된 백성이라는 너희들이 그와 같
은 말로만 허울 좋은 소리 하지 말며,
그 환상과 착각에서 깨어나도록 그리
하라.

10,897 번째 하나님 말씀

2004년 5월 4일 10시 42분

1 사랑하는 나의 아들아!
2 "네, 아버님! 말씀하옵소서."
3 너희들이 크고도 큰 종교 집단이요,
지도자 그들의 가르침이요, 울고불고
너희들이 목표를 세워 놓고 가는 것이
무엇이며 너희들의 믿음의 목표가 무
엇이더냐?
4 저 자신이 구원을 받게 해 달라는 간
절한 기도요, 그리고 저희 가족의 구
원이 이루어지기를 바라는 것이 너희
들의 기도요,
5 그리고 너희들의 가정에 행복과 건강
과 평화가 넘치게 해 달라는 것이 너
희들이 부르짖는 기도요,
6 그리고 모든 믿음의 길을 가는 그 백
성들이 자식의 이름들이 창대해지며
그들의 명성이 높아지기를 바라는 것
이 너희들의 기도요, 너희들이 소원하
는 것이 아니더냐?
7 그러면서 너희들은 무엇을 말하느냐?
8 모든 믿음의 길을 가는 자의 사업이
형통하며 경제적인 부흥이며, 그들이
하는 모든 사업에 있어서 부유한 자

가 되게 하여 달라는 것, 이것이 너희
들이 몇천 년 동안 울고불고 온 그 기
도요, 너희들이 부르짖는 것이 아니더
냐?
9 거기에 대고 '아멘, 할렐루야!' 하며
축복을 내려 줬다, 축복을 받았다 하
는 것이 불쌍한 너희들이니라.
10 그러니 나의 아들 예수의 보혈로써,
그 고통스러운 죽음으로써 너희들이
지금에 와서 그 보답하는 길이요, 그
길을 가는 자들이 바라는 것이 무엇
이더냐?
11 이 어리석고 불쌍한 백성들아! 너희
들은 그리 말하느니라.
12 '저희 성도들을 십만 명이 되도록 부
흥을 하게 하여 주옵소서, 그리고 성
도를 백만 명이 되게 해 주옵소서, 몇
만 명이 되게 하여 주옵소서.' 너희들
이 그와 같이 몇만이요, 몇십만의 숫
자를 대며 기도하고 소원을 비니,
13 너희들이 고작 그것밖에 되지 않는 종
교 집단이요, 지도자라는 자들이 제가
세상을 지배하는 자요, 저희에게 오는
자만이 구원을 받으며 은혜를 받으며
하늘의 역사하는 자요, 선택된 백성이
라 그리 말하니,
14 한 입 가지고 두말하는 자보다도 너
희들이 더 어리석고 불쌍한 자들이니
라.
15 제 설교를 듣는 것, 저희 교회에 와 헌
금을 많이 내는 것, 그리고 저희 교회
에 와 주일을 빠지지 않고 와서 믿는
자, 그와 같은 백성만이 구원을 받으
며,
16 모든 백성들이 저희들에게 와서 구원
을 받고 하늘에 오를 수 있다며 하는
소리가 '성도의 십만 명을 위하여, 성
도의 백만 명을 위하여 아버지께 축복
의 기도를 드리자, 그리고 그 부흥을
위하여 우리가 노력하자, 그것을 역사
하자.' 그러니,
17 너희들이 십만 명, 백만 명을 가지고
만백성을 구하는 지도자요, 만백성을
구하는 종교 집단이라 그리 말할 수
있는가?
18 너희들의 목표가 그것밖에 아니 되는
자들이, 그러면서 너희들이 무어라 말
하느냐?
19 이 세상에 정해진 것이요, 내가 너희
들에게 사탕이라는 그 귀한 것을 열
개를 가지고 나눠 준다면 받을 자는
백 명, 만 명일 때 무어라 했느냐?
20 그 은혜의 사탕을 받지 않도록 기도하
며 물러나며 양보하는 것이 너희들의
자세라 하였거늘,
21 너희들이 어찌하여 모든 믿음의 길을
가는 백성들이 사업이 형통해 주기를
종교 지도자가 단상에서 말하며, 울고
불고 저희들이 거래하며,
22 그리하여 '아멘!'이라 부르짖도록 하
며, 재물을 바치면 그리 이루어진다고
까지 하느니라.
23 경제적인 부흥으로써 너희들이 선한
그 사업에, 그리고 또 선한 자들로서,
선한 목자로서 너희들이 선택된 자들
이기에, 저희들에게는 부유한 사업이
요, 부유해지게 역사하여 달라 그리
기도하는 것이 아니더냐?
24 그러니 너희들이 얼마나 가련하고 불
쌍한 백성들이더냐?

25 그리고 너희들은 나에게 말하느니라.
26 '창조주 아버님이시여! 장애인 복지
센터를 위해서 저희들에게 5백 평을
지을 수 있는 복을 내려 주시고 은혜
를 주옵소서.' 그것이 너희들이 나의
성도들에게 공갈치고 사기 치는 것이
아니냐?
27 제가 복지 센터를 앞으로 지을 것이
니, 너희들은 거기에 대비하며 그 돈
을 준비하라는 그와 같은 사기를 치
는 것이 아니더냐?
28 저희들이 무슨 문화센터를 세우며, 유
아원을 위해서, 또 청소년을 위해서
그와 같은 것을 세우기 위하여 몇 층
을 세우고자 하니, 나 여호와 아버님
께서 그 은혜와 영광을 주십사 너희들
이 말은 그리하나,
29 그 신도들에게 너희들이 공갈치고 협
박하는 것이 아니더냐?
30 제가 이렇게 지을 것이니 너희들은 돈
을 바칠 각오를 하라, 그와 같이 말하
는 것이 아니더냐?
31 수련장을 만들 것이니, 십만 평이요,
백만 평의 수련장을 만든다 하면, 그
수련장에서 과연 너희들이 얼마나 수
용하며 얼마나 역사할 수 있는가?
32 그것을 만백성을 위하여 너희들이 기
도하는 자요, 만백성의 구원을 인도하
는 자들이 숫자를 정해 놓고, 그 양을
정해 놓고, 물동량을 정해 놓고 너희
들이 나에게 기도하고,
33 그 비전을 이루어 달라 몸부림치는
이와 같은 것이 지금 2천 년 동안 흘
러온 너희들의 믿음의 현주소요, 현실
이니라.
34 그러니 그것으로써 무슨 내 뜻이 거
기 있으며 참진리요, 내가 원하는 것
이 거기 있는가?
35 사탄의 자식으로서 너희들이 아우성
치며 울고불고하는 자들이니, 나와 관
계없는 자들이라 함을 알라.

10,898 번째 하나님 말씀

2004년 5월 4일 10시 48분

1 사랑하는 나의 아들아!
2 "네, 아버님! 말씀하옵소서."
3 네가 나의 성령을 받아 그를 전하기
위하여 기도하고 경배하고 앉아 있는
네 그 강한 마음이 무엇이더냐?
4 "네, 아버님! 모든 백성들이 지금 기
도하고 경배하는 것, 그것이 아버님의
뜻과 아버님의 생각과는 너무나 멀고
도 멀어 그들이 불쌍하고 가련하여,
5 어찌하든 160권의 법전을 세상에 만
들어 내며, 아버님으로부터 사랑받는
아들이 되어, 아버님이 내리시는 그
모두를 하나라도 더 받아 책으로 만들
어, 그 불쌍하고 가련한 백성들을 구
원하고자 하는 것이 제 소원이옵나이
다."
6 사랑하는 나의 아들아!
7 너는 무엇 때문에 그와 같은 마음을
갖고 있느냐?
8 "네, 아버님! 그렇사옵나이다.
9 오늘까지 믿음의 길을 가는 백성들이
부르짖는 그 믿음이 하늘에 오르는
길이 아니요, 악을 쓰며 사탄이 되어
'지옥으로 가겠습니다. 지옥으로 보내
주십시오.' 하며 지옥으로 가는 그 길

만을 달려가는 그 불쌍한 백성들이 그
것 하나도 깨닫지 못함이니,
10 그것이라도 깨닫도록 전하고 역사하
는 것이 제 간절한 소원이옵나이다,
아버님!
11 그리하여 아버님의 말씀을 빨리 받아
전하며, 그리고 아버님의 새로운 말씀
을 받아 책으로 엮어 만백성을 구하는
그 빛과 소금이 되기 위하여 최선의
노력을 다하고자 하옵나이다."
12 너는 무엇이 그들이 지옥으로 가고자
몸부림치며 지옥으로 가고자 한단 말
이더냐?
13 "네, 아버님! 그렇사옵나이다.
14 아버님께서 명하여 가르치시기를, 부
자가 하늘에 오르기는 바늘구멍을 낙
타가 통과하는 것보다도 더 어렵고 힘
들며, 그와 같은 고통이 바로 하늘에
오르는 길이라 하였사옵나이다.
15 그러나 지금 수천 년 동안 믿음의 길
을 오는 그 백성들이 바로 바라는 것
이 너무나도 가증스러우며 너무나도
불쌍하고 가련하기 때문이옵나이다.
16 제 자식이 창대해지기를 바라는 욕심
이요, 그리고 제 사업이 형통하여 부
를 누릴 수 있도록 이루어 달라는 것,
17 경제적인 부흥이요, 남보다 뒤지지 않
는 삶을 사는 것, 제가 하는 모든 사업
이 부유하도록 해 달라 하는 그것이
평생 기도하며 바라는 것이옵나이다.
18 그러니 그들이 부자가 되고자 하는 것
은 바로 지옥으로, 저희들이 하늘에
오를 수 없는 그 길을 가겠다 하여 몸
부림치는 그와 같은 어리석은 자들이
요,
19 그 길을 위해 지금 수천 년 동안 믿음
의 길을 오며 제 평생을 다 바치고 있
사옵나이다.
20 아버님께서 주신 그 재물을 곱고 아름
답게 쓰고 관리하면 될 것을, 거기다
더 달라 하여, 제가 지옥으로 갈 테니
재물을 주십사 하며,
21 그리고 재물만 주면 저는 지옥으로
가도 좋다, 저는 그저 재물만 그득히
주어 오늘 행복하게 살면 내일에 어
찌 되든 관계없다 하는 그와 같은 마
음이니,
22 아버님의 존재함을 그들이 믿는 것이
아니요, 믿음을 갖는 것이 그들의 목
표가 아니옵나이다.
23 그리고 모든 종교 집단 그들이 십만
명이 들어갈 수 있는, 그리고 몇만 명
이 들어갈 수 있는 그와 같은 저희들
의 수련원이요, 또한 교육관이요, 문
화센터요, 복지관이요 할 것 없이 더
큰 성당이요, 교회를 짓기 위하여 저
희들이 몸부림치는 것, 그것이 다 부
를 누리고자 하는 것이니,
24 그 모두의 근본적인 원천인 자들이 지
옥으로 가기 위하여 몸부림치며 지옥
으로 가게 해 달라고 매일같이 부르
짖으며 울부짖는 그 웃지 못할 형국
이니,
25 그 가련한 모습, 그것이라도 저희들이
깨닫도록 하기 위해서, 그것이라도 그
들이 좀 들여다볼 수 있도록 해서 그
들이 그곳에서 깨어날 수 있는 길이
있도록 하기 위하여,
26 제가 아버님이 주시는 말씀을 빨리 세
상에 만천하에 전하는 그 역사를 하고

자 그리 경배하며 기도드리옵나이다, 아버님!"
27 사랑하는 나의 아들아! 그러니라.
28 그 얼마나 무서운 짓들을 하고 있느냐, 그들이 그 얼마나 어리석은 짓들을 하고 있느냐, 나를 얼마나 능멸하고 나를 얼마나 욕되게 하느냐?
29 부자가 하늘에 가는 것이 낙타가 바늘구멍을 통과하는 것보다도 더 어려우며, 부자는 하늘에 오를 수 없다 내가 그리 전하였거늘,
30 저희들이 부자가 되기 위해서 모두를 기도하고 소원하며 경배하니, 그들이 바로 무엇이더냐?
31 지옥으로 보내 달라, 지옥으로 가겠다 몸부림치는 것이 그들이니, 그를 내가 들어줄 수 있겠느냐, 사랑하는 나의 아들아!
32 또 들어줄 힘도 없음이니라.
33 그러니 네가 그들을 깨우치고자 그들이 불쌍하여 그것만이라도 깨우치고자 하여 네가 그리 간다 하니, 네가 가상하며 내가 너를 사랑하며, 너와 뜻을 같이하는 너의 제자들을 내가 사랑함이니라, 사랑하는 나의 아들아!

10,899 번째 하나님 말씀

2004년 5월 4일 10시 57분

1 사랑하는 나의 아들아!
2 "네, 아버님! 말씀하옵소서."
3 구약과 신약의 성서를 펴냄이니, 그 책들을 전해 너희들이 깨우치며 그 앞에 광고선전물이 있던가?
4 무엇을 팔고 사는 그와 같은 광고물을 앞에 붙여 너희들이 성서를 만들어 성서를 편찬하여 지금 그 모두를 전한 역사가 있더냐?
5 구약과 신약의 그 앞에 장삿속의 상표가 없으며 상품을 너희들이 소개하는 그와 같은 광고란이 없는 것이니라.
6 그러니 지금 내가 나의 아들을 통하여 160권의 법전을 세상에 내보냄이니, 나의 아들이 전하는 그 법전 속에 과연 광고판이 있으며 게시판이 있으며 물건을 선전하고 사고파는 그와 같은 것이 있느냐?
7 너희들은 여기서 들어야 될 것이니라.
8 모든 집단을 가지며 너희들이 종교 지도자라는 자, 그리고 재물과 인력의 동원력을 모두 손에 쥐고 있는 사악한 너희들이 과연 나 여호와의 뜻을 전하며, 복음의 성회를 역사하며 복음을 전파한다는 너희들이 그와 같은 행사를 하며 그와 같은 자가 책자 앞에 무엇을 기록하였느냐?
9 온갖 세상의 너희들이 얽히고설킨 모든 장삿속이요, 그 물건을 사고파는 것, 광고란을 수없이 찍어 내 너희들이 그와 같은 책자를 만들며,
10 그 속에 또한 나의 복음을 전한다 하여, 너희 지도자가 영특한 것을 전했다 하며, 성령이 임한 자가 너희들에게 설교를 하고 깨우친다 하여 거기에 너희들이 그 광고문이요, 기도문이요, 설교문을 기록하여,
11 이것이 광고 게시물의 책자인지, 나의 복음을 전하는 책자인지, 내 뜻을 전하는 책자인지 구분할 수 없도록 너희들이 그 추하게 얽힌 모습이 오늘의

너희들이 장삿속이요, 사업적으로 변
한 자들이 아니더냐?
12 그러니 너희들이 복음이라 하여 나의
피조물 만백성들을 깨우치고자 하는
그 모든 책자 앞에 너희들이 나의 성
령이요, 나의 기도요, 나에게 경배하
는 너희들의 마음 자세요, 그리고 너
희들이 깨닫는 것이요, 나로부터 받은
은혜요,
13 그와 같은 것을 너희들이 철저히 기록
하여 정성껏 책을 만들어 전해도 그
것을 그 백성이 보고 깨우칠까 말까
하거늘,
14 너희들이 그와 같은 복음을 전하는 내
용 앞에 수만 가지의 광고물을 이미
기록하여 장삿속으로 온갖 것을 다
팔고 사는 그 연락처요, 그 장사 수법
을 거기다 잔뜩 기록해 놓고,
15 너희들이 그 뒷장에 나의 복음이라 하
여 설교문을 기록하여 전하니,
16 이것이 너희들이 바로 장삿속으로 변
한 것이 아니요, 너희들이 어찌하여
사업장으로 교회라는 것이 변하지 아
니했다 한단 말이더냐?
17 그들은 그 광고물을 즐겨 읽으며 복음
서는 즐겨 읽지 아니하니, 그 광고문
을 보다 그들이 지쳐 그 책을 던지니
너희들의 복음서요, 너희들의 진리라
는 걸 듣는가?
18 그러니 그걸 읽어 보기 전에 너희들이
그와 같은 행위를 하니, 벌써 장삿속
이요, 인간이 추하고 추할 데까지 타
락된 자들이요,
19 그리하여 너희들이 나의 목자가 아니
며 나의 뜻에 의해 가는 자들이 아니
요, 장삿속으로 하여 인간의 사업의
수완으로써 버렸음이니,
20 그 책자요, 그 위대한 나의 성령이요,
복음서라는 설교문이라는 것, 그리고
성령의 가르침이라는 걸 전하는 자들
이 그 앞에 너희들이 종이를 배려하여
장수를 배려하여 장사하고 선전문을
받아 그 모두를 재물로 계산하여 거
두니,
21 이 추하고 더러운 모습으로써도 너희
들이 나의 백성이라 하느냐?
22 인간 세상의 사업하는 자들이요, 인간
세상의 사업장으로 너희들이 나의 이
름을 팔며 나의 아들 이름을 팔며, 나
의 백성들을 지금 그와 같이 혹사시
키며 사기 치고 이용해 먹는다는 그
사악한 모습이 너희들이 만들어 낸 그
책자들 앞에 광고물에 기록된 내용들
이니라.

10,900 번째 하나님 말씀

2004년 5월 4일 11시 05분

1 사랑하는 나의 아들아!
2 "네, 아버님! 말씀하옵소서."
3 너희들이 복음 성회요, 복음을 전한다
며 국내적으로 또는 작은 나라요, 동
양의 나라에서 또는 더 큰 나라요, 강
대국에서 너희들이 복음을 전하며 복
음의 성회라는 것을 역사한다 그리하
느니라.
4 그러니 너희들이 그와 같은 장소를 과
연 보았는가?
5 그보다 사치스럽고 그보다 더 호화로
운 복음의 성회는 없을 것이니라.

6 그러니 나 여호와의 슬픈 마음이요,
나의 괴로운 마음을 너희들이 아는 자
가 거기 있는가?
7 하나도 없음이니라.
8 길거리에 쓰러져 가는 자 앞을 그냥
지나가는 자들 중에 너희들이 믿음을
부르짖는 자가 한 사람도 없기를 바
라는 것이 내 마음이니,
9 그 앞을 믿음이요, 사랑을 베푼다는
자들이 지나가면서 그냥 지나가는 자
가 있다면 내 마음의 슬픔이 어떠하겠
느냐 하여,
10 내가 죽어 가는 자, 그리고 추운 겨울
날 길바닥에 쓰러져 구걸하는 자, 그
앞에 동전 한 닢을 주지 아니하고 그
냥 가는 자가 믿음을 행하며 나에게
오르는 길이요, 성서를 끼고 공부하는
자가 없기를 바란다는 내 이 애절한
마음이요, 내 슬픈 마음을 알겠느냐?
11 그러나 믿음의 길을 가는 자 수없이
그리 지나가도, 그들이 더 냉정하게
고개를 돌리고 가는 그 사악한 자들처
럼,
12 가장 낮은 자요, 만백성의 종이요, 나
여호와의 종이라는 너희들이 복음 성
회요, 복음을 전파한다며 각지에 있는
백성들을 긁어모아 행사를 할 때,
13 그 앞에 너희들이 그 안팎에 진열해
있는 꽃바구니요, 꽃나무요, 그 화려
함은 너희들이 세상의 어떠한 정치
집단도 어떠한 사업의 단체도 그리 화
려하지는 아니할 것이니라.
14 그러니 너희들이 종이라는 자라 단상
에 서서 말한 자가 낮은 자라 말할 수
있느냐?
15 너희들이 과시하기 위하여, 제 주가를
올리기 위하여 꽃다발이요, 화환이요,
꽃나무요, 수없는 오색 꽃을 다 갖다
놓고 너희들이 거기서 설교하며 강론
을 한다 하며,
16 제가 이런 자라 과시하는 것에만 눈이
어두운 자들이요, 그러니 그와 같은
자가 전하는 것이 복음의 전함이라 내
가 하겠느냐?
17 똑같은 말을 한다 해도, 너희들이 천
사와 같은 마음을 가지고 말하는 것이
하늘의 뜻이요, 천사의 뜻이나,
18 너희들이 악한 생각을 가지고 남에게
거둬들이기 위하여, 제 명예를 위하여
제가 무슨 이익을 챙기기 위해 하는
것은 사탄이요, 마귀가 하는 짓이니,
19 너희들이 그 화려한 꽃다발이요, 그
모두는 누구의 재산이더냐?
20 나 여호와의 재산이요, 그리고 너희들
의 그 신도들이요, 그 백성의 재산이
니라.
21 그 꽃다발이요, 화환이요, 그 화려한
온갖 잡스러운 걸 다 갖다 긁어모아
놓고 너희들이 그 행사를 하지 아니한
다 해서 복음이 전파되지 아니하며 내
뜻이 전해지지 아니하는가?
22 호화롭기가 그보다 더 호화로울 수 없
으며 어느 집단도 그와 같은 호화로운
행위를 하지 아니할 것이니라.
23 그와 같이 해 놓고 단상에 서서 제가
'모든 백성들이 내가 목자요, 하나님
으로부터 명받은 자요, 내 음성이요,
내 말을 듣지 아니하면 구원을 받지
못한다.' 그리 말하는 너희들,
24 과연 그것이 나의 백성이요, 내 뜻에

의해 가는 백성들이 할 수 있는 행위
라 하느냐?
25 그 추하고 더러운 짓, 너희들이 인간
세상에 그러면서 무어라 하느냐?
26 '이 화환이요, 이 꽃다발은 내가 받는
것이 아니요, 나를 띄우기 위한 것이
아니요,
27 하나님을 경배하는 마음이요, 하나님
을 존경하는 마음이요, 이 꽃다발을
갖다 놓고 하나님이 기뻐하는 마음이
라' 너희들이 그리 빙자하고 그리하지
않느냐?
28 너희들에게 내가 내린 생명의 그 목숨
을 끊는 걸 원하는가?
29 너희들이 그 잔인한 짓이요, 그 사악
한 짓을 하는 자요, 그 추하고 더러운
모습이 바로 너희들이 나의 종이요,
내 뜻을 가르치는 자가 아니요,
30 마귀요, 사탄의 자식이 된 자들이라는
걸 잊지 말라.
31 나의 아들은 어떠한 행사를 하며 복
음을 전파하든, 연례행사를 하든, 어
떤 성회를 하든, 그와 같은 것을 용납
하지 않을 것이며 그와 같은 것을 받
아들일 일이 없을 것이니라.
32 그러니 과연 너희들이 누가 가장 낮
은 자세의 외형이요, 내면의 행동이며
행함이더냐?
33 그 화려하고 초라함에 너희들이 믿고
믿지 않는 것, 그리고 나 여호와의 아
들이요, 아니요, 나 여호와의 성령이
요, 아니요,
34 그것을 구분하려 하는 그 백성, 신도
들 자체도 잘못되었으며,
35 그 화려한 것, 인간 세상의 무가치한
것, 쓰레기만도 못한 성회장의 그 화
려하고 초라함을 가지고 종교 지도자
요, 나의 목자요, 설교를 잘하고 못 하
는 것을, 그리고 나의 진리를 전하고
전하지 못하는 것을 구분하는 그와 같
은 심성을 가지고 있는 백성, 성도 너
희들도 잘못되었지만,
36 그걸 가지고 나의 피조물 만백성을 위
압적인 그 분위기로써 제압하려는 그
사악한 자들의 간교한 방법도 내가 용
서치 못할 것이니라.
37 너희들은 모든 종교 집단이요, 지도자
들이 행하는 걸 보라.
38 가장 초라한 모습이요, 가장 겸손한
모습으로 모든 게 치러지는가?
39 너희들이 얼마나 화려한 짓이며, 얼마
나 너희들이 화려한 모습으로써 모두
를 등장하는가?
40 그러면서 너희들이 가장 낮은 자요,
가장 낮은 백성이요, 가장 나 여호와
의 종으로서 만백성을 위하는 삶을 사
는 지도자의 자세인가?
41 그 추하고 더러운 행위를 너희들은 두
번 다시 봐서도 아니 되며 하지도 말
라, 사랑하는 나의 아들을 따르는 제
자들아!

10,901 번째 하나님 말씀

2004년 5월 4일 12시

1 사랑하는 나의 아들아!
2 "네, 아버님! 말씀하옵소서."
3 내가 나의 새로운 성경이요, 나의 이
법전을 무어라 말하였느냐?
4 너희들이 몇천 년 동안 인봉되어 있는

비밀이요, 성서의 그 모두를 열 수 있
는 열쇠라 내가 그리하지 않았더냐?
5 그 열쇠만이 너희들이 모두를 열 수
있으며 그를 들여다볼 수 있음이니라.
6 지금의 너희들이 하늘에 오르는 길이
요, 나의 뜻에 의하여 오는 그 믿음이
요, 신앙의 길이라 했던 그 모두가 칠
흑같이 어두운 밤길에서 헤매는 그와
같은 신앙이요, 믿음의 길을 왔다 하
면 믿겠는가?
7 지금 나 여호와가 바라보는 너희들이
칠흑같이 어둡고 어두운 밤에서 허덕
이는 그와 같은 믿음이요, 신앙으로
가기에, 내가 보기에 가슴이 아프며
내 마음이 답답함이니라.
8 그리하여 내가 나의 아들을 통하여
160권이라는 이 법전을 가지고 간단
하게 알아들을 수 있으며 깨달을 수
있는 내 진리를 너희들에게 기록하여
내림이니, 이게 바로 무엇이더냐?
9 이 나의 새로운 성경이 빛과 소금임
을 알아야 될 것이니라.
10 너희들이 이 세상의 빛과 소금이 무
엇이더냐?
11 자신을 녹여 모두를 갖다 역사하는 것
이 아니더냐?
12 그리고 바라는 것 없이 끝없이 너희들
에게 비춰 줌이니라.
13 그러니 바로 나의 참진리요, 새로운
성경이 빛과 소금의 역할이며, 그 역
할을 한다는 것을 너희들은 이제 깨닫
도록 그리하라.
14 너희들이 칠흑같이 어두운 그 밤길에
서 길을 모르며 나올 줄 모르고 지금
방황하고 있는 그 백성들에게, 내가
새로운 시대를 열며 그리고 새로운 빛
을 비춰 줌이니라.
15 그러니 이를 거부하는 자 이를 받아들
이지 아니한다 해서 너희들이 받아들
이고 안 받아들이는 그와 같은 형국으
로 이루어진다 생각하는가?
16 결국 너희들은 이를 거부할 수 없으며
이를 받아들이지 아니할 수 없음이니
라.
17 비춰 오는 그 태양의 빛을 어찌 너희
들이 거부할 수 있단 말이더냐?
18 지금 나의 법전을 읽고 깨우치는 자,
그리고 이를 보는 자, 그와 같이 너희
들이 마음 자세를 다스려 잡지 아니하
는 자, 너희들은 아무것도 얻을 수 없
으며 구할 수 없다 내가 그리하지 아
니하였더냐?
19 지금은 내가 비추는 이 태양의 빛을
너희들이 거부하고 버틸 수 있으나,
20 이 태양이 높이 뜨기 시작하며 또 뜰
때, 결국 너희들은 아무것으로도 그
태양빛을 가릴 수 없으며 그를 거부할
수 없는 그와 같은 형국에 도래한다는
것을 알아야 될 것이니라.
21 내가 나의 아들을 통하여 그 칠흑 같
은 어두운 곳을 비춰 너희들을 구원하
고자 하는 그 뜻이 무엇인 줄 알겠느
냐?
22 너희들이 내가 창조한 나의 백성이요,
나의 아들딸이기 때문이니라.
23 그러니 일찍이 이를 듣고 깨우쳐 너희
들이 바로 오는 자 나에게 오를 수 있
을 것이며, 결코 그와 같은 태양의 빛
을 받지 아니하며 보지 아니하겠다 하
여 움츠리고 그늘진 곳으로 숨는 자

결국 너희가 무엇이더냐?
24 너희 자신이 그리 갈구하고 원하는 그
구원의 길을 볼 수 없는 너희 운명이
라는 것을 알아야 될 것이니라.
25 내가 지금 새로운 시대를 열어 감을
어찌하여 너희들이 모르며 그를 거부
하는가?
26 내가 지금 칠흑같이 어두운 세상에서
밝은 광명천지의 세상을 역사하며 그
와 같은 시대를 지금 열어 가거늘,
27 어찌하여 너희들이 이를 거부하며 이
를 받아들이지 아니하려 하는가?
28 결국 그렇다 해서 너희들이 그를 받아
들이지 아니하고 받아들이지 못하는
그와 같은 역사가 아니니라.
29 결국 너희들은 모두가 다 역사하게 되
어 있음이니, 너희들이 스스로 이 길
을 보고 이 길을 찾는 그와 같은 백성
이 되어야 될 것이니라.
30 지금은 나약하니라.
31 160권의 법전이 세상에 나가니, 너희
들이 모두 이단이요, 사탄이라 그리
말하느니라.
32 제 교리요, 제 뜻에 맞지 아니하면 어
떤 이유를 대서든지 이단이요, 사탄이
라 몰아붙이는 그와 같은 행위를 하는
것이 오늘의 종교 집단이요, 지도자들
이니라.
33 제 뜻과 맞지 아니하며 제 교리와 맞
지 않는다 하여 그리하니, 너희들이
그리하여 그 조직을 갖다 인정하지 아
니하며 사탄이요, 이단이라 그리 밀어
붙이는 것이 너희들의 오늘의 그 믿음
이 아니더냐?
34 지금은 나의 법전이요, 새로운 성경이
미약하고 나약하나, 결국 이를 밀어붙
이고 쓸어버릴 수 있는 힘이 너희들에
게 없을 것이니라.
35 반대의 현상이 이루어지는 날이 머지
않았음을 알아야 될 것이니라.
36 다만, 내가 칠흑과 같은 어두움 속에
서 헤매는 그 백성을 구하고자 하며
너희들을 광명천지로 인도하고자 하
는 것이 나 여호와의 뜻이며,
37 그리하여 내가 새로운 성경을 내려보
내니, 이를 읽고 깨우쳐 너희들이 구
원의 길을 보도록 하라.
38 바로 빛과 소금인 것이 나의 새로운
성경이라는 그 의미를 알라.

10,902 번째 하나님 말씀

2004년 5월 4일 12시 06분

1 사랑하는 나의 아들아!
2 "네, 아버님! 말씀하옵소서."
3 지금의 제3의 시대요, 마지막 시대의
그 역사함이 무엇인 줄 알겠느냐?
4 이제는 나 여호와가 나의 뜻을 올바로
깨닫고 그 뜻을 올바로 전하며, 영원
히 계속되도록 영원히 변하지 않는 별
빛처럼 이 세상을 비추는, 그리고 제
자리를 지키는 그와 같은 완전한 길이
요, 그 진리를 내가 전하고 역사하며,
5 그 시대가 계속될 수 있도록 하는 역
사를 열고 있음을 너희들은 알라.
6 너희들이 태양빛이요, 달빛이요, 별빛
처럼 영원히 변하지 않고 빛나는 그와
같은 나의 뜻이 되도록, 그리하여 그
와 같은 백성에게 계승되는 그 시대를
열고자 하며, 이미 벌써 열어 가고 있

다는 것을 너희들은 알아야 될 것이니
라.
7 지금은 오합지졸이요, 수천수만 가지
종파가 생겨 그것이 나 여호와의 뜻이
요, 하늘의 뜻이라 하나, 정통이 없으
며 정통적인 내 진리를 가르치는 자가
없음이니라.
8 그리하여 영원히 변하지 않는 달빛처
럼 너희들이 내 뜻을 계승하고 전하는
그와 같은 역사요, 그와 같은 시대를
만들며,
9 그 백성들을 추려 지금 내가 그 역사
를 하고 있는 것을 알아야 될 것이니
라.
10 그리하여 나로부터 추려진 백성이요,
나로부터 선택된 백성들이 영원히 내
뜻을 바르고 옳게 깨달아 그대로 전하
고 계승되도록 하는 것이 내가 역사하
는 것이니,
11 지금 바로 나의 아들에게 선택된 백성
들이요, 나의 법전을 읽고 깨우친 백
성, 너희들이 그와 같은 길을 이루며
그 역사를 이루어야 됨을 알라.
12 그러니 그 길을 가는 백성 너희들은
자신을 희생하여 이웃을 구제하며,
13 하늘의 지혜를 얻어 새로운 백성으로
하여금 하늘의 뜻을 깨닫도록 인도하
고 깨우치는 데 모두를 다 바쳐야 되
는 것이 너희들이 오늘의 가야 할 운
명이니라.
14 너희들이 내 뜻에 따라 너희 자신을
희생하는 속에서 하늘의 지혜를 얻어,
만백성이 하늘의 지혜를 얻도록 그리
가르치는 것이 무엇이더냐?
15 너희들이 하늘의 지혜를 얻었을 때만
이 내가 원하고자 하는 것, 내가 계획
하고자 하는 것, 내가 이루고자 하는
그 뜻을 알 수 있기에,
16 거기에 동참하여 각자가 제 몫이요,
제자리를 지켜 내가 이루고자 하는 그
역사를 이룰 수 있는 너희들이기 때문
이니 그리 알라.
17 나의 아들을 따르는 제자들이요, 법전
을 읽고 깨우친 만백성, 너희들은 들
으라.
18 영원히 변하지 않는 달빛이요, 별빛이
요, 이와 같은 빛이 지속되는 것처럼,
나의 아름다운 뜻이요, 나의 순수한
그 뜻이 계속 계승되는 그와 같은 시
대가 이제는 열어지며, 그와 같은 백
성을 내가 지금 선택하여 이 모든 새
로운 역사가 이루어지고 있다는 것을
너희들은 알라.
19 그러니 지금 나의 법전이요, 새로운
성경을 읽고 깨우쳐 이를 그대로 계승
하고 계승하는 그와 같은 백성들의 혈
통이 아니고는 결코 너희들이 나에게
오를 수 없으며,
20 그 혈통에 너희들 스스로 오지 아니하
는 자, 거기에 감화되지 아니하는 백
성, 너희들은 결국 그리 애원하고 소
원하는 것을 이룰 수 없다는 것을 알
아야 될 것이니라.
21 내가 너희들에게 무어라 말하였느냐?
22 모든 나의 복음을 전하는 그와 같은
행위를 하는 자, 너희들이 꽃바구니
요, 꽃나무요, 화려하게 꾸며 놓고 복
음을 전하며 방대한 성회요, 그리고
성령의 복음의 장소요, 그와 같은 행
위를 하는 것이 다 사탄이요, 마귀의

자식이니,
23 가장 낮은 자요, 나의 뜻을 역사하는
백성들이 아니라 하지 아니하였더냐?
24 그러니 내 뜻을 거역하는 자들을 가지
고 어찌하여 내가 그들에게 내 혈통을
전할 수 있단 말이더냐?
25 내가 너희들에게 무어라 말하였느냐?
26 너희들이 부자가 되는 것은 그 부자는
하늘에 오르기가 힘들며, 낙타라는 동
물이 바늘구멍을 통과하는 것보다도
더 어렵고 힘든 길이라 하였거늘,
27 너희들이 부자가 되게 해 달라, 돈을
더 벌 수 있도록 사업을 번창하게 해
달라 빌고 비는 것이 너희들의 오늘의
믿음이요, 2천 년 동안 흘러온 너희들
의 믿음의 대표적인 그 신앙이라 하지
아니하였더냐?
28 그 모두가 다 내 뜻을 거역하며 나를
욕되게 하는 것이며, 한 자도 빼도 더
해도 안 된다는 성경을 너희들이 짓뭉
개고 있는 자들이 아니더냐?
29 그와 같은 짓을 하는 자들이 어찌하여
내가 너희들로 하여금 나의 뜻이요,
이 올바른 참진리를 계승할 수 있는
그 뜻을 이룰 수 있으며 계승자가 될
수 있단 말이더냐?
30 그리하여 내가 새로운 시대를 열어 감
이니라.
31 그리하여 희생과 봉사로써 나의 법전
을 읽고 역사하는 그 백성들로 하여금
영원히 지워지지 않는 별빛과 달빛처
럼 그들을 통하여 역사하고자 하는 것
이 내 뜻이니라.
32 내가 나의 새로운 성경에 기록하여 전
한 그 몇 가지 뜻만 알아도 너희들이
얼마나 잘못된 것이며 내 뜻을 거역하
며 잘못 가고 있는 백성이라는 걸 스
스로 알게 될 것이니,
33 그들이 하늘의 지혜를 얻은 자가 없으
며 내 뜻을 아는 자들이 없기에, 그들
을 데리고 내가 내 뜻이요, 내 계획을
실천하고 이룰 수 없기 때문에,
34 새로운 시대에 새로 계승되는, 정녕
변하지 않는 달빛처럼 그대로 그 달빛
이 유지되는 순수한 나의 백성들을 지
금 내가 선택해 모두를 역사하고자 하
는 것이 내 뜻이니라.
35 그러니 여기에 선택된 너희들이 바로
거기에 내가 불러 쓰는 자들이니, 너
희들은 희생과 봉사, 그것 외에 아무
것도 생각하지 말라.
36 그것이 너희들이 오늘의 가야 할 길이
니라, 사랑하는 나의 아들딸들아!

10,903 번째 하나님 말씀

2004년 5월 4일 12시 14분

1 사랑하는 나의 아들아!
2 "네, 아버님! 말씀하옵소서."
3 너희가 하늘의 뜻이요, 내 뜻을 모르
고 모두를 역사하고 행한다면, 결코
너희들은 나를 버리고, 다시는 너희들
이 거듭날 수 없으며 나를 볼 수 없는
그와 같은 길을 가는 것이니라.
4 그러니 나로부터 받을 수 있는 은혜
요, 축복의 그 모두를 너희들이 받지
못함이니, 결국 너희들이 그 모두를
스스로 버리는 그와 같은 삶을 살아가
는 것이니라.
5 그러니 하늘의 지혜요, 성령으로 임한

백성으로서 너희들이 나의 뜻을 바라
보는 그와 같은 지혜를 얻지 아니하면
결코 아니 됨이니라.
6 내가 나의 백성 너희들에게 미리 성서
에 모두를 다 기록하여 깨우치고자 전
한 그 내용을 너희들이 들여다본다면
간단한 것을,
7 그것 하나도 깨우치지 못하며 그것도
알지 못하는 너희들이니, 얼마나 너희
들이 막혀 있는 자요, 답답한 자들이
냐?
8 그리하여 그 모두를 열고 들여다볼 수
있는 그 비밀이 나의 160권의 새로운
성경 안에 있다 했거늘,
9 그 성경을 들여다보지 아니하고 읽지
아니하며 사탄이요, 이단이라 너희들
이 찢어 버리고 버림이니,
10 이 답답한 꼴을 어찌해야 한단 말이더
냐?
11 그러니 내가 너희들에게 전하느니, 내
가 일찍이 성경에 기록하여 너희들에
게 전한 그 내용을 너희들이 어찌하여
상기하지 아니하며 그 두려움을 모른
단 말이더냐?
12 내가 너희들에게 이리 전하였느니라.
13 '너희들은 이것저것을 기억하지 말며
옛것을 생각하지 말며, 그리고 너희들
이 보라. 새로움을 행하여 새로운 역
사가 이루어질 것이며 새로 행해지는
시대가 나타날 것이다.' 내가 그리 기
록하여 너희들에게 전하지 아니하였
던가?
14 '옛것을 보지 말며 너희들이 그를 보
고 생각하지 말라. 미래에 너희들이
생각하며 새로이 역사하는 것, 새로
행하는 시대가 이루어질 것이며 반드
시 나타날 것이라' 내가 성경에 기록
한 그 대목을 너희들이 한번 읽어 보
라.
15 그러면 너희들이 오늘의 이 역사함을
어찌 모른단 말이더냐?
16 내가 나의 아들을 통하여 너희들에게
무어라 말하였느냐?
17 구약 시대의 그 역사가 한 민족이요,
작은 단위를 위하여 모세가 역사했으
며, 나의 아들 예수도 만백성을 구하
는 역사가 아니요, 한 부분적인 단편
을 역사하고 그리하여 그가 왔기에,
지금 내가 나의 아들을 통하여 나의
아들이 무어라 말하였느냐?
18 과거의 이적과 기적의 역사함을 믿지
말라.
19 지금에 내리는 나 여호와의 뜻이요,
내가 바라는 것이 가장 우선이요, 소
중한 것이라 하였음이니, 이를 뒷받침
해 주기 위하여 내가 이미 성경에 기
록한 것을 알라.
20 내가 너희들에게 이것저것을 기억하
지 말라는 그 뜻을 너희들은 어찌 받
아들이느냐?
21 그 귀중한 것을 성서에 기록하여 전했
느니라.
22 그리고 '옛것을 생각하지 말며 보라.'
내가 그리하였느니라.
23 '옛것을 생각하며 그것을 바라보고자
하면 너희들이 깨우칠 수 없으며, 그
리고 너희들이 보라, 새로운 시대가
열리는 것을. 새로운 일을 행할 것이
니, 새로운 일을 행하는 것이 그리고
그것이 곧 나타날 것이라' 내가 기록

하였음이니,
24 오늘의 나의 성령이요, 나의 법전이
내려감이 모두가 다 예언되어 너희들
에게 기록하여 주었음을 어찌하여 너
희들이 모른단 말이더냐?
25 이 구절의 의미를 그대로 너희들이 읽
고 깨우치면, 새로운 시대가 열어지며
새로운 성경이 내려오는 것을 알 수
있거늘,
26 어찌하여 너희들이 이 뜻을 따르지 아
니하며 이를 너희들이 모두 기억하지
않느냐?
27 나의 뜻을 너희들에게 전하여 주고 역
사했음이니라.
28 내가 모두를 너희들에게 전하였느니
라.
29 내가 또한 성경에 기록하여 무어라 전
하였느냐?
30 '새로운 시대요, 새로운 역사가 이루
어질 것이니, 그때는 너희들이 도무지
알지도 못하고 너희들이 도무지 믿지
도 못할 일들이 일어날 것이라' 내가
성경에 기록하여 전한 그 뜻을 너희들
은 모르느냐?
31 그 구절도 너희들이 성서에 기록되어
있음이니라.
32 지금 내가 나의 아들을 통하여 160권
의 새로운 성경을 세상에 내려보내니,
과연 너희들이 도무지 이를 믿을 수
있는 것인가, 믿지 못할 것인가 하며
너희들이 믿지 못하는 그와 같은 역사
가 지금 이루어지고 있느니라.
33 그리고 너희들이 믿지 못할 일이 일어
나고 있는 것이라 내가 기록하였으니,
34 너희들이 도저히 믿지 못할 일이 지금
이와 같이 대개혁의 변화가 이루어지
는 것이 아니더냐?
35 내가 이와 같은 내용을 성서에 기록하
여 너희들에게 일찍이 다 전했느니라.
36 전하지 아니하고 오늘에 이와 같은 역
사는 있을 수 없음이니라.
37 내가 너희들에게 무어라 했느냐?
38 노아의 방주도 내가 미리 다 예언했으
며 미리 다 너희들에게 알려 주었으며,
39 나의 아들 예수가 역사하는 것, 그 모
두도 다 미리 예언하며 내가 너희들에
게 언약하여 알려 주지 아니하는 것이
하나도 없음이니라.
40 미리 다 통보하고 미리 다 알려 주어
너희들이 준비하도록 그리하였음이
니라.
41 성이 무너지는 것, 모두가 변화되는
것, 앞으로 예견된 것을 다 전했음이
니, 너희들이 오늘의 이 두 대목을 깊
이 깨우치라.
42 너희들이 기억하지 말라. 옛것, 이것
저것을 기억하여 헤매지 말며, 옛것에
매달리지 말며, 새로이 내리는 그 모
두로 새로 행해지는 데 너희들이 최
선을 다하라 했으며,
43 그와 같은 시대가 역사하는 것, 도무
지 너희들로서는 믿지도 못하며, 너희
상식으로써는 받아들일 수 없으며, 너
희 상식으로써는 생각지 못할 일이 이
루어질 것이며, 믿지 못할 일이 일어
날 것이며, 절대 믿고 싶지 않은 일이
일어날 것이며, 너희들은 꿈에도 생각
할 수 없는 일이 일어날 것이라 내가
미리 전한 뜻을 알라.
44 이와 같은 것을 너희들이 상기하며 반

아들이는 지혜가 있다면, 오늘의 나의 160권의 법전이 나의 아들을 통하여 내리는 이 믿지 못할 일이요, 믿고 싶지 않은 일이요, 믿을 수 없는 이와 같은 역사가 미리 이루어짐을 예견하고 예상하여 전했음이니,
45 160권의 새로운 성경보다 더 믿지 못할 일이요, 더 믿지 못할 일이 과연 일어나고 전해질 수 있겠는가 너희들이 생각해 보라.
46 나는 전했느니라.
47 도무지 믿지 못하고 도무지 믿지 못할 일이 생긴다는 것, 그와 같은 것으로써 너희들을 구원한다는 것,
48 그와 같은 역사가 심판의 시대요, 그 모두가 새로운 시대를 열어 간다는 것, 이 모두를 기록하여 전했음이니, 너희들이 그 성서를 보면 알 것이니라.
49 이것을 믿지 아니하려 하며 이것을 가르치지 아니하며 이것을 들추지 못하는 어리석은 백성들이 너희들이니,
50 각자 성경을 읽고 깨우쳐 그리 가면, 지금 나의 법전을 읽고 정독하는 자, 너희들이 성경을 읽을 때 모든 문이 열리며 답이 거기 있음을 알며,
51 나의 새로운 성경이 성서의 비밀의 열쇠라는 것을 너희들이 깨우치고 알게 될 것이니라.

10,904 번째 하나님 말씀

2004년 5월 4일 12시 20분

1 사랑하는 나의 아들아!
2 "네, 아버님! 말씀하옵소서."
3 내가 성경에 '한 시대가 이루어지며 새로운 시대가 역사하니, 이것저것 너희들이 따지지 말며, 옛것은 지나가고 있으며 옛것에 너희들이 연연하여 모든 변화되는 새로운 시대를 보지 못하는 어리석음에서 벗어나라.' 내가 기록하여 전했느니라.
4 그러니 새로운 시대요, 새로운 역사가 너희들이 지금 이루어질 것이라 기다리지 말라. 벌써 새로운 시대요, 새 역사가 다가와 이루어지고 있음을 너희들은 알아야 될 것이니라.
5 나의 새로운 성경이요, 160권이 세상에 나오기 시작하는 그 순간부터 새로운 시대요, 새로운 역사가 이미 시작되었으며 너희들에게 다가오고 있는 것을 알라.
6 이를 거부하는 자, 이를 받아들이지 않는 자, 너희들이 빛과 소금이 바로 나의 새로운 성경이요, 나의 진리거늘, 어찌하여 이를 받아들이지 아니하고 만백성을 구하며 하늘에 오르는 길을 볼 수 있단 말이더냐?
7 아무것도 너희들이 구하고 얻을 수 없다는 것을 알라.
8 어제까지 너희들이 지난 것에 대하여 연연하고 거기에서 벗어나지 못한 백성이라 해도 이제는 너희들이 옛것에 연연하며 거기에 헤매이지 말라.
9 너희들이 기적과 이적이 역사하기만을 바라며, 구태의연한 그 믿음 속에서 너희가 아직도 그때를 바라며,
10 나의 아들 예수가 나팔 불며 천군을 데리고 와 죽을 자와 살 자를 구분한다는 그와 같은 가르침이요, 그 소리에 너희들의 귀가 젖어 있으니,

11 그때를 기다리며 그 소리를 버리지 못
하며, 그 가르침을 너희들이 귀를 막
고 버리지 아니하면,
12 너희들은 캄캄한 칠흑 같은 밤에 헤매
고 있는 자요, 거기서 너희들이 벗어
나는 빛을 볼 수 없는 어리석은 백성
이라는 것을 알라.
13 너희들은 들으라.
14 지금 나 여호와가 행하고 있는 새 일
을 너희들이 보라, 그리고 이 새 시대
를 열어 가고 있음을 너희들이 보아
야 하느니라.
15 성서의 비밀을 알며 지금의 변화되는
시대의 그 모두를 알 수 있거늘,
16 너희들이 성서의 비밀을 열지 못하며
그를 알지 못하기 때문에 너희들이 하
늘의 지혜를 얻을 수 없으며 성령이
임할 수 있는 백성이 못 됨이니라.
17 우선 내가 단계적으로 너희들에게 모
두를 내려 주지 아니하였더냐?
18 나의 새로운 성경을 읽음으로써 너희
들이 성서의 비밀을 알 수 있음이니,
이것이 얼마나 무서운 역사요, 새로
변화되는 것이란 말이더냐?
19 내가 너희들에게 일찍이 말하였듯이,
너희들이 이것저것을 기억하지 말며
옛것을 생각하지 말며, 새로 일어나는
역사에 편승하는 자만이 구원을 받을
것이라 하였으니,
20 너희들이 새로 편승하는 그와 같은 자
격을 갖추는 것이 무엇인 줄 알겠느냐?
21 나의 법전을 너희들이 먼저 읽고 정독
하여, 성서를 여는 그 열쇠를 너희들
의 손에 쥐는 그 1단계를 벗어나지 아
니하면 너희들이 구원의 길을 볼 수
없다는 것이요,
22 이것이 하늘의 법도요, 하늘의 이치임
을 알라.
23 그래서 내가 너희들에게 뭐라 말하였
느냐?
24 내가 나의 아들을 통하여 내리는 새로
운 성경을 읽고 깨우쳐 정독하지 아니
한 자, 심판대에 설 자격도 없다 하지
아니하였더냐?
25 과연 이 말이 너희들이 그저 듣기는
지나가는 말로 들리나, 이것이 얼마나
무서운 의미요, 얼마나 깊은 뜻이 여
기 있는지 너희들은 알아야 될 것이니
라.
26 일차적으로 너희들이 나의 법전을 접
하고 읽고 깨우치는 자만이 우선 성서
의 비밀을 알 수 있으며 그를 열 자격
이 있음이니,
27 그를 열어 깨우치는 자가 성령이 임하
며 하늘의 비밀을 알며 하늘의 지혜를
얻게 됨이니라.
28 그러니 하늘의 지혜를 얻어 너희들이
변화되는 그와 같은 삶을 살지 아니하
면 결코 나에게 오를 수 없는 것을 알
아야 될 것이니라.
29 지금의 변화되는 시대에 내가 새로 역
사하는 것, 내 뜻을 따라 너희들이 더
불어 나와 같이 모두를 역사하는 그와
같은 백성이 되고자 하면,
30 일차적으로 나의 법전을 읽어 성경의
그 열쇠를 손으로 쥐어 너희들이 그를
먼저 열어야 될 것이며,
31 그리하여 거기서 너희들이 하늘의 지
혜를 얻는 백성이 되지 아니하며 그리
하여 거듭나는 백성이 되지 아니하면

절대 아니 됨이니,
32 이 단계를 거치지 아니하고는 모두가
이루어질 수 없음이니라.
33 너희들이 아래 계단을 밟지 아니하고
날아 윗 계단에 올라간다 하여 날고자
뛰고 뛰는 그 백성이 몇 번이나 더 뛰
겠는가?
34 순리적으로 아래의 계단을 밟고, 계단
을 따라 서서히 올라가는 것이 순리
요, 너희들이 모두 역사할 것이니,
35 너희들이 나의 법전을 읽지 않는 자
아래층의 계단을 밟지 않고 너희들이
높은 층에 올라갈 수 있다고 지금 제
자리에서 뛰니, 과연 몇 번이나 뛰며
얼마나 지탱하고 갈 수 있는가?
36 무모한 짓을 하지 말라.
37 너희들의 아집과 고집을 버리라.
38 그리고 나의 법전을 읽고 정독하라.
39 그러면 성경에 감춰진 그 비밀을 열어
너희들이 그를 보지 못하거든, 그때
가서 나의 법전을 버려도 될 것이니,
40 우선 너희들이 나의 법전이요, 나의
새로운 성경을 가슴에 안고 정독하는
그 1 단계의 관문부터 통과하라.
41 그리하면 너희들이 다음의 지혜를 얻
는 영광을 얻을 것이요, 그리되면 너
희들이 반석 위에 서서 하늘에 오르는
그 찬란한 빛을 봐 나의 아들을 따르
는 제자들과 더불어 나에게 올 수 있
는 영광이요, 은혜가 거기 있으며,
42 그 이상은 어떠한 방법도 그 길을 거
치지 아니하고는 너희들이 그를 얻을
수 없다 함을 알라, 사랑하는 나의 아
들딸들아!

10,905 번째 하나님 말씀

2004년 5월 4일 12시 24분

1 사랑하는 나의 아들아!
2 "네, 아버님! 말씀하옵소서."
3 지금의 믿음의 길을 가는 그 불쌍한
백성들, 저희들이 수수께끼요, 그저
수수께끼라 울부짖다 마는 것이 저희
들의 삶이요, 믿음이니라.
4 너희들이 바로 수수께끼를 풀지 못하
며 그 답을 해결하지 못하고, 지금도
수수께끼의 답이 무엇이요, 그 너희들
이 감춰진 것이 무엇인가, 수수께끼
하나의 답을 풀려다 너희들이 모두를
망치고 끝나는 백성이 됨이니라.
5 그러니 너희들이 지금까지 의혹이요,
의심 가는 것, 그리고 너희들이 완전
히 믿음의 길을 가지 못하는 그 모든
수수께끼를 나의 법전을 읽고 정독하
면 너희들이 모든 의미요, 뜻을 알 수
있거늘,
6 어찌하여 너희들이 그 답을 준 것을
보지 아니하려 하며, 너희 것으로 만
들려 하지 아니하며,
7 너희들이 그 고집과 오만과 자만으로
하여 지금도 하나의 수수께끼를 풀지
도 못하는 자들이,
8 수수께끼를 언제 푸는가, 어찌하여 푸
는가 그 조바심이요, 불안한 마음을
가지고 있는 자,
9 그들이 불쌍하고 가련하여 내가 너희
들에게 모든 수수께끼의 천 가지, 만
가지의 답이 있는 나의 새로운 성경
을 내려보냈거늘, 그를 읽고 정독하면
될 것을,

10 그를 보지 아니하며 하늘에 감을 의심
하며, 너희들이 죽어 와 나에게 심판
받는 것을 의심하며, 믿음의 길을 가
는 그 길이 구원을 받을 수 있는 것인
가 받지 못할 것인가, 너희들이 의문
의 마음을 가지고 있으니,
11 모든 오늘의 종교 집단이요, 구원을
받았다 울고불고하는 자, 그리고 나의
아들 앞에 와 구원을 자신 있게 받았
다는 자,
12 그리고 구원을 받지 아니하며 구원을
양보하는 그 정신 나간 믿음의 길을
가는 자, 나의 아들을 보고 사탄이요,
이단이라 그리하는 자,
13 너희들은 수수께끼로 모두가 다 뭉쳐
져 있으며, 너희들 자신이 수수께끼
속에서 벗어나지 못하는 것이 너희들
의 오늘의 삶이니라.
14 구원을 받았다 하는 자, 구원을 받는
다 가르치는 자, 그 모두가 다 너희들
이 내가 정곡을 찌름으로써 대답할 것
이 없으니, 대답하지 못하는 자 너희
들이 의혹을 가지고 있는 것이 아니더
냐?
15 그러니 수수께끼를 풀기 위하여 수수
께끼 속에서 평생을 헤매다 마는 백성
들이 너희들이니, 정답을 하나도 풀지
못하고 알지 못하는 가련한 백성들이
니라.
16 그리하여 그 수수께끼를 풀어 너희들
이 정답을 알 수 있도록 내가 새로운
성경을 내려보내나, 이것은 사탄이요,
이단이라 하여 바라보지 아니하는 그
불쌍한 백성들을 보는 내 아픈 마음을
어찌하겠는가?
17 그들에게 전하라, 너희들이 그 의혹하
는 마음, 너희들이 불안한 마음, 풀지
못하는 수수께끼, 그 모두가 '하늘에
오르는 길'이요, '하나님! 말씀하옵소
서.' 하는 나의 새로운 성경 속에 들어
있다는 것을.
18 너희들이 160권 중에 한 권만을 정독
해도 그 답을 풀 수 있는 현명함이 있
거늘,
19 어찌하여 너희들이 옛것을 버리지 못
하며 옛것에 연연하며 이것저것을 지
우지 못하고, 기적과 이적에 얽매어
어리석은 그 믿음의 길을 지금도 가고
있는가?
20 그들을 깨우쳐 주라, 사랑하는 나의
아들딸들아!

10,906 번째 하나님 말씀

2004년 5월 4일 12시 30분

1 사랑하는 나의 아들아!
2 "네, 아버님! 말씀하옵소서."
3 인간 나의 피조물 만백성 너희들이 살
아가면서 내일에 이루어지는 그 모두
를 확실히, 명확히, 정확히 아는 백성
과 알지 못하고 살아가는 그 백성의
차이점이 무엇이더냐?
4 미래에 이루어지는 것을 모르면서 안
다고 거짓된 말을 하는 백성의 마음은
어떠할 것이며,
5 확실히 미래에 이루어질 것을 알면서
안다고 말하는 그 백성과의 그 답은
똑같되 그 마음의 차이는 어떠하겠느
냐?
6 지금 내가 너희들에게 160권의 법전

을 내려보내 너희들이 희생과 봉사로
써 나의 사랑하는 백성들을 구원하는
데 모두를 다 바치라 함이 무엇인 줄
알겠느냐?
7 그들은 내일에 보이는 것을 보지 못하
며 알지 못함이니라.
8 그리고 역사하는 것을 확실히 알지 못
함이니라.
9 확실한 답이요, 확실한 미래를 알지
못하며 안다 저희들이 소리 지르고 언
성을 높이는 자들이니, 언성이 높고
클수록 그는 벌써 더 모르는 자요, 불
안을 느끼고 있는 자이니라.
10 그리하니 그와 같은 험악한 분위기로
써 너희들을 제압하며 너희들을 다스
리고자 하는 자들이 그들이니라.
11 그러나 사랑하는 나의 아들을 따르는
제자들이요, 나의 법전을 읽고 깨우친
백성, 너희들은 미래의 모두를 다 보
고 있으며, 너희들의 운명이요, 네가
어찌 된다는 것도 이미 거의 알고 있
을 것이니라.
12 네가 이대로 가서는 아니 될 것이며,
여기서 변화되어야 할 것이며, 거듭나
지 아니하면 아니 된다는, 너희들이
자신을 심판할 수 있는 것, 들여다볼
수 있는 그와 같은 너희들의 그 지혜
가 무엇이더냐?
13 너희들은 미래를 알고 대답하는 자임
을 알아야 될 것이니라, 사랑하는 나
의 아들딸들아!
14 그러니 정답을 가진 자가 그를 가르쳐
야 되겠는가, 오답을 가진 자가 그를
가르치도록 해야 되겠느냐?
15 너희들이 이웃 형제들에게 오답을 가
진 자가 그것을 열심히 가르치며, 너
희들의 동료요, 후배요, 너희 가족이
또한 오답을 배우고 있다면 어찌하겠
느냐?
16 그들을 너희들은 구원하고 그들을 바
로잡는 것이 너희들이 역사하는 것이
아니더냐?
17 오답을 가르치는 자가 정답이라 아무
리 아우성을 치고 너희들에게 험악한
인상을 쓰고 너희들에게 핍박을 한다
해도,
18 너희들은 정의로운 것으로, 미래를 보
는 너희들이 그를 깨우쳐 주며 다스려
나가지 아니하면 아니 되는 것이니라,
사랑하는 나의 아들딸들아!
19 내가 여기서 너희들에게 명확히 전함
이니, 너희들은 미래를 알 수 있는 자
들이요, 미래를 정확히 알고 가는 백
성들이요,
20 그리하여 너희들이 미래를 알기에 너
희들이 하는 말은 정답이요, 너희들이
하는 것은 진리의 내 뜻을 전하고 역
사함이니라.
21 그러나 그것을 모르는 백성들은 그저
고집이요, 아집으로써 소리만 지르며
음성만 높이는 자들이니, 그들을 너희
들이 깨우쳐 주고 바로잡지 아니하면
아니 됨이니라.
22 그리하여 내가 너희들에게 그리 간곡
히 부탁하느니라.
23 나의 법전을 하얀 눈이 세상을 덮듯이
모두를 덮도록 하라.
24 그리하면 그들이 깨우칠 수 있는 기회
가 있기 때문이니라, 사랑하는 나의
아들딸들아!

25 너희들은 모든 미래를 보고 미래를 확
실히 알고 가는 백성들이요,
26 알지 못하며 안다 소리 지르는 그들이
바로 뒤돌아서면 그것이 허실로 드러
날 것이며, 그것이 거짓인 것이 다 드
러날 것이니라.
27 그래도 거짓이 드러나도 변명할 것이
며, 그것이 아니라 우기는 자들이 오
늘의 철옹성보다도 더 단단히 굳어져
있는 잘못된 믿음이요, 신앙생활을 하
는 백성들이니라.
28 그래도 그들을 깨우쳐 주고 다스려야
되는 것이 너희들이라는 걸 잊지 말라.

10,907 번째 하나님 말씀

2004년 5월 4일 12시 35분

1 사랑하는 나의 아들아!
2 "네, 아버님! 말씀하옵소서."
3 너희들이 부자로서 하늘에 오르는 길
이 어렵고 힘들며 올 수 없다 하지 아
니하였더냐?
4 그러나 저희가 부자가 되는 길을 원하
고 소원하는 것이 오늘의 믿음의 길을
가는 그 백성들이요,
5 저희들이 부자가 되며 부귀영화요, 사
업의 번창을 위해서 눈물 콧물이요,
재물을 바치며 울고불고 기도하는 그
와 같은 백성들이니,
6 이게 바로 저희들이 구원을 받지 아니
하며 저희들이 지옥으로 가며 하늘에
오르지 아니하겠다며 양보하는 그와
같은 자라 내가 그리하지 아니하였더
냐?
7 그 우를 범하는 것이 그들이니라.
8 그러니 그와 같은 기도를 하지 아니하
며 그와 같은 소굴에서 너희들이 벗어
났으며,
9 그와 같은 것을 깨달아 나에게 무엇
을 달라, 이루어 달라, 너희들이 지옥
가기 위하여 사정하는 기도를 하지 아
니하며, 그와 같은 믿음의 길을 가지
아니한다 해도,
10 그것으로써 너희들이 나에게 받은 축
복이요, 너희들이 무엇으로써 나에게
그 은혜를 받겠는가?
11 내가 다시 한 번 너희들에게 그를 상
기시킴이 무엇이더냐?
12 모든 믿음의 길을 가는 자들이 더 부
자가 되고자 하여, 제 사업이 번창하
며 윤택한 삶을, 부유한 삶을 살기 위
하여, 풍요로운 삶을 살기 위하여, 저
희 자식의 번창을 위하여, 저희 자식
의 안일을 위하여 그와 같이 너희들이
기도하고 경배하는 것이 아니더냐?
13 부자가 하늘에 오르는 것은 베풀지 아
니하며 나눠 주지 아니한 자이기에,
너희들이 낙타가 바늘구멍을 통과하
는 그와 같은 어려움보다도 더 어렵다
하니, 올라올 수 없다는 뜻이 아니더
냐?
14 그러니 그와 같은 것을 알면서 너희들
이 더 부자가 되기 위하여 울고불고하
는 그와 같은 오늘의 신앙이요, 믿음
이요,
15 또한 지도자들이 그리 가르치며 '달라
하라, 구원하라 그러면 줄 것이다, 너
희들이 열배 백배 창고에 쌓아 놓는
것이다.' 하니,
16 이것을 너희들이 조용히 가슴에 안고

생각해 보라.
17 얼마나 이것이 나를 욕되며 너희들이
웃지 못할 짓을 하고 있으며, 얼마나
너희들이 하늘의 뜻을 거역하는 짓을
하고 있는가?
18 그 속에서 너희들도 그들과 더불어 손
을 잡고 울고불고 기도하고 경배했던
자들이 아니더냐?
19 '나를 지옥으로 보내 주십시오, 나는
지옥으로 가겠다.' 하며 울고불고하는
기도로 평생을 살아가는 자, 너희들이
거기서 헤어난 이 이치를 하나만 깨
달았다 해도, 성경의 비밀을 하나만
얻었다 해도,
20 너희들이 모두를 다 바쳐 이 길을 간
다 해도 후회할 것이 없으며 억울할
것이 없으며 분할 것이 없는 것이니라.
21 어떠한 봉사와 희생이 따른다 해도 너
희들이 이것 하나 얻은 것과 무엇을
바꾸겠느냐?
22 너희들이 죽을 때까지 내가 해서는
안 된다는 부자가 되기 위하여, 그리
고 더 재물을 가진 자가 되어, 너희 자
식들의 번창을 위하여 그와 같은 기
도요, 그와 같은 눈물의 하소연으로
너희들이 지금 살아왔다면, 너희들은
스스로 지옥을 가겠다는 자들이 아니
더냐?
23 그러니 너희들이 언뜻 생각하면 너희
들이 지옥으로 가기를 원함이니, 구원
을 받는 그것도 다 양보하는 그와 같
은 삶을 살아가겠다 하는 천사와 같은
자들이라 하는 게 아니더냐?
24 그러나 나의 아들이 너희들에게 새로
운 성경에 기록하여 전하기를, 믿음의
길을 가는 자의 근본은 하나 남은 구
원의 길을 양보하는 것이라 하니, 너
희들이 무어라 하느냐?
25 구원을 받지 아니하면 미쳤다고 너희
들이 교회를 다니며 믿음의 길을 가며
헌금을 내며 그 귀한 시간을 빼서 강
론을 듣는가 그리 말하니,
26 너희들이 재물을 더 얻고자 역사하는
것은 너희 스스로 죄인이 되어 하늘에
오르는 길이요, 천국에 오르는 길을
양보하고자 하는 봉사와 희생의 마음
에서 너희들이 부자가 되게 해 달라
기도하는 것이 아니요,
27 너희들이 육의 삶을 위해 기도하는 욕
심의 근본에서 이루어진 것이니, 그것
이 당연한 것이 아니더냐?
28 그 어리석은 삶이요, 그 어리석은 평
생의 믿음에서 헤어나지 못하고 너희
들이 더 달라, 부자가 되게 해 달라,
지옥 가겠다 허구한 날 기도를 해서
그 소원을 너희들에게 들어주게 될 때,
29 과연 그를 벗어난 것 하나로써 너희들
이 하늘을 보며 감사하며, 나 여호와
에게 감사하며,
30 그 지혜를 얻어 너희들이 나의 아들을
통하여 내리는 강론을 들으며 나의 법
전을 듣고 깨우치는 지혜를 얻은 것,
31 그것으로써 너희들이 무엇과 바꾸지
못하며, 던지지 못할 것이 무엇이 있
기에,
32 너희들이 흔들리는 마음이 갈대처럼
생각하며 너희들이 욕심의 뿌리를 버
리지 못하고 인간의 세상이요, 인간의
현실적인 문제에서 벗어나지 못하는
어리석은 삶을 사느냐?

33 사랑하는 나의 아들딸들아!
34 모두를 다 놓고 버리라.
35 소중하고 귀한 것을 놓지 아니하면 얻
을 수 없음이니라.
36 너희들이 바로 무엇이더냐?
37 하늘에 오르는 길이요, 하늘에 재물을
쌓아 놓는 자, 열배 백배 축복을 받는
다는 것이 무엇인 줄 아느냐?
38 너희들이 재물을 나에게 바치는 것이
아니요, 네 악습을 버리며 너희 자신
을 지워 버리며 네 마음을 버리는 그
와 같은 노력을 했을 때,
39 나에게 열배 백배의 상을 받을 수 있
는 자격을 갖추는 너희들이라는 그
의미요, 뜻을 거꾸로 반대에서 너희들
이 들여다보면,
40 오늘 내가 나의 아들을 통하여 기록하
는 새로운 성경의 의미를 알 것이니라.

10,908 번째 하나님 말씀

2004년 5월 4일 12시 40분

1 사랑하는 나의 아들아!
2 "네, 아버님! 말씀하옵소서."
3 제3의 시대요, 마지막 시대가 열림이
무엇을 의미하며 무엇을 내가 이루고
자 하는 것인지 너희들은 알겠느냐?
4 "네, 아버님!
5 아버님께서 물으시니, 저는 이와 같이
생각하옵나이다.
6 아버님의 그 아픈 가슴이요, 아버님의
그 아픈 마음을 이제는 풀어 주는 그
와 같은 시대가 역사하고 있다 그리
생각하옵나이다.
7 아버님의 지혜를 받은 자가 세상에 없
으며, 아버님의 지혜를 받을 자가 없
어, 2천 년이라는 그 길고 긴 세월 동
안 모두 비밀로 전해졌으며, 모두가
감춰졌던 그 아버님의 뜻을 아는 자가
하나도 없으며 그를 받아들이는 자가
하나도 없었기에,
8 오늘의 이와 같은 험악한 세상으로
흘러옴을 바라보시는 아버님의 마음
이 얼마나 아프고 저려 왔는가,
9 그 모두를 이제는 풀어야 될 때가 되
었으며 그 모두가 이제 역사할 때가
되었다 그리 생각되옵나이다, 아버
님!"
10 사랑하는 나의 아들아!
11 네가 그를 잘 알고 있느니라.
12 그러니 내 뜻을 알아들으며 내 말을
알아들으며 내가 원하는 것을 아는 나
의 아들이 세상에 있음이니,
13 나 여호와의 기쁨이요, 내가 새로 역
사하는 것을 얼마나 내가 기쁨으로 역
사하고 있는지 알겠느냐?
14 내 뜻을 알아듣는 나의 아들이 있으
며, 그를 따라 행하는 너의 제자들이
있으며, 창조주 내 뜻을 알아 그대로
행하고자 하는 그 백성들이 있음이니,
15 나의 기쁨이 이루 말할 수 없음을 너
희들은 알라.
16 그러니 지금의 이 시대가 무엇이더냐?
17 나의 뜻을 아는 나의 아들이 있으며,
또한 나의 아들이 전하는 그 뜻을 듣
고 깨달은 백성 너희들이 있어서 창조
주 나의 뜻을 알고 있음이니라.
18 그리하여 나의 백성 너희들을 통하여
모두를 깨우치며, 만백성에게 바른길
로 인도하는 이와 같은 역사가 이루어

지고 있지 않더냐?
19 그러니 이 기쁨을 누가 알겠는가?
20 2천 년 동안 알지 못하였기 때문에,
내 지혜요, 내 뜻을 듣지 못하였기 때
문에 그 비밀을 열지 못했으며, 그리
하여 감춰진 대로 그대로 흘러왔던 것
을,
21 내 뜻을 아는 나의 아들이 세상에 존
재하며, 그리고 그 제자들이 있어, 너
희들이 만백성을 옳게 인도하고 옳게
가르치는 그와 같은 역사를 하니,
22 너희들이 바로 빛과 소금이 됨이니라.
23 빛과 소금이 될 수 있는 나의 아들딸
들이 세상에 있어 새로운 성령이 세상
에 내려갈 수 있는 이와 같은 아름다
운 역사가 이루어지며 시작하였음이
니,
24 이는 영원히 비치는 달빛이요, 별빛처
럼 변하지 않는 그와 같은 역사가 이
루어지는 것이니라.
25 하늘에 오르는 길이 여기에 다 있으
며, 하늘에 오르는 길이 여기에 다 쓰
여 있음이니,
26 나의 법전을 읽고 깨우치며 나의 아들
을 따르는 제자들과 더불어 삶을 같이
하는 백성, 너희들이 하늘에 오르는
길을 보게 될 것이며,
27 그 길을 너희들이 스스로 오고 있는
영광된 백성이라는 것을 알게 될 것이
니라.
28 이 세상의 빛과 소금이 무엇인 줄 알
겠느냐?
29 나의 새로운 성경이니라.
30 그리고 나의 새로운 성경대로 살아가
는 너희들이 바로 빛과 소금이니라.
31 나 여호와의 뜻을 알지 못하며 내가
원하는 것을 알지 못하는 종교 집단이
요, 지도자들이 어찌 빛과 소금이 되
며, 나아가 그 신도들이 빛과 소금의
역할을 하겠느냐?
32 창조주 내가 원하는 것, 내 뜻을 알지
못하며 내가 이루는 것을 알지 못하는
자들이, 내 뜻을 거역하는 자들이 어
찌하여 내 백성들에게 빛과 소금이 된
단 말이더냐?
33 빛과 소금이라는 말을 함부로 쓰지 말
라 그리 전하라.
34 빛과 소금은 나의 새로운 성경이요,
그리고 바로 나의 성령이니라.
35 그리고 이를 받아 그대로 행하는 그
백성만이 빛과 소금이 될 수 있는 백
성이요, 새로 태어나는 새로운 시대의
백성으로서 안내자가 될 것이지,
36 내 뜻과는 관계없이 재물에 눈이 어두
워 울고불고하는 그와 같은 잘못된 백
성들, 사탄의 앞잡이가 된 너희들이
빛과 소금이라는 말을 감히 부르지도
말며, 빛과 소금이라는 말을 하지도
말라.
37 울고불고하며 너희들이 빛과 소금이
라 하나, 그것은 빛과 소금이 없음을
너희들은 알라.
38 오로지 나의 새로운 성경이요, 그를
지키는 자,
39 그리고 2천 년 만에 나의 뜻을 아는
나의 아들이 세상에 내려가 있음이니,
그를 통하여 강론하는 것, 그를 통하
여 역사하는 성령의 뜻, 그를 따르는
제자 그들이 빛과 소금이라는 것을 알
라.

40 그들은 영원히 변하지 않는 나의 뜻을
전하고 있으며, 영원히 변하지 않는
별빛이요, 달빛처럼 위대하게 존재하
는 역사를 이루고 있는 귀중한 나의
아들딸이니,
41 그들을 따르지 아니하며 그들과 더불
어 하지 않는 자, 하늘에 오르는 길을
보지 못하게 될 것이며,
42 그들을 따르는 자, 하늘의 빛을 보게
될 것이니라.

10,909 번째 하나님 말씀

2004년 5월 4일 12시 43분

1 사랑하는 나의 아들아!
2 "네, 아버님! 말씀하옵소서."
3 수천 년 동안 흘러오는 나의 아들딸들
이요, 그 백성들이 영적으로 얼마나
칠흑 같은 밤에서 헤매고 있는지 아느
냐?
4 육의 세상에 살면서 부귀영화요, 육을
위하여 너희들이 기도하고 경배하는
마음은 하늘을 감동케 할 정도로 그리
역사하나,
5 너희들이 영적인 구원이요, 하늘의 뜻
을 위해 참진리요, 천사와 같은 삶을
살아가는 데서는 너희들이 지금 어떠
한 백성인 줄 알겠느냐?
6 칠흑같이 어두운 밤에서 헤어나지 못
하고 헤매는 백성들임을 너희들은 알
아야 될 것이니라.
7 광명천지로 나오려 하지 아니하며, 광
명천지를 찾으려 하지도 아니하는 자
들이니라.
8 그러나 너희들은 알라.
9 그 불쌍하고 가련한 백성들을 위하여
내가 나의 아들을 통하여, 그 제자들
을 통하여 새로운 성경을 만들어 세상
에 전함이니,
10 이것이 밤은 지나고 찬란한 빛이 비치
는 것, 태양처럼 새로운 빛이 비치는
그와 같은 새로운 역사를 이루는 것이
니라.
11 바로 나의 새로운 성경이 너희들을 비
추는 태양빛보다도 더 위대한 역사를
이룬다는 것을 너희들은 알아야 될 것
이니라.
12 이제 그러니 너희들이 태양빛보다도
더 찬란한 나의 새로운 성경을 세상에
내려보내니,
13 너희들이 이를 접하고 깨우쳐, 암흑
같은 세상에서 광명의 천지로 나오는
그와 같은 삶의 변화를 이루라.
14 그리해야만 너희들이 영적인 죽음에
서 깨어날 것이며, 너희들이 영원히
사는 그 영적인 거듭나는 그와 같은
은혜를 얻을 수 있음이니라.
15 다시 뜨는 태양보다도 무서우리만큼
너희들이 새로운 시대가 열리며, 그
위대한 나의 새로운 성령이요, 내 모
두를 태워 내리는 이 역사함 앞에서,
16 너희들이 어찌하여 이를 받으려 하지
아니하며, 이와 더불어 가지 아니하
며, 이를 거부하는 마음을 가지고 사
느냐?
17 너희들이 거부하고 거부하는 자, 영적
인 혼돈과 영적인 칠흑 같은 어둠에서
네 영이 깨어나지 못하며 벗어나지 못
함이니,
18 너희들이 나에게 오르는 구원의 길이

요, 거듭나는 그 영광은 생각도 하지
말라 함이니 그리 알라.

10,910 번째 하나님 말씀

2004년 5월 4일 21시 26분

1 사랑하는 나의 아들아!
2 "네, 아버님! 말씀하옵소서."
3 모두를 움직이는 그 기계가 있음이니,
그 기계는 그 몸통이 있으며 기계가
움직일 수 있도록, 그 몸통이 살아 움
직일 수 있도록 각자 부속이요, 저희
들이 그 자리를 지키는 작고 큰 부속
품들이 수없이 있음이니라.
4 그러니 내가 너희들에게 말하였느니
라.
5 작은 부속이요, 큰 부속이요, 다 그가
귀하고 소중한 것은 당연한 것이라 했
느니라.
6 그러나 너희들이 작은 부속이 부서지
며 작은 부속이 제 기능을 못 할 때,
다른 부속으로써 너희들이 대체할 수
있으며, 또한 그는 쉽게 너희들이 고
쳐 그 기능을 이끌어 갈 수 있는 그와
같은 것을 변형하여 할 수 있는 것이
니라.
7 그러나 몸통이 고장 났으며 몸통이 기
능을 하지 못할 때, 너희들이 작은 부
속들을 만들어 고장 난 것을 재생하고
고쳐서 쓸 수 있는 것과는 전혀 다른
형국이 되지 않더냐?
8 그러니 몸통이요, 그 자체가 부서진
것은 너희들이 재정비하며 그 기능을
발휘한다는 것이 얼마나 힘들고 어려
운 길이더냐?
9 지금 내가 나의 피조물, 미물에서부터
동식물이요, 모든 것을 다 어떠한 것
을 위하여 역사했더냐?
10 이 세상을 통제하고 지배하는 나의 사
랑하는 아들딸 너희들을 위하여 모두
가 존재한다 하지 않았더냐?
11 그러나 내가 보는 오늘의 이 세상에
나의 백성들 너희들이 살아가는 모습
이 어떠한 줄 알겠느냐?
12 기계로 말하면 너희들이 작은 부속들
이 잘못된 것은 너희들이 고치고 다스
릴 수 있다 하나,
13 지금의 이 세상에 내가 생명을 주어
내려온 그 모든 작은 것들은 다 제자
리를 잘 지키고 제 기능을 발휘하고
있느니라.
14 그러니 바로 몸통 격인 나의 백성 너
희들만이 그 기능을 상실하였으며, 그
와 같은 능력을 발휘 못 하며, 너희들
이 상할 대로 상해져 있으며 썩을 대
로 썩은 몸통이니,
15 아무리 너희들이 부속이 살아 있으며
부속이 깨끗하며 제 기능을 다 발휘한
다 해도, 그 기계가 움직일 수 없는 것
이 아니더냐?
16 나 여호와가 이 자연 속에 가장 귀하
고 소중한 몸체인 나의 백성 너희들을
세상에 내려보내어 모두를 이끌고 다
스리라 했거늘,
17 너희들 자체가 썩고 변질되었음이니
라.
18 그러니 내가 보는 이 세상은 어떠한
것도 제대로 기능을 발휘할 수 없으
며, 제대로 너희들의 그 모두를 다 역
사할 수 없는 것이 오늘의 너희들의

형국이 되어 있음이니라.
19 그러니 이 세상이 허무하며, 이 세상
에 존재하나 이 세상에 아무것도 존재
하지 않는 그와 같은 허무한 꼴이 되
었느니라.
20 몸통이 고장 나 쓸 수 없다면, 그 기계
의 부속들이 과연 뭐하겠느냐?
21 존재해도 그 자체가 존재하지 않는 것
처럼 허무하지 않겠는가?
22 지금 내가 보는 나의 피조물 만백성들
이 믿음이라는 것을 가지고 믿음이라
는 그 길에 나에게 오르며 구원을 받
았다 말하는 그 백성 너희들,
23 바로 너희들이 몸통을 상하게 했으며,
몸통을 제 기능을 발휘하지 못하도록
만든 것이 원흉의 죄인은 너희들이니
라.
24 그러니 너희들이 스스로 몸통을 사용
하지 못하며 기능을 발휘하지 못하도
록 썩고 변질되고 부식되게 만든 것
이 너희들이니라.
25 그러니 내가 그와 같은 형국이 되어
있음은 이 세상에 무엇이 존재하며 무
엇이 살아 있으며, 아무것도 없다 한
들 너희들이 과연 뭐라 말하겠느냐?
26 이 세상의 몸통인 너희들이 썩고 잘
못되었음이니, 이 세상에 나 여호와가
만든 아름다운 자연이요, 이 세상의
모두가 다 제자리를 지키며 구색을
맞춰 너희들이 돌아갈 수 있도록 만든
그 몸통이 썩어 있음이니,
27 이 세상에 아무것도 존재하지 않는 허
무한 세상이라 내가 말한다면, 정녕
이 말이 나 여호와가 너희들에게 헛
된 이야기요, 쓸데없는 이야기요, 너
희들에게 해당치 않는 이야기를 한다
그리 말할 것이나,
28 너희들은 나의 아들을 통하여 전하는
나의 뜻을 들어야 될 것이니라.
29 이 세상에 아무것도 남아 있지 아니하
며, 허무한 것이며, 존재하는 것이 아
무것도 없는 그와 같은 형국이니라.
30 모든 기계의 몸통인 인간 너희들이 지
금 다 부식되고 썩어졌으며, 제 기능
을 할 수 없는 그와 같은 오늘의 형국
이 되었기에,
31 내가 이 세상에 아무것도 존재하지 않
는 허무함이요, 내가 허무한 마음을
가눌 길이 없다 함이니라.
32 그와 같이 너희들이 만든 것이 오늘의
종교 집단이요, 지도자요, 구원을 받
았다 말하는 백성, 너희들이 그리 만
든 자요, 그 몸통 자체를 썩고 부식되
게 만든 것이 너희들이 원죄임을 알라
그리 전하라.

10,911 번째 하나님 말씀

2004년 5월 4일 21시 32분

1 사랑하는 나의 아들아!
2 "네, 아버님! 말씀하옵소서."
3 너희들이 나의 법전이 옳다 그리 말하
며, 이는 하나님의 성령이요, 새로운
성경이라 그리 말하고 이를 받아들인
다 해도, 너희들은 알아야 될 것이니
라.
4 아무리 옳은 말이요, 진리라 해도, 너
희들이 너희 자신을 버리지 못하며 너
희들을 던져 버리지 못하며 너희들 마
음속에 있는 욕심의 뿌리들을 버리지

못하고, 너희들이 나의 법전대로 행하
는 그와 같은 삶을 살지 않는다면, 아
무런 의미가 없음이니라.
5 그러니 내가 나의 십계명이요, 나의
법전이요, 새로운 성경에 기록하여 내
리는 너희들이 지켜야 될 그 고통스러
운 삶을,
6 너희들이 악이요, 욕심의 뿌리를 모두
뽑아 버리는 그와 같은 고통과 아픔을
이기고 인내하며 죄악에서 벗어나는
그와 같은 삶을 살지 못한다면, 아무
런 의미가 없는 것이며 아무런 가치가
없음을 알라.
7 아무리 옳은 나의 새로운 성경이요,
새로운 나의 뜻이라 하여 너희들이 울
고불고 그를 읽고 또 읽는다 해도,
8 너희 자신을 버리고 자신을 던져 버리
는 그와 같은 너희들의 마음이요, 욕
심의 근본을 뽑아 버릴 수 있는 그와
같은 고통과 아픔을 이겨 그것들을 다
제거하지 못한다면, 아무런 의미요,
가치가 없는 것이 나의 새로운 성경임
을 알라.
9 너희들이 나의 아들을 통하여 내리는
강론이요, 나의 새로운 성경을 읽고
깨우쳐 그 배움의 경지가 오른다 하여,
10 또한 너희들이 이를 듣고 강론을 깨닫
고 할 때, 꿀맛보다 더 달고 위대한 것
이라 그리 말한다 해도,
11 너희들이 이를 받아들여서 제대로 소
화를 시키지 못한다면 또 이는 아무런
의미가 없음이니라.
12 너희들이 무슨 말을 하든 어떠한 행동
을 하든, 새로운 성경의 그 모두를 다
정확히 소화시켜 너희 것으로써 완벽
하게 만들지 못하면 아무런 의미가 없
음을 알라, 사랑하는 나의 아들딸들아!
13 너희들이 어렵고 힘든 것을 마다하지
아니하며, 내가 내리는 나의 새로운
성경을 받아들여, 어렵고 힘든 그 속
에서 너희들이 거듭나는 그와 같은 아
픔을 이기고 너희들이 다시 살아나올
때,
14 바로 나에게 오를 수 있는 백성이요,
구원을 받을 수 있는 백성이요, 그리
고 너희들이 나의 법전이 옳다 말하는
새로운 성경이라는 그 의미가 거기 있
음을 알아야 될 것이니라.
15 소화시키지 못하며 받아들이지 못하
는 자, 결코 구원의 길을 볼 수 없으며
하늘에 오르는 영광을 얻지 못한다는
것을 명심하고 또 명심하도록 그리하
라, 사랑하는 나의 아들딸들아!

10,912 번째 하나님 말씀

2004년 5월 4일 21시 35분

1 사랑하는 나의 아들아!
2 "네, 아버님! 말씀하옵소서."
3 너의 제자들과 나의 법전을 읽고 깨우
친 만백성 그들에게 전해야 될 것이며,
4 그리고 나의 법전을 이단이요, 사탄이
라 말하는 그 사악한 자들, 정녕 저희
들이 이단인 자, 그들이 바로 이를 듣
고 깨우치고 행하지 아니하면 아니 됨
을 그들에게 전하라.
5 나 여호와가 모두를 태워 내리는 새로
운 성경이요, 내가 내리는 이 성령이
기록된 나의 이 법전을 너희들이 읽고
깨우쳐 완벽하게 너희들 걸로 소화시

켜 역사하지 아니하면 아니 될 것이니
라.
6 너희들이 이를 받아 소화시키며 너희
것으로 만드는 그 고통은 이루 말할
수 없으며, 너희들의 그 시련 또한 이
루 말할 수 없을 것이니라.
7 그러나 어떠한 고통과 시련이 너희들
에게 있다 해도, 너희들은 내가 내리
는 이 새로운 성경을 완전히 소화시켜
네 것으로써 만들지 아니하면, 너희들
이 나에게 오를 수 없으며,
8 나에게 오를 수 없다는 건 무엇이더냐?
9 나를 너희들이 또한 볼 수 없다는 것
을 알아야 될 것이니라.
10 너희들이 나를 볼 수 없으며 나 여호
와의 나라에 올 수 없다면, 그것은 무
엇이더냐?
11 너희들은 반대의 길이요, 반대쪽으로
가게 됨이니, 그게 바로 너희들이 그
리도 몸부림치며 가기 싫어하는 그 지
옥문을 들어가는 것이라는 것을 잊어
서는 아니 될 것이니라.
12 지금 나의 아들을 따르는 제자들이요,
나의 법전을 읽고 깨우친 만백성, 너
희들도 말로만 이것이 진정한 하나님
의 말씀이요, 창조주의 뜻이요, 새로
운 시대에 역사하는 모두의 근본이 여
기 있다 하여 위대한 법전이요, 위대
한 성경이라 그리 말해도,
13 너희들이 그 모두를 너희 것으로써 소
화시키는 고통과 시련의 길을 딛고 일
어서 너희 것으로 완벽하게 만들어 가
는 것,
14 그와 같이 너희 것으로써 완벽하게 만
들었을 때, 너희들이 거듭남이니,
15 거듭나는 백성으로서 되지 아니하고
는 결코 너희들이 나를 볼 수 없다는
것을 그들에게 깨우쳐 전하도록 그리
하라, 사랑하는 나의 아들아!

10,913 번째 하나님 말씀

2004년 5월 4일 21시 42분

1 사랑하는 나의 아들아!
2 "네, 아버님! 말씀하옵소서."
3 너희들이 육을 가지고 이 세상에 살아
감이니, 육의 세상의 인간의 그 사랑
의 한계를 벗어나지 못하고 있는 너희
들이니라.
4 이 세상에 단 한 사람이라도 너희들이
육의 세상의 사랑의 한계를 넘어 영적
인 사랑의 길을 갈 수 있는 백성이 있
으며, 그를 알아듣는 백성이 있으며
그와 같이 행하는 백성이 있다면, 나
는 더 이상 바랄 것이 없음이 나 여호
와의 뜻이니라.
5 내가 이 세상이요, 지상의 모두를 역
사하는 것은 인간인 사랑하는 나의 아
들딸 너희들을 통하여 모두를 역사하
고 이루어지는 것이니라.
6 그를 통하지 아니하고 역사할 수 없으
며 이루어질 수 없는 것임을 너희들은
알아야 될 것이니라.
7 그러니 나는 그와 같은 것을 역사할
때, 많은 나의 백성들을 통하여 그들
로 하여금 모두를 역사하고 이루는 것
이 아님을 너희들은 알라.
8 다만, 나의 뜻대로 내 모두를 다 알며,
저 자신의 모두를 바쳐 내 뜻에 의하
여 모두를 역사할 수 있는 백성, 한 사

람이라면 그로써 모두를 다 역사하고
모두를 이룰 수 있는 것이니라.
9 그저 너희들이 불씨가 불씨를 전하고
또 불씨가 불씨를 전함으로 온 세상을
태울 수 있는 그와 같은 역사를 이루
듯이,
10 오로지 나는 너희들이 내 뜻대로 충성
을 다하며 모두를 다하여 그 뜻을 행
할 수 있고 그 뜻대로 역사할 수 있는
불씨요, 불씨의 심지가 하나만 있으면
된다는 것을 너희들은 알아야 될 것이
니라.
11 너희들이 말하느니라, 소금과 빛이 되
어 만백성을 구한다는 그와 같은 말을
함이니, 너희들이 그 뜻과 의미가 어
디에 있는지 알겠느냐?
12 그러니 그와 같은 의미를 모르는 것이
나의 백성 너희들임을 알아야 될 것이
니라.
13 너희들이 소금이라는 것은 바로 무엇
을 말하느냐?
14 빛과 소금이라는 그 말은 내가 너희들
에게 그리하였느니라.
15 소금은 자신을 녹여 만백성에게 맛을
선사한다 하였으며, 촛불이라는 그 불
씨는 무어라 하였느냐?
16 자신을 녹이고 태워서 어둠을 밝히는
것이 그들이 하고 있는 일이요, 그들
의 그 임무의 역사라 그리하지 아니하
였더냐?
17 그러니 모든 백성을 이끄는 한 사람이
요, 한 백성이 세상에 나온다는 것은,
그 백성은 저 자신을 희생하여 나의
촛불이요, 그리고 나의 불씨를 지탱할
수 있는 자, 그와 같은 하나의 불씨가
세상에 태어난다면 나는 더 영광이 없
으며 바라는 것이 없음이니라.
18 불씨요, 심지의 하나의 불꽃인 나의
백성 한 사람이 이 세상에 태어난다
면, 그와 같은 백성이 된다면, 나는 그
불씨로써 모두를 역사할 것이며, 모든
백성들을 구하는 그와 같은 역사를 이
룰 것이니라.
19 그러나 지금까지 너희들이 하나의 불
씨며 하나의 불씨의 심지와 같은 백성
이 없었다 함을 너희들은 알겠느냐?
20 그리하여 내가 그와 같은 백성을 구원
하며 그와 같은 백성을 이루기 위하
여, 그와 같은 백성을 찾기 위하여,
21 그와 같은 백성이 거듭날 수 있는 나
의 백성들 중에서 내가 그들을 찾기
위하여, 나의 법전을 정독하고 깨우쳐
가도록 그를 세상에 내려보냈으니,
22 나의 법전을 읽고 정독하지 아니하는
백성들 중에서는 그와 같은 백성을 찾
을 수 없으며, 불씨의 역할을 할 수 있
는 백성을 만날 수가 없음이니라.
23 그러니 나의 법전을 읽고 깨우치는 만
백성 너희들만이 불씨의 심지가 될 수
있으며 불씨의 역할을 할 수 있는 것
이 아니더냐?
24 그러니 내가 이 말로써 너희들에게 그
무거운 너희들이 중책이요, 소중한 자
들이라는 걸 다시 한 번 역사함이니,
이 뜻을 명심하여 듣도록 하라.
25 나의 법전을 읽고 깨우치는 백성, 내
가 선택한 백성, 너희들만이 나의 불
씨로써 거듭나는 백성이 될 것이며,
26 거기에서 한 백성이 불씨로써 곧게 설
때, 그 불씨로써 이 세상을 밝힐 것이

며 만백성을 구하는 역사가 이룰 것이
니라.
27 나의 아들을 따르는 제자들이요, 그리
고 나의 법전을 읽고 깨우친 만백성,
너희들이 바로 하나의 불씨가 됨으로
인하여 부끄러움이 없는 그와 같은 너
희들의 삶을 살도록 그리하라.
28 그리하여 너희들이 깊은 심지를 가진
불씨로써 이 세상을 밝히는 그와 같은
역사로써 이루도록 그리하라, 사랑하
는 나의 아들딸들아!

10,914 번째 하나님 말씀

2004년 5월 4일 21시 46분

1 사랑하는 나의 아들아!
2 "네, 아버님! 말씀하옵소서."
3 나의 아들을 따르는 선택된 그 제자들
과 나의 법전을 읽고 깨우친 백성, 너
희들은 들어야 될 것이니라.
4 너희들은 지금 수천 년 동안 흘러오면
서 그 종교 집단이요, 지도자 그들의
방대한 힘이요, 방대한 조직이요, 방
대한 물질을 가지고 어떠한 행위를 하
든 무슨 어떠한 짓을 하든, 너희들은
그들의 일에 귀 기울일 필요가 없으
며 그들에게 근접하지 말라.
5 너희들은 그들이 어떠한 행위를 하든
어떠한 형태로 어떠한 짓을 하든 그곳
에 관심을 가질 필요가 없으며, 거기
에 너희 마음이 동요되어서는 아니 될
것이니라.
6 그 방대한 조직이요, 그 물자요, 그리
고 방대한 교회요, 성당이요, 회당에
의하여 너희들 자신이 그들에게 무너
지며 그들에게 귀를 기울이는 그와 같
은 너희들이 되어서는 아니 될 것이니
라.
7 너희가 육의 삶에 있어서 하늘을 향하
여 한 점의 부끄럼이 없는 삶을 살아
야 하는 것이 오늘에 가야 할 백성들
이니, 너희들은 그 길만을 위하여 살
아가는 삶을 살라.
8 그 외에 너희들이 다른 것을 들으려
하지 말며 보려 하지 말며 그곳에 너
희들이 참여하지 말라.
9 그리고 귀 기울이지 말라.
10 그렇지 않으면 너희들이 아무것도 이
룰 수 없으며 너희들에게 남음이 없는
것이라는 것을 알라.
11 지금의 종교 집단이요, 지도자 그들의
설교와 강론에 귀 기울이면 너희들이
무너지게 되어 있음이니라.
12 그러니 너희들이 무너짐은 무엇이더
냐?
13 사후의 세상에서 너희들이 그 고통만
이 가중되며 그 고통만을 기다리는 그
와 같은 너희들의 삶을 살게 된다는
것을 절대 잊지 말라, 사랑하는 나의
아들딸들아!
14 이제는 너희들은 그와 같은 강론이요,
그들의 방대한 조직이요, 방대한 물질
적인 힘이요, 화려한 행사요, 그 모두
에 대하여 귀 기울이지 말라.
15 그것이 나와 관계없는 짓을 함이니,
그들이 영원히 지속될 수 없으며 영원
히 존재할 수 없다 함을 알라.
16 다만, 사랑하는 나의 아들을 따르는
제자들이요, 나의 법전을 읽고 깨우친
만백성, 너희들은 다만 하늘을 향하여

한 점의 부끄러움이 없는 삶을 살며,
가장 아름다운 삶을 사는 것, 그 길만
을 보고 이 세상에서 살아가라.
17 너희들이 이 세상에서 가장 기쁨이 무
엇인 줄 알겠느냐?
18 아름다운 마음을 갖고 고운 마음을 갖
고 천사와 같은 마음으로 너희들의 삶
을 살아가는 그것이 너희들에게 가장
기쁨이요, 기쁨을 얻는 것이니라.
19 아름다운 삶을 사는 자만이 또한 인간
세상에서 가장 기쁨을 얻고 사는 백성
이요, 나에게 오를 수 있는 백성이요,
나에게 선택된 백성이라는 것을 알라,
사랑하는 나의 아들딸들아!

10,915 번째 하나님 말씀

2004년 5월 4일 21시 55분

1 사랑하는 나의 아들아!
2 "네, 아버님! 말씀하옵소서."
3 나의 사랑하는 백성들이요, 그리고 너
를 따르는 그 제자들이요, 법전을 읽
고 깨우친 그 백성들에게 내가 명하기
를,
4 너희들은 나의 새로운 성경을 정독하
고 또 정독하라, 그리하여 너희들이
그 깨우침을 얻도록 하라, 그리고 너
희들이 살과 뼈를 붙여 네 것으로 만
들라 내가 너희들에게 명하는 그 뜻을
알겠느냐?
5 "네, 아버님! 저는 그리 생각하옵나이
다.
6 아버님께서 저희들에게 명하시기를,
너희들의 손에 재물이요, 금화와 은화
를 가지고 있는 자가 남에게 베풀어
줄 수 있으며 남에게 줄 수 있는 것이
라 그리 말씀하셨사옵나이다.
7 저 자신이 금화와 은화를 한 닢도 가
지고 있지 못한 자는 남에게 베풀 수
없으며 남에게 줄 수 없다 하시는 아
버님의 그 가르침이요, 그 말씀을 생
각하며, 그 의미를 제가 조금 깨닫고
있는 오늘의 이 시점이요, 제 깨달음
에서는,
8 아버님이 내리시는 새로운 성경이요,
새로운 성령을 저희들이 읽고 또 읽어
정독하여 깨우치라는 그 의미가 바로,
갖지 아니한 자는 줄 수 없기 때문에
그 모든 진리요, 아버님의 뜻을 깨달
아 누가 말하든 누가 묻든 거기에 대
답할 수 있으며 가르칠 수 있는 지도
자의 자질을 갖춰야 되기 때문에 아버
님께서 정독하고 또 정독하여 저희 것
으로 만들라 그리 명하신 것이라 생각
되옵나이다.
9 깨달음이 없는 자는 누구도 구원의
길을 인도하지 못하며 가르치지 못하
며 그들을 이끌 수가 없기 때문이라
저는 그리 생각하며,
10 그러니 전도할 자격도 없으며 복음을
전할 수 없는 그와 같은 자는 역사할
수 없기 때문에, 완벽한 그와 같은 깨
달음을 얻어 누가 무어라 하든 그를
가르치고 인도할 수 있는 자격을 갖추
기 위하여 정독하고 또 정독하라는 아
버님의 말씀으로 저는 그리 알고 있사
옵나이다.
11 한 푼의 금화와 은화를 갖지 아니한
자는 남에게 줄 수 없는 것처럼, 깨달
음을 그득히 가슴에 안지 못한 자는

누구에게도 지도할 수 없으며 가르칠
수 없기 때문이라 그리 생각하옵나이
다."
12 사랑하는 나의 아들아! 그러하니라.
13 너희들이 완벽한 지도자요, 선생으로
서 나갈 수 있는 것은 나의 법전을 정
독하고 정독하여 깨우쳐 너희들 가슴
속에 내 뜻을 그득히 안고 있어야만
누가 무어라 해도 너희들이 그를 인도
할 수 있음이니라.
14 바로 그것이니라.
15 금화와 은화를 저 자신이 손에 한 닢
도 들고 있지 아니하면 배고프고 어려
운 자에게 한 끼도 너희들이 대접할
수 없으며 나눠 줄 수 없는 것이 인간
세상의 이치인 것처럼, 너희들이 나의
성령을 가르치는 것도 나의 성령을 전
하는 것도 그러한 것이니라.
16 지금의 모든 종파가 참진리가 아니요,
그리고 나 여호와의 뜻을 알지 못하며
내가 이루고자 하며 하늘의 지혜를 얻
지 못한 자들이기 때문에 하늘의 뜻을
모르며 내가 역사하는 것을 모르기에,
17 오늘과 같이 암흑의 세상이요, 캄캄한
세상이 되었으며, 저희들이 말하는 말
세요, 종말의 시대에 도둑이 들끓는
그와 같은 세상이 되어 버렸기 때문이
니라.
18 그러니 너희들이 이와 같은 세상의 밝
은 빛으로써 모두를 이끌어 내며 그들
을 광명천지로 끌어내어 그들이 하늘
에 오르는 길을 볼 수 있도록 한다는
것은,
19 너희들이 모두를 알아야 될 것이며,
내가 내린 새로운 성경의 그 의미를
알고 다 깨우치지 아니하면 아니 되기
에, 내가 정독하고 또 정독하여 너희
것으로 만들라 하였음이니,
20 그리하여 뼈와 살로써 너희 것을 만들
라 내가 명한 뜻을 너희들이 알았다
면, 그와 같이 정성을 다하여 나의 새
로운 성경을 암송하며 그 뜻을 기억하
도록 그리하라.
21 그리하지 아니하면 암흑에 있는 그 백
성들을 광명천지로 이끌어 낼 수 있는
너희들이 자격이 미달이며 함량 미달
된 자가 무엇을 역사하겠느냐?
22 함량 미달된 자요, 내 뜻을 모르는 오
늘의 종교 집단이요, 지도자들이 지금
그 모두를 이끈다 했기 때문에,
23 알지 못하며 뜻을 모르는 자들이 이끈
다 지금 이와 같이 하여 나의 피조물
만백성을 현혹하며 어두운 길로 인도
하여 오늘에 돌이킬 수 없는 험악한
세상의 오늘의 현실이 되었음이니라.
24 그러니 너희들은 완벽한 전사요, 완벽
한 선생으로서 갖추지 아니하면 모두
를 역사할 수 없기 때문에 내가 너희
들에게 그리 명함을 알라, 사랑하는
나의 아들아!

10,916 번째 하나님 말씀

2004년 5월 4일 22시 01분

1 사랑하는 나의 아들아!
2 "네, 아버님! 말씀하옵소서."
3 천국이요, 나 여호와가 존재하는 이
하늘나라에 선과 악이 없다 내가 너에
게 그리 깨우쳐 주었으며 그리 전했느
니라.

4 또한, 천사와 사탄 그 자체도 내 앞에 존재하지 아니하며, 나에게는 그와 같은 것이 구분됨이 없다 내가 너에게 그리 깨우치고 전했느니라.
5 그러니 하늘에는 그와 같음이요, 지상에 너희들이 사는 삶은 어떠하더냐?
6 사랑하는 나의 백성 너희들이 살아가는 그 인간 세상의 생활 속에도 너희들은 또한 좋은 것도 나쁜 것도 그와 같은 것이 없음을 또한 알아야 될 것이니라.
7 너희들이 좋은 것, 나쁜 것, 또한 그것이 없다 내가 하면 너희들은 그를 이해하지 못하며 받아들이지 못할 것이니라.
8 그러나 그 모두는 다 너희들의 마음속이요, 너희들 마음속의 생각이 그것들을 만들어 내는 것이지, 너희들 자신이 좋고 슬프고 나쁘고 기쁜 것, 그와 같은 것, 또한 너희들은 없다 함을 알라.
9 다만, 너희들 마음속의 생각이 그것들을 만들어 내고 그것들을 그와 같이 사용하고 너희들이 그리 쓰고 있음이니 그리 알아야 될 것이니라.
10 그러니 너희들 마음속의 생각이 그 모두를 너희들이 좋은 것 나쁜 것으로써 생산해 내는 그와 같은 삶을 사는 것이 너희들이니라.
11 그러니 너희들이 마음을 다스리며 너를 비우고 세상을 본다 하면, 그리고 너희들이 너 자신을 의식하지 아니하며 너 자신이 존재하지 아니하는 그와 같은 삶의 마음 자세의 경지에 오른다면,
12 인간 세상에 너희들이 살아가는 곳에 또한 좋은 것, 나쁜 것, 슬픈 것, 기쁜 것, 그 모두가 다 없음을 알라.
13 그 모두는 다 너희들의 마음속에 있는 생각으로써 그 모두가 이루어지고 역사하는 것뿐이니,
14 그것이 바로 너희들의 깨달음이요, 경지에 오른 나의 백성들이 가는 길이며, 너희들이 역사하는 삶이라는 것을 그리 전하라, 사랑하는 나의 아들딸들아!
15 하늘나라요, 천국은 선과 악이 없으며 사탄과 천사가 없는 것처럼,
16 너희들 마음속, 너희들 생활 속에도 좋은 것 나쁜 것, 슬프고 기쁜 것, 그 모두가 다 없음이니라.
17 너희들이 경지에 오르고 오르는 그와 같은 이치에서 세상을 내려다보면, 그 모두는 너희들 인간의 마음속에서 일어나는 것이요,
18 너희들이 쓰고 버리는 그와 같은 역사 속에서 그 모두가 존재하는 것이라는 것을 깨달을 날이 있을 것이니라, 사랑하는 나의 아들딸들아!

10,917 번째 하나님 말씀

2004년 5월 4일 22시 15분

1 사랑하는 나의 아들아!
2 "네, 아버님! 말씀하옵소서."
3 이 세상의 모든 만물은 그 뿌리가 무엇으로써 심어졌으며 어찌 뿌려졌느냐에 따라서 그 뿌려진 것에 대한 결과를 거둬들이는 것으로써 모두가 이루어지지 아니하더냐?

4 너희들이 꽃씨를 뿌리니, 그리고 그
아름다운 꽃씨를 뿌려 심으니, 그 아
름다운 꽃이 피어나는 것은 당연한 것
이 아니더냐?
5 그러니 사랑하는 나의 아들딸 너희들
이 살아가면서 정녕 천사와 같은 선함
을 심으면 너희들은 선한 꽃이 피게
되었으며, 너희들이 악의 씨를 뿌려
그 악의 씨를 심는다면 결국 너희들은
악의 열매를 맺게 되는 것임을 알고
있을 것이니라.
6 그리고 이는 변하지 않는 사실임을 모
든 인간 세상에 사는 백성 너희들은
알고 있을 것이니라.
7 그러니 사랑하는 나의 아들딸들아!
8 너희들이 아름다운 꽃은 만인이 다 사
랑하지 않더냐?
9 그리고 아름다운 꽃을 사랑하지 않는
백성이 없음이니라.
10 그와 마찬가지니라.
11 선행을 하며 베풂을 행하며 그와 같이
사는 백성 너희들은 인간 세상에서도
버림받지 아니하며 고독한 삶을 살지
아니할 것이니라.
12 모든 사람으로부터 사랑을 받으며 화
기애애하게 그와 같이 너희들이 인간
의 기쁨과 행복을 모두 다 누리며 사
는 삶을 사는 것이 인간 너희들의 세
상이 아니더냐?
13 사랑하는 나의 아들아!
14 너희들이 인간 세상에서 선함을 행하
여, 많은 백성들로부터 버림받지 아니
하며 사랑받는 그와 같은 백성이 곧
너희들 인간 세상에서 살다 하늘에 오
르는 백성이 됨을 알라.
15 인간 세상에서 버림받는 백성은 하늘
나라에 오를 수 없으며, 또한 나로부
터 버림을 받게 되는 백성이라는 것을
절대 잊어서는 아니 되느니라, 사랑하
는 나의 아들딸들아!
16 그러니 내가 너희들에게 원하는 것이
무엇이더냐?
17 너희들이 최대의 선함과 최대의 사랑
을 나누며 살지 못한다면, 결국 너희
들은 나에게 오를 수 없으며 나를 볼
수 없다는 것을 알아야 될 것이니라.
18 그러니 너희들이 최대의 사랑이요, 최
대의 나눔을 갖고 살아가는 그와 같은
백성이 되라.
19 이게 곧 너희들이 마지막 심판대에 섰
을 때 심판을 받는 판결문의 내용이라
는 것을 잊어서는 아니 되는 것이니
라, 사랑하는 나의 아들딸들아!
20 너희들이 심판대에 서서 심판의 그 모
든 너희들의 심판문을 낭독할 때, 너
희들이 웃음으로써 받아들이며 기쁨
으로써 받아들인 자 나에게 오를 것이
며,
21 너희들이 부끄럽고 창피하여 너희들
의 추하고 더러운 그 낭독문이요, 너
희들이 살아온 것이요, 남들이 들을까
창피하고 두렵고 무서운 그와 같은 판
결문을 너희들이 듣게 된다면,
22 결국 너희들은 그 대가를 치르는 그와
같은 역사요, 나와는 관계없는 너희들
이 그리 가기 싫어 몸부림치는 지옥의
문을 들어가지 아니하면 아니 되는 것
이 너희들의 운명이라 함을 알라.
23 내가 나의 아들을 통하여 너희들이 천
국과 지옥이라 그리 말하였으나, 너희

들은 이를 그저 소홀히 들으며, 설마
그러려니, 그리고 그것이 독하면 얼마
나 독할 것이며, 고통스러우면 얼마나
고통스러울 것이며, 남들도 가는 것
난들 못 갈 것이냐 그리 생각하는 안
일한 자세로 사는 백성 너희들이 와
봤을 때,
24 너희들은 과연 거기에서 어떠한 것인
가를 그때 알 것이니, 그때는 너희들
이 어찌할 방법이 없음이니라.
25 오늘의 너희들이 살아 있는 이 세상에
서 선한 아름다운 꽃을 피우는 백성,
그와 같은 삶을 사는 길만이 너희들이
나로부터 버림받지 않는 길이요, 너희
들이 상상할 수 없는 그 지옥에서 고
통을 받지 않는다는 것을 명심하고 또
명심하라.
26 오늘의 육이 존재하는 이 세상에서 너
희들이 선한 선행의 꽃씨를 심으라.
27 그리하여 좋은 꽃이요, 아름다운 꽃을
거둬들이도록 하라.
28 오늘의 삶에서 악의 씨를 심는 자, 너
희들이 그 악의 열매를 거둬들이는
것, 그것이 너희들이 얼마나 두렵고
무서운 것인가를 알게 될 날이 머지않
았음이니라, 사랑하는 나의 아들딸들
아!
29 얼마 남지 않은 너희들의 그 생명의
시간을 함부로 쓰지 말며, 함부로 낭
비하지 말며, 악에 의하여 너희들이
사탄으로 무너지는 그와 같은 삶이요,
그와 같은 것은 감히 생각도 하지 말
고 지워 버리고 사는 백성이 되도록
그리하라.

10,918 번째 하나님 말씀

2004년 5월 4일 22시 24분

1 사랑하는 나의 아들아!
2 "네, 아버님! 말씀하옵소서."
3 너희들이 하늘의 지혜를 얻어야 그 깨
달음을 얻으며, 하늘의 세상을 알며,
나 여호와의 뜻을 알 수 있다 하였음
이니라.
4 그리하여 너희들이 성령으로 임하는
백성만이 그 하늘의 지혜를 얻을 수
있다 내가 말하지 아니하였더냐?
5 그러니 너희들은 이와 같은 것을 쉽게
간단하게 너희들이 이루어지고 얻는
것이라 그리 생각하고 있지 않은가?
6 지금 나의 아들을 따르는 제자 너희들
이 나의 법전이요, 나의 아들을 통하
여 내리는 강론을 들으면서, 너희들이
하나하나 그 잘못된 허물을 벗어 나가
며 악습을 고쳐 가는 그 삶이 과연 얼
마나 어렵고 힘들더냐?
7 아마 인간으로서는 그보다도 더 어렵
고 힘든 것이 없을 것이니라.
8 그러니 너희들이 하늘의 지혜를 얻으
며 성령으로 역사하는 그와 같은 백성
으로 거듭나는 것은, 너희들은 말할
수 없는 고통의 시련과 그리고 자기와
의 싸움이니,
9 그 싸움이 너희들이 혈투를 벌이는 그
무서운 싸움보다도 더 어려운 삶이 너
희들 자신을 버리고 다스려 나가는 그
와 같은 삶이요, 변화되는 길을 가는
것이니라.
10 그리했을 때 너희들이 성령이 임하는
백성이요, 하늘의 지혜를 얻을 수 있

는 백성이라 내가 그리하였느니라.
11 그러니 혈투의 싸움에서 너희들이 이
기지 못하며 거기서 거듭나지 못한다
면, 참진리의 길이요, 나의 뜻에 따라
너희들이 하늘에 올 수 있는 그와 같
은 길은 정녕 바랄 수도 없는 것이라
하지 아니하였더냐?
12 그러니 참진리의 길이 나의 뜻에 따라
너희들이 역사함이 얼마나 어렵고 힘
든 과정을 거쳐 역사하는 것인가를,
지금의 믿음의 길을 가는 백성 너희들
이 과연 그를 알고 있는가?
13 너희들은 어떠한 어려움과 고통 속에
서 성령이 임하는 백성이요, 하늘의
지혜를 얻는 백성이 되는 것인가를,
오늘의 믿음의 길을 오며 구원을 받았
다는 백성, 그 지도자 그 모두가 그를
알지 못함이니라.
14 나의 아들을 따르는 제자들이요, 나의
새로운 성경을 가지고 공부하고 깨우
치는 백성 그들은 그 길의 과정이요,
그 어려움을 알고 있음이니라.
15 그러니 그를 모르는 종교 집단의 지도
자요, 그 신도들이기 때문에 너희들이
믿음이요, 구원의 길을 너무나 쉽고
간단하게 생각하는 것이 아니더냐?
16 그리고 너희들이 그 길이 간단하고 쉽
다 또한 가르치고 있는 것이니라.
17 믿기만 하면 된다는 것, 그러니 내가
너희들에게 다시 한 번 묻느니, 하늘
에 오르는 길이 거저 이루어지고 거저
얻는 것처럼 너희들이 안일하게 지금
나의 피조물 만백성을 가르치며 인도
하며 그들을 안정시키는 그와 같은 믿
음의 길을 가는 백성들이 오늘의 종교
집단 지도자 너희들이 아니더냐?
18 그저 믿기만 하면 되는 것, 거저 얻는
것, 공짜로 얻어지는 것, 그저 너희들
이 쉽게 취할 수 있는 것이 하늘에 오
르는 길이요, 구원의 길이라 너희들이
그리 가르치니,
19 안일한 마음이 지금은 지나쳐 너희들
이 지금 방조하고 타락한 그리고 오만
하게 나의 피조물 만백성을 만들어 버
린 것이며, 그와 같이 된 것이 오늘의
현실에 나의 백성들이 믿음의 길을 가
는 현주소가 아니더냐?
20 너희들은 여기서 깨우쳐야 될 것이며,
여기서 돌이켜 봐야 될 것이니라.
21 그와 같이 너희들이 하늘에 오르는 길
이 거저 얻는 것이요, 그저 남들에게
쓰다 남은 것을 주듯이 공짜로 너희들
이 주고 공짜로 얻는 그와 같은 것으
로써 역사한다 생각하느냐?
22 믿음이요, 구원의 열매는 너희들이 정
녕 어떠한 것인가를 알지 못하는 자이
기에,
23 오늘의 종교 집단의 지도자요, 그 백
성들이 믿음이요, 종교의 신앙이요,
구원의 열매를 맺지 못하도록 했으며,
너희들이 맺어진 자가 하나도 없다는
것을 알아야 될 것이니라.
24 그들이 정녕 구원의 길이요, 믿음의
그 진정한 참진리의 열매를 맺지 못한
자가 지금 이 세상을 지배하고 있으
며, 또한 맺지 못하도록 지도하는 자
들이 이 세상을 더불어 같이 역사한다
는 것을 알아야 될 것이니라.
25 그러니 너희들의 종교 집단이요, 지도
자라는 자들이 믿음을 몇십 년 동안

평생을 다 바쳤다는 그 백성들이 정녕
하늘에 오르는 그 열매요, 그리고 내
가 거둬들일 수 있는 그 수확의 열매
를 영글지 못하도록 하며, 그 결실를
이루지 못하도록 하는 것이 너희들이
었으니,
26 너희들의 죄가 과연 어떠한 것인가를
너희들은 알아야 할 것이니라.
27 너희가 지금 말하는 것, 거저 얻어지
는 것이 구원의 길이요, 너희들이 나
에게 오르는 길이 아님을 알라.
28 너희들 말대로 거저 얻어지는 것이요,
공짜로 얻어지는 것이 하늘에 오르는
길이요, 구원에 오르는 길이라면, 그
리고 나의 아들 예수를 찾기만 하면
너희들이 구원을 받는다면,
29 그렇다면 너희들에게 내가 성경에 기
록하여 너희들이 목숨을 바쳐 충성을
다하며 너 자신을 버리고 거듭나는 그
길을 가지 아니하면 너희들은 나에게
올 수 없다 내가 어찌하여 너희들에게
그리 가르쳤단 말이더냐?
30 예수가 그 제자들에게 무어라 말하였
느냐?
31 너희들이 '성령으로 거듭나는 백성이
되라.' 예수는 그리 말하였음이니라.
32 그리 아니하면 너희들이 좁고 협착한
그 길을 선택하지 아니하고서 너희들
이 하늘에 오를 수 있는 길이 없다 그
리하였음이니라.
33 넓고 평탄한 길로써는 너희들이 하늘
에 오를 수 있는 길이 없으며, 좁고 협
착하고 힘든 길을 선택하여 오는 것이
하늘에 오르는 길이라 어찌 그리 가르
쳤겠는가?
34 너희들이 더욱이 하늘에 오르는 것이
요, 나에게 오르는 그 역사는 낙타라
는 동물이 바늘구멍을 통과하는 것보
다도 어렵고 힘든 것이 너희들이 나에
게 오르는 길이라 그와 같이 내가 너
희들에게 가르치고 전하였겠는가?
35 그리고 너희들이 비장한 각오와 결의
가 없이는 나에게 오를 수 없으며 하
늘에 오를 수 없다 어찌하여 내가 성
경에 그리 전했으며, 너희들에게 그리
전해 깨우침의 역사를 이루려 했던 것
이더냐?
36 그러니 너희들은 여기서 돌이켜 보라.
37 과연 나의 성서에 기록된 길이요, 하
늘에 오르는 길이 어떠한 길인가를 내
가 상세히 나의 성경에 기록했으며,
새로운 성경에 또한 기록해서 내려보
내니,
38 너희들이 그를 읽고 또 읽은 자들이
어찌하여 그 의미를 모르며 그 뜻을
모르고, 그저 하늘에 오르는 것이 거
저 얻는 것이요, 공짜로 이루어지는
것처럼 그 착각 속에 헤매느냐?
39 나의 아들 예수가 목숨을 바쳐 내가
내가 이루고자 하는 그 뜻을 이루고
그를 행하고 나에게 오를 수 있었던
것을 깨우쳐야 될 것이며, 그 의미를
알아야 될 것이며, 그와 같은 역사의
과정을 알아야 될 것이니 그리 전하라.

10,919 번째 하나님 말씀

2004년 5월 4일 22시 28분

1 사랑하는 나의 아들아!
2 "네, 아버님! 말씀하옵소서."

3 너희들이 구원의 길이요, 하늘에 오르
는 길이 너희들이 말하는 것처럼 그리
쉽게 구원을 받을 수 있으며 거저 얻
을 수 있으며 공짜로 이루어질 수 있
는 것이라면,
4 나 여호와가 새로운 성경에 선한 길과
악의 유혹에서 너희들이 벗어나는 그
전쟁터보다도 더 무서운 싸움의 격전
에서, 너희들 모두가 선을 선택하는
그와 같은 길을 가지 아니하면 아니
된다 내가 어찌 나의 새로운 성경에
기록하여 너희들에게 전하였느냐?
5 너희들이 하루에 수없이 살아가는 그
싸움에서도 너희들이 전쟁터 못지않
은 그 무서운 격전을 벌임이니,
6 너희들이 거기서 잠시라도 악의 생각
을 하여 변화되는 것은 지옥으로 가는
자요, 그렇지 않은 자만 너희들이 나
에게 오를 수 있는 백성이라 하였음이
니,
7 너희들이 그 무서운 싸움을 매일 치르
고 또 치러, 너희들이 선한 생각으로
써 선을 행하는 것으로 이기지 못한다
면 너희들이 아니 된다 내가 나의 성
경에 기록하여 전했으며,
8 이미 내가 너희들에게 말하는 한 자도
빼도 더하지도 말라는 그와 같은 너희
들에게 일찍이 내린 그 신약이요, 구
약에도 그와 같은 의미의 가르침이 있
음을 너희들은 알아야 될 것이니라.
9 너희들이 매번 격전을 치르면서 선이
이기는 그 싸움을 역사하지 못한다면,
너희들 자신도 구원을 받지 못하며 나
에게 오를 수 없는 것이라 내가 너희
들에게 그리 가르쳤거늘,
10 어찌하여 너희들이 그것을 간단하게
얻을 수 있으며 쉽게 얻을 수 있으며,
너희들이 거저 얻는 물건처럼 그 착각
으로 지금 헤매고 있는가?
11 그 착각이요, 환상 속에서 벗어나지
못한다면 너희들은 나에게 오를 수 있
는 길이요, 나에게 오를 수 있는 그 빛
도 볼 수 없는 백성이라는 것,
12 반석 위에 서서 너희들이 하늘에 오르
는 그 빛조차도 볼 수 없는 자요, 반석
위에까지도 일어서지 못하는 백성이
라는 것을 그들에게 깨우쳐 줘,
13 지금이라도 나의 새로운 성경을 읽고
깨우쳐, 저희들이 매일 싸우는 전쟁터
에 그 격전보다도 더 무서운 싸움에서
승자가 되는 그 길을 선택하지 아니하
면 아니 될 것이며,
14 그리고 너희들이 거저 얻는 것, 그저
공짜로 주는 것, 얻는 것처럼 너희들
이 구원이요, 나에게 오르는 그 역사
함을 얻는다는 그와 같은 생각, 이를
버리지 아니하면 아니 됨이니, 그들에
게 다시 한 번 깨우쳐 주고 전하라.
15 내가 그리하여 너희들에게 다시 명함
을 알라, 사랑하는 나의 아들딸들아!
16 얼마나 귀하고 소중한 내용이면 내가
다시 너희들에게 이와 같은 명을 내리
겠느냐?
17 나의 명령임이니 그리 전하도록 하라.

10,920 번째 하나님 말씀

2004년 5월 4일 22시 45분

1 사랑하는 나의 아들아!
2 **"네, 아버님! 말씀하옵소서."**

3 지금의 모든 종파들이 저희들만이 정
통이요, 그리고 저희들과 다른 것은
다 이단이요, 저희들이 같이할 수 없
는 자들이라 그리 말하는 자들,
4 그들이 과연 말로써 성경을 찾으며
성서를 찾으며 나 여호와를 부르짖고
있으나, 그들이 정녕 참진리의 길을
가고 있는 백성이라 그리 생각하느냐?
5 저희들만이 나 여호와의 뜻에 의하여
하늘에 오르는 길이요, 저희들만이 선
택된 백성들이라 그리 말하나,
6 나 여호와는 지금 내려다보는 지금의
정통으로 믿음의 길을 간다는 그 백성
들이 몇천 년 동안 흘러온 그 뿌리는
나 여호와의 참진리를 거부하며 내가
존재치 못하도록 하는 오늘의 그 행
위를 하고 있다는 것을 너희들은 알
고 있느냐?
7 저희들이 모두를 다 파괴시키는 행위
를 하고 있는 것이 오늘의 종교 집단
지도자임을 알라.
8 그러니 내가 그들에게 말하니, 나 여
호와의 참진리를 거부하며, 내가 역사
하는 것을 따르지 아니하며, 나의 존
재하는 것까지도 그를 인정하지 아니
하는 자의 행위를 하고 있다는 것,
9 저희들은 그렇지 아니하며 나의 아들
예수의 보혈로써 은혜를 받았으며, 창
조주 아버지가 계시다 울고불고하나,
그들은 내가 모두를 다 역사하는 것을
파괴하며 무너뜨리는 행위를 하고 있
는 것이 수천 년 동안 믿음의 길을 온
백성 그들의 행위라면 알겠느냐?
10 그러니 결국 그들이 나 여호와가 존
재함을 믿지 않는 것이요, 그 모두를
파괴하는 행위를 하고 있는 것이 그
들이라는 것을 알라.
11 그들이 지금 수천 년 동안 오는 그 믿
음이 무엇이더냐?
12 저희들은 제 것이 아니면 모두가 이단
이요, 사탄이라 그리 말하니, 그들이
야말로 사탄이라는 그 저희들이 이단
이라는 것, 거기에 그들이 정신병자
요, 중병에 걸려 있는 자들임을 알라.
13 그저 무조건 이단이요, 사탄이라 하여
그들이 멸시하며 저들이 존재치 못하
도록 하는 것이 저희들이 내 뜻을 역
사하는 것이요, 나로부터 축복받는 백
성이라는 그 정신병에 걸려 있는 자
들임을 알라.
14 지금의 모든 종교 집단이 이단이라는
그 병의 중독 증세에 걸려 있음이니
라.
15 그러니 무엇이 참진리요, 하늘에 오르
는 길이요, 무엇이 나 여호와가 이루
고자 하는 것인지를 아는 자가 하나
도 없음이라 하면, 너희들은 믿겠는가?
16 지금 맹종 맹신하는 그와 같은 신도
요, 그리 너희들을 가르치는 종교 집
단 지도자는 내가 이루고자 하는 것,
내가 역사하는 것을 아무것도 모르는
자요, 하나도 아는 자가 없는 백성들
이니라.
17 수천 년 동안 믿음의 길을 오면서 저
희들과 믿음이 같지 않을 때 그저 정
적으로 생각하며, 그 모두는 다 이단
이라 하는 것, 그리고 이단은 척결해
야 된다는 것,
18 그리고 이단에 넘어가지 말라는 것,
이단에 저희들의 인생을 망치지 말라,

저희들이 이단, 이단의 중병에 걸려
있는 자들이요,
19 저희들이 그 중병에 지금 걸려 있어서
치료 약이 없으며 치료할 수 없는 그
와 같은 형국에 와 있는 것이 오늘의
믿음의 길을 가는 지도자요, 백성 그
들임을 알라.
20 그러니 이 중독증세요, 중병환자, 이
들을 어찌 구원하고 어찌하여 깨우쳐
준단 말이더냐?
21 그들에게 하늘의 뜻이 무엇이며 내가
역사하는 것을 어찌 가르쳐 줄 수 있
는가?
22 그들을 치료할 길이 없으며 그들을
치료할 수 있는 약이 없다 함을 너희
들은 알겠느냐?
23 그러니 그들에게 내가 내리는 것이 바
로 무엇인 줄 알겠느냐?
24 지금 160권의 새로운 성경이니라.
25 그리하여 그 성경을 전하는 백성 너희
들이 바로 서며 바로 전할 때, 그들을
치유할 수 있으며 그 중독 증세에서
그들을 구원하는 길을 보게 할 수 있
는 것이 여기에 있다 함을 너희들은
잊지 말라.
26 그러니 아무것도 모르는 자들이 무엇
을 역사하며, 아무것도 모르는 자들이
나의 피조물 만백성을 어찌 가르친단
말이더냐?
27 하늘의 뜻을 저희들이 알지 못하며 지
혜가 없는 자요, 그저 다만 이단이요,
이단을 척결하는 것, 이단에 물들지
말며 병들지 말며 속지 말라는 것,
28 그리고 이단에게 저희들이 현혹되어
저희 인생을 망치지 말라 하는 것, 구
원의 길에 저희들이 구원을 얻지 못하
는 백성이 되지 말라는 것,
29 그것으로써 지금 가르치고 그것을 알
아듣고 그대로 행하는 그들이 정신병
자요, 중병에 걸려 있는 자들이니,
30 그와 같은 것에만 모두가 매달려, 저
희들이 하늘의 뜻을 어찌 알며 성경에
숨겨진 그 뜻을 어찌 알겠느냐?
31 그 가련한 백성들 그들에게 이제 참진
리요, 하늘에 오르는 이치의 그 모든
뜻을 가르쳐 주도록 그리하라, 사랑하
는 나의 아들딸들아!

10,921 번째 하나님 말씀

2004년 5월 5일 06시 10분

1 사랑하는 나의 아들아!
2 "네, 아버님! 말씀하옵소서."
3 나의 친필인 나의 십계명을 암송하고
또 암송한다 해도, 그대로 너희들이
행하지 아니하며 그대로 살지 못한다
면, 얼마나 너희들이 부끄러운 일이며
그 암송하는 의미가 있겠는가?
4 그러니 너희들이 한 번을 암송하는 것
도, 너희들이 천 번을 암송하는 것도,
다만 너희들이 얼마만큼 행하고 지키
는 것인가가 가장 중요함을 알아야 될
것이니라.
5 이 세상의 모든 백성 중에 나의 십계
명을 너처럼 암송하는 사람이 없으며
너처럼 경배하는 마음에서 이를 읽고
또 읽는 백성이 또한 없음을 알아야
될 것이니라.
6 그러니 너희들이 가장 많이 나의 십계
명을 암송하며 나의 십계명을 붙잡고

매달리며 그대로 살겠다 수없이 약속
하고 맹세하는 것이 너희들이 아니더
냐?
7 그러니 너희들이야말로 나의 계명대
로 가장 잘 지키는 백성이요, 그대로
행하는 백성이 되어야 될 것이니라.
8 그와 같은 백성이 되지 못한다면, 너
희들이 다 불필요한 것이며 다 부질없
는 나의 십계명을 암송하는 것이 아니
더냐?
9 인간 세상에 너희들이 사는 것도 평생
에 너희들이 살면서 생산적이요, 그리
고 남을 위함이요, 그리고 너희들에게
딸린 가족이요, 모든 식솔을 위해서
너희가 보람 있는 삶이요, 그리고 당
당한 삶을 위해 노력하지 아니하며,
10 그저 허송세월이요, 가는 세월 속에
너희들이 잡기를 즐기며 그저 그대로
살아가는 사람이 있다면, 그는 한평생
산 의의가 어디 있는가?
11 내가 너희들에게 말하듯이 이 세상에
태어나지 않음만도 못하지 않더냐?
12 지금 너희들이 살아가는 인간의 삶도
그러하느니라.
13 더욱이 너희들이 나에게 오르는 길이
요, 구원의 길이요, 거듭나는 영광의
길을 위해 살아가는 백성과, 그 길을
모르고 살아가며 그 길을 의식지 아니
하고 살아가는 그 백성 너희들이 한평
생 삶을 살았을 때 얼마만큼 차이가
있느냐?
14 너희들이 인간 세속에서도 생산적인
무엇인가를 이루고자 노력하는 자, 그
는 그 결과가 있을 것이며,
15 그렇지 아니하며 그저 허송세월하며
놀고 즐기기만 하는 백성은 살아왔으
나 그 한평생 남는 것이 없으며 역사
하는 것이 없으며 남길 것이 없지 않
더냐?
16 더욱이 믿음의 길을 가는 백성 너희들
이 바로 이와 같은 이치를 알아야 될
것이니라.
17 지금의 너희들이 가는 그 믿음의 길이
나 여호와의 뜻이요, 내가 원하는 길
이 아니며 내가 역사하는 길이 아니
요, 나를 능멸하며 나를 욕되게 하는
그와 같은 믿음의 길을 가며 한평생
그를 갖고 살고 너희들이 나에게 와
심판대에 섰을 때 과연 어떠하겠는가?
18 이를 너희들이 돌이켜 봐야 함을 절대
잊지 말라.
19 너희들이 지금 옛것에 연연하며 옛것
을 다스릴 줄 모르며 그저 너희들은
그것만 고집을 피우느니라.
20 또한, 옛것 자체도 너희들은 내가 내
린 내 뜻이요, 내 성령에 내가 원하는
그 의도를 모르며, 너희들은 그 비밀
을 알지 못하며 수수께끼를 풀지 못하
는 그와 같은 형국으로 살아왔음이니,
21 그러니 그보다 더 어리석은 백성이 없
으며 그보다 더 불행한 백성이 없다
함을 너희들은 알아야 될 것이니라.
22 너희들은 지금 내가 나의 아들을 통하
여 160권의 새로운 성경을 세상에 내
려보내며, 동양의 작은 나라의 언어로
써 이 축복된 백성들에게 모두를 다
내린다 하였거늘,
23 어찌하여 너희들이 그와 같은 은혜요,
그와 같은 역사를 들여다보지 아니하
며, 그를 가슴에 안고 정독하는 그와

같은 그 깨달음의 기회를 얻지 못하며,
24 오로지 사탄이요, 이단이요, 사악한
것이라 부르짖는가?
25 너희들이 사탄이요, 이단이라 말하는
그 모든 정답이 다 여기에 있으며, 옳
고 그름을 구분하는 내용이 또한 여기
에 있음이니라.
26 그러니 너희들이 이 세상에 저희 뜻과
저와 같이 가는 것이 아니면 무조건
이단이요, 사탄이라 몰아붙이는 자,
너희들이 이단에 대한 그 중병환자요,
이단에 너희들이 정신병자가 되어 있
다 내가 하지 않더냐?
27 이단이라는 것을 척결하기 위하여 이
단을 뿌리내리지 못하도록 하며, 이단
이라 생각되면 이 세상에 존재하지 못
하도록 하는 것이 너희들의 믿음이요,
나에게 축복받는 길이라 하여 거기에
병자요, 중병에 걸려 있는 자들이라
내가 나의 법전, 새로운 성경에 기록
하여 전했음이니,
28 너희들이 과연 그와 같은 자가 아닌
가, 그리고 그와 같은 것을 위하여 온
믿음의 길이 아닌가, 너희들은 한번
돌이켜 봐야 될 것이니라.
29 사람이 살면서 생산적인 삶이 아니라
허무한 삶이요, 그저 놀고 즐기는 삶
을 사는 자, 아무것도 손에 쥘 수 없다
했듯이,
30 너희들은 그저 이단이요, 적그리스도
요, 모두는 사탄이요, 이단이라 하는
것, 그로 하여 너희들과 같은 뜻이 아
니며 너희들과 같은 믿음이 아니요,
31 같이 경배하며 설교를 듣지 않는 자,
이단이라 치부하며, 그들이 뿌리를 내
리지 못하도록 하며 그를 비방하는 것
이 너희들이 오늘의 온 믿음이니,
32 그저 먹고 놀고 평생을 산 사람과 조
금도 차이가 없는 오늘의 종교 집단이
요, 지도자요, 그리고 더욱이 그러면
서 구원을 받았다 말하는 그 어리석은
백성들이니,
33 그들에게 나의 법전을 전하며 새로운
성경을 전하여, 그들이 바른길이요,
저희들이 가고 있는 것이 어떠한 길이
어디 있는가를 돌이켜 볼 수 있는 그
와 같은 깨우침을 주도록 그리하라,
사랑하는 나의 아들딸들아!

10,922 번째 하나님 말씀

2004년 5월 5일 06시 17분

1 사랑하는 나의 아들아!
2 "네, 아버님! 말씀하옵소서."
3 인간 세속에 너희들이 살아가면서 무
지한 자요, 무식한 자요, 알지 못하는
자가 살인을 한다는 말이 있지 않더냐?
4 바로 너희들이 오늘의 그와 같은 말이
있듯이, 오늘의 종교 집단이요, 지도
자 그들이 지금 그와 같은 행위를 하
고 있음을 너희들은 알아야 될 것이니
라.
5 성경에 대하여 무지한 자요, 성경에
대하여 알지 못하는 자요, 그리고 숨
겨진 비밀을 알지 못하는 자들이 정녕
저희들이 단상에 서서 설교를 하며 세
상 이치를 다 아는 듯하나,
6 그들은 성경에 대하여 무지한 자요,
무식한 자들임을 너희들은 알아야 될
것이니라.

7 그러니 그저 자신도 알지 못하는 자,
제가 어떠한 것으로써 무엇을 지금 하
고 있는지도 모르며, 지도자라면서 성
경에 나 여호와가 감춰 둔 그 모든 내
용을 깨닫는 지혜도 없는 그와 같은
자들이,
8 철저한 저 자신의 독선적인 교리요,
그리고 오만이요, 오만의 극치에 이르
러 있는 그와 같은 자들이 지금 나의
피조물 만백성을 하늘에 오르는 길로
이끈다 하여 저희들이 만행을 저지르
고 있음이니,
9 그것이 바로 그들이 성령을 훼방하는
자들이며, 영적으로 나의 백성들을 죽
이는 일만을 하고 있음이니,
10 '무식한 자, 살인을 한다.'는 말이요,
그 뜻대로 그들이 지금 그리 행하고
있음을 알아야 될 것이니라.
11 사랑하는 나의 아들아!
12 "네, 아버님! 말씀하옵소서."
13 성령으로 임하지 못한 자, 하늘의 지
혜를 받지 못하는 자, 그들이 지도자
라 하여 나의 백성들을 지금 영적으로
죽이고 있으니, 그들이 얼마나 지금
살인을 저지르고 있는 것인 줄 알겠느
냐?
14 그러니 내가 성경에 기록하여, 이 세
상에 차라리 태어나지 말아야 할 백성
이 있다 하였음이니,
15 바로 오늘의 종교 집단이요, 지도자들
이요, 그리고 성경에 감춰진 비밀이
요, 성경의 그 비유의 뜻을 알지 못하
면서 오로지 독선적인 제 교리요, 그
리고 저희들이 연구한 것이요, 그것을
가지고 하늘에 오르는 길이라 하여 또
한 오만의 극치가 하늘을 찌르는 그와
같은 자들,
16 그들이 차라리 이 세상에 태어나지 말
았어야 할 백성들이라는 것을 너희들
은 알아야 될 것이니라.
17 저희들은 지금 나의 아들을 통하여 내
리는 160권의 이 새로운 성경이 이단
이요, 사탄이요, 세상에 태어나서는
아니 되며, 나와서는 아니 되는 것이
라 그리 말하며,
18 나의 아들 또한 이 세상에 태어나서는
아니 될 인간이라 그리 저주하고 욕할
것이니라.
19 그러니 저희들이 지금까지 흘러왔던
것, 제왕적으로 나의 백성들을 종과
같이 부리며 역사한 오늘의 삶 그 모
두를 다 무너뜨리며 그 모두를 다스리
고자 함이니,
20 그와 같은 나의 아들이 역사하는 것,
나의 아들을 통하여 이루는 것이 저희
들이 볼 때는 사탄이요, 이단이요, 존
재하지 말며 태어나지 말아야 할 것이
라 그리 말할 것이니,
21 태어나지 말아야 할 자들은 바로 그들
이라는 것을 잊지 말라.
22 내가 나의 성경에 기록하여 너희들에
게 전하지 아니하였던가?
23 너희들은 나의 종이요, 그리고 만백성
의 종이요, 지도자의 길이 그렇다 했
음이니라.
24 그러니 너희들이 복음을 전한다 하여
행사하는 것, 그리고 너희들이 복음을
역사한다는 것, 나의 백성들을 모아
놓고 너희들의 그 힘을 과시하는 것,
세를 과시하는 것,

25 온갖 꽃이요, 화환이요, 아름다운 것
을 앞에 그득히 세워 놓으며, 그것도
명성 있는 자요, 이름 있는 자들이 그
화환에 이름을 써서 내걸고 '나는 이
러한 사람이요, 이러한 사람으로부터
존경을 받으며, 이러한 사람과 친분이
있으며, 이러한 사람이 나에게 설교를
듣는다.' 그것을 과시하고 가는 그와
같은 추하고 더러운 행위를 하는 자
들, 그것이 바로 너희들이 낮은 자란
말이더냐?
26 그 호화찬란한 궁궐과 같은 곳을 꾸려
놓고 거기서 울고불고 소리 지르고 악
을 쓰고 설교를 하는 그 자체가 과연
너희들이 낮은 자의 자세라 말할 수
있겠느냐?
27 그러니 바로 너희들이 이 세상에 태어
나지 말아야 할 백성들이니, 그 모두
가 나의 뜻을 거역하는 자들이 아니더
냐?
28 그리고 지금까지 2천 년 동안 너희들
이 가르친 믿음의 그 기도의 근본이
무엇이더냐?
29 내가 내려 준 십계명이 있으며 주기
도문이 있으며 너희들이 지키고 행해
야 될 것이 있거늘,
30 부자가 하늘에 오르기는 낙타가 바늘
구멍을 통과하는 것보다도 더 어렵고
힘들며, 부자인 너희들이 구원을 받
을 수 없다 내가 가르친 내 뜻을 정면
으로 부인하고 가는 자들이 아니더냐?
31 그리하여 부자가 되게 해 달라, 너희
들이 재물을 더 거둬들이며 너희들의
사업이 번창하게 해 달라 울고불고하
는 것,
32 그와 같은 행위가 바로 이 세상에 태
어나지 말아야 할 지도자들이 세상에
태어나,
33 또 태어나지 말아야 할 그 종교 집단
이 세상에 태어나 나의 피조물 만백성
을 영적으로 지금 죽이는 살인 행위
를 하고 있다는 것을 너희들은 알라.
34 너희들이 성령을 훼방하는 자요, 나의
사랑하는 백성들을 영적으로 죽이는
그와 같은 사악한 행위를 하고 있으니,
35 무식하고 모르는 자가 살인을 한다 하
듯이, 모르고 무식한 너희들이 지금
그와 같은 행위를 하고 있다 함을 알
며,
36 이를 접하여 읽고 깨우치고도 너희들
의 자세요, 삶을 바꾸지 아니하며 믿
음의 길을 바꾸지 아니하면, 정녕 너
희들은 나를 볼 수 없음이니,
37 나를 볼 수 없음은 무엇인가를 너희들
이 알아야 될 것이니라.

10,923 번째 하나님 말씀

2004년 5월 5일 06시 24분

1 사랑하는 나의 아들아!
2 "네, 아버님! 말씀하옵소서."
3 지금의 그 방대한 종교 집단이요, 지
도자 그들이 잘못 가며 그들이 잘못
믿음이요, 잘못 신앙의 길에 들어선
것이 무엇인 줄 알겠느냐?
4 저희들이 아는 것이 없으며, 하늘의
뜻을 모르며, 저희들이 가르치고 지도
할 것이 없으며, 더 이상 저희들이 인
도할 것이 없기에, 그들은 어떠한 길
로써 나의 피조물 만백성을 이끌어 가

느냐?
5 그리고 저희들이 진정한 하늘에 오르
는 길이요, 참진리의 길을 가고 있으
며, 나 여호와의 뜻에 의해 모두를 역
사하며, 나로부터 얻은 하늘의 지혜를
받은 자들이라면,
6 참진리를 나의 백성들에게 가르치기
에도 시간이 모자랄 것이니라.
7 그러나 그와 같은 것을 알지 못하기
때문에, 그들은 진리를 가르치는 것이
아니요, 그저 제 갈 길을 가면 되는 그
와 같은 믿음의 길을 가는 것이 아니
니라.
8 참진리의 길이요, 나 여호와의 뜻에
의해 역사하는 지도자라면, 그저 저희
들이 묵묵히 제 갈 길을 가며 제가 가
르치고 그 길만을 가면 되는 것이니라.
9 지금 나의 아들이 누가 뭐라 하든 내
가 내리는 나의 성령이요, 새로운 성
경으로써 그를 가르치며, 나의 아들은
그저 나의 뜻에 의하여 가르치는 것,
내가 내리는 것을 설교하며 그리하여
그는 흔들림이 없으며,
10 어떠한 계산이나 어떠한 타협이 없이
묵묵히 그저 내가 내리는 새로운 성경
이요, 그리고 새로운 뜻을 그 백성들
에게 가르치고 전하는 데 모든 시간
을 다 보내며 거기에 전념하고 있는
것이니라.
11 남들이 어찌하든 남들이 어찌 가든 그
를 들여다보지 아니하며, 그 시시비비
하는 것에 관계없이, 그저 지금 나의
아들은 갈 길을 가며, 그 제자들 또한
갈 길을 가는 것이 그들의 오늘의 믿
음이 아니더냐?
12 그러나 너희들은 어떠한 것이더냐?
13 제 갈 길을 가면 되는 것을, 저희들이
가는 길이 참진리요, 하늘에 오르는
길인지 자신이 없기에 저희들은 이
세상에 다른 종파요, 믿음이 생길 때
마다 이단이라 그를 강조하며,
14 저희들은 믿음이 이단을 척결하는 것
이 나로부터 가장 축복된 백성이요,
영광된 백성이라 그리 생각하니,
15 이단을 척결하는 그와 같은 곳에 너희
들의 그 믿음이 결정판이 되어 있는
것이며,
16 그 이단이라는 종파들을 무너뜨리고
파괴시키고 훼방하는 데 너희들이 전
심전력하고 있으며,
17 하나가 생길 때마다 그는 이단이라 너
희들이 아우성쳐, 말세에 그들에게 현
혹되지 말라 하여 그저 그들을 파괴하
는 것이 너희들이 나로부터 가장 은혜
를 받는 백성이라 그리 가르치고 그
리 역사하는 것이 종교 집단의 지도자
들이 아니더냐?
18 그러니 '하늘에 오르는 길'이요, '하나
님! 말씀하옵소서.' 참진리요, 나의 성
령을 태워서 내려보내는 새로운 성경
이 내려감이니,
19 이것 또한 너희들이 듣고 이를 읽지
말며 이를 들여다보지 말며, 이를 읽
고 접하는 자 지옥행이요, 너희들이
구원받지 못한다 하여 태워 버리고 찢
어 버리라며 그 모두를 훼방하도록
하는 것이 너희들이 아니더냐?
20 그러니 나 여호와의 참진리요, 나 여
호와의 뜻이 세상에 내려가는 것을 태
워 버리고 찢어 버리는 너희들이 바로

나의 성령을 훼방하는 자들임을 알아야 될 것이니라.
21 그와 같은 모습으로써 너희들이 진정 한 과연 아는 자요, 배움이 있는 자요, 성서에 대한 지식이 있는 자들이라 할 수 있는가?
22 사랑이 무엇인가를 행하고 실천하는 백성들이 할 수 있는 짓이란 말이더냐?
23 저 자신이 당당하지 못하며 제가 알지 못하기에, 남들이 가르치는 참진리요, 하늘에 오를 수 있는 길을 나의 백성들이 보고 깨우칠 그것까지도 막는 자들이니, 얼마나 너희들이 성령을 훼방하는 데 전심전력하고 있는 것인지 알더냐?
24 그리하여 저희들이 무어라 하느냐?
25 저희들만이 사탄이요, 이단을 단죄할 수 있으며, 그리고 판단할 수 있으며 정죄할 수 있는 권한이 있는 것처럼,
26 저희들이 무슨 심판관이나 된 것처럼 착각하는 데 너희들이 지금 병자가 되어 있음이라 내가 그리하며, 너희들이 이단 척결이라는 것에 중병이 든 환자라 내가 그리 전함을 알겠느냐?
27 진정한 사랑의 의미를 알지 못하는 그 백성들이 지금에 하고 있는 그 만행이야말로 어떠한 성령을 훼방하는 것이며 용서받지 못할 짓을 하고 있는지,
28 그것으로써 나의 백성들을 영적으로 너희들이 살인하고 있는 것인지를 알 날이 머지아니하였음을 알아야 될 것이니라.
29 너희들이 오늘에 가는 믿음의 길이요, 오늘에 역사하는 것은 나의 뜻에 의한 백성이 아니요, 나의 뜻에 의하여 가는 백성이 아니라,
30 인간 너희들의 교리요, 인간의 오만의 극치에 차 있는 너희들이 나를 거역하는 집단으로서 모두가 지금 성장해 왔으며 성장하고 있다는 것을 알라.
31 그리고 그를 위하여 너희들이 지금 가고 있다 함을 알라.
32 이를 나 여호와가 더 이상 방관하지 아니하며 더 이상 너희들을 덮어 두지 아니할 것이며, 이제는 단죄의 철퇴로 다스릴 것이니 그리 알라.

10,924 번째 하나님 말씀

2004년 5월 5일 06시 29분

1 사랑하는 나의 아들아!
2 "네, 아버님! 말씀하옵소서."
3 어떠한 종파든 어떠한 집단이든, 저희들이 방대한 조직이요, 방대한 능력을 가지고 있는 자들이라 해도, 나의 사랑하는 백성들을 놓고 이단이요, 사탄이라 정죄하려 들지 말라.
4 너희들이 그를 정죄할 자격이 없다 그리 전하도록 하라.
5 너희들은 너희들 갈 길만 가며, 너희들이 가는 길을 제대로 가면 되는 것이요,
6 저 자신도 바로 가지 못하며, 저 자신의 길도 정도의 길이 아닌 길을 달려가면서 너희들이 다른 백성들을 정죄하며 심판하려 그와 같이 대들지 말라 그리 전하라.
7 그 모든 결과에 대한 것은 나 여호와가 심판할 것이며, 그 심판에 따라 나

여호와가 체벌하는 것이 내가 하는 고
유의 권한임을 너희들은 알라.
8 그 모두는 내가 역사하는 것이며 내가
결정하는 것이니,
9 너희들이 지금 그들을 단죄하고 정죄
하려는 것, 너희들이 심판하는 결정을
하는 자, 결정하여 너희들이 판결하는
그와 같은 행위를 하지 말라 전하라.
10 그 모두가 너희들이 나의 권한에 도전
하는 것이며 나를 능멸하는 짓이라는
것을 알라.
11 이 세상에 사랑하는 나의 아들딸은 누
구나 다 나로부터 똑같은 권한을 가지
고 나와 똑같은 대우요, 내가 똑같이
사랑하는 마음을 가지고, 사랑을 받을
자격을 가지고 세상에 태어난 나의 백
성들이니라.
12 그러니 그들이 어떠한 형태라 하든 그
들을 너희들이 정죄하지 말며 감히 심
판을 하려 들지 말라.
13 그 모두는 나 여호와만이 역사할 수
있는 것이라 내가 나의 법전에 수없이
기록하였건만,
14 지금도 너희들이 그와 같은 행위를 하
고 있는 것이 오늘의 종교 집단이요,
지도자요, 신도들이니,
15 그것에 너희들이 병자요, 병든 자라
함을 잊지 말라.
16 이게 너희들이 얼마나 잘못된 자들이
요, 얼마나 오만한 자들이요, 얼마나
나를 능멸하고 있는 행위인지 너희들
이 알고 있는가?
17 너희들이 어찌하여 형제지간에 심판
하려 드는가?
18 그리고 너희들이 무엇이기에 심판할
자격이 있단 말이던가?
19 너희들은 이와 같은 이치를 돌이켜 깨
달아 봐야 될 것이며, 너 자신을 알며
네 분수를 알며 네 위치를 알며, 너희
들이 가고 있는 그와 같은 너희 자신
을 들여다보도록 그리하라.
20 저 자신이 바로 서지 못하는 자, 바로
가지 못하는 그들이 어찌하여 바로 가
고자 하는 백성들을 이단이요, 사탄이
라 말하며,
21 정녕 나의 아들딸로서 선택된 내 뜻을
역사하는 그들에게 너희들이 감히 사
탄이요, 이단이라 그리 말할 수 있는
가?
22 어리석은 백성 너희들이 지금 나의 법
전이요, 새로운 성경을 읽어 하늘의
지혜를 얻어 깨우침을 얻지 못한다면,
23 너희들은 정녕 영원한 세상에서 영원
히 나와 더불어 갈 수 없으며, 나와 인
연의 모두가 끊어짐을 알라, 사랑하는
나의 아들딸들아!

10,925 번째 하나님 말씀

2004년 5월 5일 06시 35분

1 사랑하는 나의 아들아!
2 "네, 아버님! 말씀하옵소서."
3 너희들이 나의 새로운 성경을 3회 이
상 읽었을 때, 그 의미를 알 수 있으며
그 뜻을 알 수 있으니, 너희들에게 3
회 이상 내가 정독하라 한 그 의미의
뜻을 알겠느냐?
4 너희들이 그리하지 아니하면 나의 뜻
을 알 수 없으며 내가 역사하는 것을
알 수 없기 때문임을 알아야 될 것이

니라.
5 모든 기록을 세우는 자요, 그리고 남
에게 뒤지지 않는 하나의 역사를 장식
하는 그 이름을 남기는 모든 백성, 그
들은 반복, 반복 또한 반복하는 그 훈
련 속에서 저희들이 전진하고 변화되
며,
6 그와 같은 삶에서 저희들은 그와 같은
영광된 이름의 석 자를 남기는 백성들
이 되지 않더냐?
7 그와 같은 마찬가지의 의미가 있음이
니라.
8 너희들이 읽고 또 읽는 그 반복 속에
서 거기서 깨달음을 얻으며, 거기에서
내가 전하는 그 비밀의 위대한 뜻을
발견함을 알아야 될 것이니라.
9 너희들이 단단한 음식이라 하여 그대
로 삼킨다면 그 음식의 맛을 그 모두
를 알겠느냐?
10 그 단단한 음식이라도 너희들이 씹고
또 씹는 그 속에서 그 음식의 첫 맛이
요, 그가 가지고 있는 진정한 의미를
알 수 있는 것이 너희들의 삶의 선택
이니라.
11 그러니 그와 마찬가지로 너희들이 나
의 새로운 성경을 읽고 또 읽고 반복
하는 그 속에서 내가 전하고자 하는
것, 내가 역사하고자 하는 것, 그 모두
를 거기서 발견할 수 있기 때문이니
라, 사랑하는 나의 아들딸들아!
12 이 나의 성령이요, 새로운 성경이 무
엇이더냐?
13 너희들이 지금 수천 년 동안 풀지 못
한 것이요, 너희들이 알지 못하며 그
참뜻을 발견하지 못하고 지금 우와좌
왕하는 그와 같은 믿음으로 온 그 백
성들에게 이것이 바로 그 성서를 풀
수 있는 기초 공식이 있으며 그 열쇠
가 바로 나의 새로운 성경이라 하지
아니하였느냐?
14 그러니 너희들이 영적으로 구분하지
못하며, 영적으로 너희들이 어떠한 길
이 하늘에 오르는 길인지 모르며 방
황하며 혼동하는 그와 같은 삶을 사
는 것,
15 그러면서 너희들이 진정한 참진리의
길이 무엇이며 거짓된 진리가 무엇인
가, 그리고 나 여호와가 바라는 것이
무엇인가, 나 여호와가 역사하는 것이
무엇인가, 그것을 알지 못하고 지금까
지 살아온 너희들이니,
16 방황하는 백성 너희들이 그 모두를
알 수 있으며 깨우칠 수 있는 가장 귀
하고 소중한 새로운 성경이기 때문이
니라.
17 그 기초 공식이 여기 있으며 열 수 있
는 그 열쇠가 바로 나의 새로운 성경
이라는 것이기에, 내가 너희들에게 3
회 이상 읽어 깨우치라 함이니라.
18 너희들이 그와 같은 역사의 삶 속에
서 나의 뜻을 깨우치고자 하지 아니하
면 결코 알 수 없기 때문임을 알아야
될 것이니라.
19 너희들이 그리하여 감춰진 나 여호와
요, 하늘의 뜻을 발견했을 때, 너희들
은 이 세상에 더한 은혜요, 더한 영광
이 없는 축복을 받는 백성으로 거듭
나게 된다는 것을 잊지 말라, 사랑하
는 나의 아들딸들아!

10,926 번째 하나님 말씀

2004년 5월 5일 06시 43분

1 사랑하는 나의 아들아!
2 "네, 아버님! 말씀하옵소서."
3 아무것도 모르는 나의 아들 너에게 나
여호와가 명하여, '너는 나의 뜻을 들
어 책으로 기록하여 만백성을 구하는
역사를 이루라.' 하는 나의 명령을 듣
고 네가 오늘의 이 길을 달려왔으며,
4 지금까지 역사한 너희가 모두 160권
의 나의 새로운 성경을 머지않아 이
제 이 세상에 밝힐 것이며, 그 밝혀지
는 성경은 불칼이 되어 썩을 것, 자를
것, 버릴 것을 그와 같이 치고 나가는
대역사의 회오리는 시작될 것이니라.
5 그러니 지금에 와서 내가 너를 바라보
는 마음이 어떠하며, 너를 받쳐 온 그
제자들을 보는 마음이 어떠하겠는가?
6 그 기쁨은 내가 이루 말할 수 없음이
니라.
7 나의 사랑하는 아들과 그를 따르는 제
자 너희들이 160권의 법전을 만들어
세상에 내보내는 그 기쁨보다도, 나의
오늘의 행복함보다도 더한 기쁨의 뜻
이 어디 있느냐, 사랑하는 나의 아들
아!
8 너는 내 마음을 알지 아니하는가?
9 과연 나 여호와가 너희들이 160권의
법전이 세상에 나오는 것보다도 더 기
쁨이요, 행복이라는 것이 무엇이기에
내가 그리 말할 수 있겠는가?
10 "네, 아버님! 저는 그리 생각되옵나이
다.
11 아버님께서 사랑하는 백성 저희들을
위하여 아무것도 가진 것도 없으며 아
무것도 든 것이 없이 그리고 아무것도
숨겨 놓은 것 없이 그 모두를 다 저희
들에게 내려보내셨으며 저희들에게
다 주셨기에,
12 아들딸인 자식에게 모든 유업이요, 모
두를 다 내려 주고 아버님은 빈껍데기
라 그리 말씀하셨사옵나이다.
13 빈 껍데기가 된 아버님의 그 모습이
얼마나 초라하며 나약하겠사옵나이
까?
14 이를 인간 세상에 비유하여 말한다면,
모두를 다 자식에게 유업을 남겨 주었
으며, 그리하여 그 아버지요, 그 부모
가 병들어 운신할 힘도 능력도 없으
며, 움직일 능력도 없으며 가져갈 것
도 없는 그 부모가, 모두를 다 준 그
자식들에게 갈 자식이 없으며 찾아갈
자식이 하나도 없다면,
15 그 부모의 마음은 얼마나 가슴이 아프
고 저려 오겠사옵나이까, 아버님!
16 아버님께서 '나는 모두를 다 준 빈 껍
데기'라 그리 말씀하셨사옵나이다.
17 그 의미를 다시 한 번 제가 지금 생각
해 볼 때, 아버님께서는 사랑하는 저
희들에게 모두를 다 주셨으나, 그 많
은 수십억 인구의 그 아들딸들이요,
그리고 세상에 나와 살다가 거쳐 간
그 아들딸들이 헤아릴 수 없사오나,
18 모두를 다 주고 지금은 노쇠한 인간의
부모처럼 아무것도 가진 것 없으며,
그저 홀로 서 있는 아버님께서 돌아갈
곳이 없으며 찾아갈 곳이 없으며 찾아
갈 아들딸들이 하나도 없는 그와 같은
형국이 되었다는 것을, 저는 그리 느

끼고 있사옵나이다.
19 그러니 아버님의 마음이 얼마나 쓸쓸
하고 아버님의 마음이 얼마나 고통스
러우실지,
20 인간의 부모로서 인간의 부모와 인간
의 자식을 놓고 생각해도 그 마음이
아플진대,
21 수십억의 헬 수 없는 그 많은 자식들
을 세상에 내보내 그들을 위하여 허구
한 날 모두를 다 주고 주셔서 이제는
껍데기만 남았으니, 바람이 불어도 흔
들리는 노인처럼, 그리고 그저 죽을
날을 기다리는 노인처럼,
22 그리고 오늘에 그 반겨 주지 않는 찾
아갈 자식들이 하나도 없는 그 아픈
부모의 후회의 눈물을 흘리는 그 모습
보다도 더 처참하고 가련한 것이 아버
님의 모습이라 저는 그리 생각하옵나
이다.
23 그러니 저희들이 아버님께서 160권의
법전을 세상에 내는 것보다도 더 기쁘
고 기쁨이라 하시는 것은,
24 저희들이 있으며 저를 따르는 제자들
이요, 이 법전이요, 새로운 성경을 읽
고 깨우친 아들딸이 거듭남으로써 아
버님께서 찾아갈 곳이 있으며,
25 아버님을 반겨 줄 자식이 있으며, 아
버님께서 눈치 보지 아니하고 당당히
갈 수 있는 그 자식들이 세상에 지금
자리를 잡고자 하며, 그와 같은 자식
들로 변하고자 하는 그 모습을 보는
것으로써 아버님의 그 기쁨은 더할
것이 없다 그리 말씀드리는 것이라 저
는 그리 생각되옵나이다."
26 사랑하는 나의 아들아, 그러하니라.
27 정녕 너희들이 인간 세상에서 부모가
자식들을 사랑함이니, 자식에게 모두
를 다 내주고 모든 유업을 넘겨주었을
때,
28 부모가 병들어 오고 갈 수 없으며 지
탱할 수 없는 자, 문풍지 소리만 들어
도 제 자식이 오는 것이 아닌가, 부모
를 모시러 오는 것이 아닌가, 그리고
부모를 생각해서 찾아오는 자식의 발
자취가 아닌가, 그 소리에 귀를 기울
이는 그 어버이의 마음,
29 그와 같은 고통 속에 살아가는 인간
세상의 그 마음, 그것보다도 더 천 갈
래 만 갈래 아프고 저려 오는 것이 나
여호와의 마음이거늘,
30 그러니 정녕 그 문풍지 소리가 부모
를 모시러 오는 자식이요, 후회하고
반성하여 노후의 부모를 즐겁고 행복
하게 모시겠다 하여 찾아오는 아들의
발자취라면 그 부모의 기쁨이 얼마나
행복하고 영광된 것이겠더냐?
31 그 문풍지 소리가 정녕 부모를 생각하
여 후회하고 깨달은 자식이 찾아오는
발자취라면,
32 그러니 지금 너희들이 세상에 나가 나
의 성령이요, 나의 뜻대로 살아가고자
하는 너와 너를 따르는 제자들이 있음
이니,
33 나 여호와의 기쁨이 이것으로써 더할
것이 없으며 160권이 세상에 나오는
것보다도 더 기쁘다 했으니,
34 너희들이 바로 내가 찾아갈 수 있는
그 자식이 되어야 될 것이며, 내가 거
할 수 있는 집을 만들 수 있는 너희들
이 되어야 될 것이니,

35 이는 바로 너희들이 성령이 임한 백성으로 하늘을 향하여 한 점의 부끄러움이 없는 삶을 사는 아들딸들의 집을 내가 갈 수 있으며 거기만을 찾아갈 수 있음이니,

36 그와 같은 삶을 살 수 있는 나의 아들딸이 지금 역사하기에 그보다 더 기쁘고 더 영광된 것이 없다 함을 네가 알았다면,

37 너희들이 바로 하늘을 향하여 한 점의 부끄러움이 없는 나의 아들딸로서 거듭나는 데 최선을 다하도록 하며, 거기서 무너져서도 아니 되며,

38 너희들이 한 점의 부끄러움이 없는 자식으로 거듭나지 못하고 세상 삶의 유혹에 무너진다면, 나 여호와는 갈 곳이 없으며,

39 들려오는 그 문풍지 소리는 자식들이 찾아오는 것이 아니요, 그 죽음을 재촉하는 삭풍이 불어오는 그와 같은 것일 것이니,

40 이것이 나 여호와의 처지요, 나 여호와의 마음이라 너는 앎이니, 그리 너의 제자들에게 이를 당부하여 깨우쳐 주도록 그리하라, 사랑하는 나의 아들아!

10,927 번째 하나님 말씀

2004년 5월 5일 06시 50분

1 사랑하는 나의 아들아!

2 "네, 아버님! 말씀하옵소서."

3 너를 따르는 제자들이요, 그리고 나의 법전을 읽고 깨우친 만백성, 너희들은 160권의 나의 새로운 성경을 두려워하지 말며, 이를 정독하여 너희 것으로 만드는 마음에 당황하지 말라.

4 160권의 새로운 성경이 무엇이 그리 많으며 그를 너희들이 정독하는 데 무슨 시간이 그리 많이 걸린다 할 수 있겠느냐?

5 나의 아들은 아무것도 모르는 나의 아들이었느니라.

6 교회라는 곳에 한 번도 가 본 적이 없으며, 나를 위하여 기도해 본 적이 없으며, 그가 몸담아 무엇인가를 역사하고자 한 것이 없는 나의 아들이라 하지 아니하였더냐?

7 그저 바람결에 지나가다가 들른 적은 있었으나, 나의 아들이 너희들이 가는 그 믿음에 적을 두며 그곳에 가 모두를 바치겠다 하여 설교를 들으며 거기에 매달려 본 사실이 없는 나의 아들이 아니더냐?

8 아무것도 모르는 나의 아들이 '너는 나의 뜻을 받아 기록하라.'는 그 한마디의 명에 따라서 지금까지 160권의 법전을 세상에 내고자 하는 이 역사의 길을 가니,

9 그가 평생을 걸렸더냐, 그가 10년을 걸렸던가, 그가 죽을 때까지 모두를 다 바쳐 역사한 것이더냐?

10 단시일 내에 그는 이를 받아서 책으로 만들어 역사하며 이를 펴내는 그 엄청난 길을 가지 아니하였던가?

11 거기에 따르는 모든 악조건이요, 거기에 따른 모든 어렵고 힘든 그것을 스스로 해결하고 가면서 160권의 이 새로운 성경을 세상에 내는 그 역사가 10년이 걸렸더냐, 20년이 걸렸더냐,

그가 평생을 다해서 그리했던가?
12 너희들은 그저 앉아서 누워서 눈으로 읽기만 하면 되는 것이거늘, 그것을 가지고 너희들이 160권의 새로운 성경을 어찌 다 읽으며 이를 어찌 정독하며 이를 몇 번씩 어찌 읽겠는가 그리 말하며 두려워하고 겁먹는가?
13 너희들은 그와 같은 생각을 지우라.
14 160권의 나의 새로운 성경을 너희들이 얼마나 짧은 기간에 그 모두를 정독할 수 있으며 읽을 수 있는가?
15 나의 아들이 이를 만들어 내고 역사한 그 기간보다 너희들이 얼마만큼 짧은 시간에 그를 읽을 수 있는가?
16 너희들은 그 십 분의 일의 시간을 갖지 아니하고도 이를 정독하고 또 정독하는 그와 같은 은혜요, 영광을 얻을 수 있는 백성들이니라.
17 아무것도 모르며 아무것도 알지 못하는 나의 아들, 나를 부를 줄도 모르며 기도할 줄도 모르며 바랄 줄도 모르며 소원할 줄도 모르는,
18 그리고 이 모두는 나 여호와가 창조한 것이라는 것도 모르는 백지와 같은 그와 같은 상태에서 나의 아들이 나의 명령을 듣고 지금 역사한 것이 160권의 새로운 성경이니, 이가 세상에 나올 날이 머지않았음이니,
19 너희들은 그것을 생각한다 해도 160권의 새로운 성경의 길고 많은 내용이요, 이를 읽고 깨우치기 너무 어렵고 힘들다는 편안한 말 하지 말며 안일한 말 하지 말라.
20 너희들은 그저 누워서든, 잠자기 전이든, 앉아서 읽든, 쉬는 시간에 읽든 너희들은 전진할 수 있으며 이를 정독할 수 있는 것이니,
21 나의 아들이 오늘의 역사하는 것보다 너희들이 얼마나 편안하고 간단한 길로써 하늘의 이치를 알며 내 뜻을 깨우쳐 하늘에 오르는 영광을 얻는 것이더냐?
22 그러니 너희들이 그와 같은 생각, 그와 같은 불평불만을 하여 중단하고 중간에서 포기하는 어리석은 백성이 되지 말라 내가 전함이니 그리 알라.
23 절대 너희들이 중간에서 포기하며 중단하는 어리석은 백성이 되어서는 아니 되느니라.
24 하늘에 오르고 너희들이 구원받는 길은 이 길밖에 없음이라는 걸 명심하고 또 명심하도록 그리하라.

10,928 번째 하나님 말씀

2004년 5월 5일 20시 47분

1 사랑하는 나의 아들아!
2 "네, 아버님! 말씀하옵소서."
3 수천 년의 세월이 흘러오면서 나의 피조물 만백성이 이 세상에 왔다가 간 그 수를 헤아릴 수 없음이니라.
4 얼마나 많은 백성들이 이 세상을 거쳐 갔는가?
5 그러나 그 모든 백성들이 내 뜻을 따라 역사한 것이 없으며, 내 뜻을 알지 못하며 내가 가고자 하는 그 뜻을 모르는 그와 같은 삶을 살았다고 하면, 나 여호와의 마음이 과연 어떠하겠는가?
6 인간 세상에서 몇 안 되는 자식들이

너희 속을 썩일 때, 너희들이 차라리
죽고 싶다는 말을 하지 않더냐?
7 그러니 나 여호와는 이 세상에 얼마나
많은 나의 백성인 아들딸들을 세상에
보냈는가?
8 그러면서도 나 여호와의 뜻을 행한 자
가 없다면, 과연 내 마음은 어떠하며
내 가슴은 어떠하겠는가?
9 인간의 마음으로 하면 너희들이 열 자
식 중에 몇 자식만 속을 썩여도 너희
들 가슴이 찢어져 아파 오며 가슴이
다 숯검정이 되었다는 그와 같은 말들
을 하며 그와 같은 표현을 하지 않더
냐?
10 그러니 수천 년 동안 살아오면서 나의
아들딸들이 내 뜻을 따라 역사하는 것
이 없으며, 내가 찾아갈 수 있는 나의
아들딸의 가정이 없다면 나 여호와의
마음이 어떻겠는가 너희들은 생각해
보았느냐?
11 사랑하는 나의 아들아!
12 너희들은 나의 아픈 마음을 알아야 될
것이며, 그리하여 내가 너와 너를 따
르는 제자들을 통하여 새로운 역사를
이루고자 함이니라.
13 너희들이 시작은 나약하나 너희들이
역사하는 것은 얼마나 위대한 기틀을
잡아 놨는지 알겠느냐?
14 내가 너희들에게 명함이니라.
15 너희들이 옷을 깁는다 할 때, 바느질
을 잘하는 여인 한 사람이면 되지, 너
희들이 옷을 깁는 데 항우장사 같은
사람이 무슨 필요가 있겠느냐?
16 힘만 세지, 너희들이 손재주가 없고
눈이 어두운 자에게 갖다 준들 무엇하
겠느냐?
17 그와 같은 이치를 깨닫는다면 너희들
이 오늘 자신이 나약하다 생각하지 말
며, 너희들이 용기 없는 백성으로서
주저앉는 생각을 하지 말라.
18 너희들은 다 필요하며 너희들이 당당
한 자요, 너희가 꼭 필요로 할 장소에
있어야 할 너희들이기 때문에 내가 선
택했음을 잊지 말라, 사랑하는 나의
아들딸들아!
19 그러니 내 가슴이 얼마나 미어지고 터
지면 내가 나의 아들을 통하여 너희들
에게 기도하되, 나에게 '아버님! 저의
죄를 용서하여 주옵소서.' 그와 같은
마음으로써 너희들이 기도를 드리고
그 이상을 하지 말라 한 그 뜻을 알겠
느냐?
20 내가 너를 통하여 너의 제자들에게
'아버님! 저의 죄를 용서하여 주옵소
서.' 그와 같은 기도를 하라 하였음이
니,
21 너는 그 기도를 하라 한 그 의미를 과
연 아는가?
22 "네, 아버님!
23 제가 그를 알 수는 없사오나, 다만 이
렇게 생각하옵나이다, 아버님!
24 저희들이 아버님께 지은 죄는 그 수를
헤아릴 수 없으며 수만 가지의 죄를
짓고 있으면서도, 인간관계에 저희들
이 이웃에게 실수했으며, 하나의 제
일도 아닌 잘못을 했을 때, 그것도 용
서하지 못하며 그것도 사랑으로 다스
릴 수도 없는 저희들의 오늘의 형상
이요, 그 모습을 보고,
25 제가 생각하기에는 정녕 그와 같은

자들이 어찌하여 아버님께는 수많은
죄를 지으면서도 제가 용서를 바라며
제가 거듭나기를 바라며, 그 죄가 두
렵고 무서운 줄을 모르며, 그 쥐고 있
는 죄의 가짓수가 얼마나 많은 것인가
를 생각하지 못하며,
26 서로 살아가면서 하나의 실수도 용서
하지 못하는 그와 같은 어리석은 자
들이요, 그러기에 아버님께서 그저
'저의 죄를 용서하여 주옵소서.' 그와
같은 기도를 하라 하시며, 그리고 저
희 죄를 용서하여 주시고자 하는 그
와 같은 아버님의 뜻을 그리 명한 것
이라 저는 그리 생각하옵나이다."
27 사랑하는 나의 아들아! 그것뿐이더냐?
28 이 세상에 너희들이 태어나는 것에서
부터 모두를 관리하고 살아갈 수 있도
록 모두를 다 너희들에게 주었거늘,
어찌 너희들이 그리 인색한 자들이더
냐?
29 내가 너희들에게 무어라 하였느냐?
30 부자는 베풀고 나누며 살아야 할 것이
며, 베풀지 못하는 자 나에게 오를 수
없다 하였거늘,
31 너희들이 이 세상의 모두를 다 나로부
터 거저 받은 그 은혜를 받으면서도
어찌하여 더 갖고자, 더 이루고자 그
와 같은 기도를 하는 자들이더냐?
32 그러니 그것이 너희들의 오늘의 믿음
이 잘못되었다 함이니라.
33 내가 다시 한 번 너희들에게 명함이
니, 부자가 나에게 오를 수 없다 하였
거늘,
34 그 부자가 되겠다 울고불고하는 그 백
성들 집에 내가 거할 수 있으며, 그들
이 하늘의 지혜를 아는 자들이요, 그
리고 그들이 성령으로 임한 백성이라
할 수 있겠느냐?
35 다만, 오늘에 너를 따르는 제자들이
요, 그리고 나의 아들과 더불어 가는
그 선택된 백성, 너희들은 나 여호와
는 빈 껍데기요, 아무것도 줄 수 없는
아버지요,
36 그리고 너희들이 나에게 지은 죄가 얼
마나 많은 것인지, 그리고 너희들이
나에게 기도하는 방법이요,
37 이 모두를 너희들이 깨우쳐 가는 그것
으로써 해도 그 누구도 너희들을 따라
올 수 없으며 너희들은 그들과 차별화
되어 있음을 알라.
38 그것이 중요함이니라.
39 모든 재물이요, 너희들이 이 지상에서
역사하는 것, 내가 백사장의 모래알만
큼도 가치가 없다 하였으며, 가장 소
중한 것은 너희들이 변하는 것이요,
하늘의 뜻을 알고 역사하는 것, 그것
으로써 모두를 내가 다 지탱하며 이루
고 평가함이니,
40 감히 너희들과 견줄 자 없으며 너희들
을 따를 자 없다는 의미가 여기 있음
을 알라, 사랑하는 나의 아들딸들아!
41 내가 너희들을 사랑함이니라.
42 너희들이 있기에 내가 거할 수 있는
이 성전이 있으며, 너희들이 있기에
내가 너희들의 가정을 찾아가 나의 아
들딸의 집에 안식처를 만들 수 있는
그와 같은 길이 있음이니,
43 그리하여 내가 나의 160권의 법전이
세상에 나가는 것보다도 지금의 내가
더 기쁨이라 그리 전함을 너희들은

알라, 사랑하는 나의 아들딸들아!

10,929 번째 하나님 말씀

2004년 5월 6일 06시 55분

1 사랑하는 나의 아들아!
2 "네, 아버님! 말씀하옵소서."
3 사랑의 힘이라는 것은 그 위대함을 말
할 수 없으며, 사랑이라는 것은 너희
들이 이 세상에 살아가면서 관계되지
아니하는 것이 없다 하였음이니라.
4 모두가 다 사랑으로써 이루어지며, 사
랑으로써 역사하지 아니하면 아니 되
는 것이 인간 너희들이 살아가는 그와
같은 삶이니라.
5 그러니 지금 이 세상을 지배하며 모든
백성들의 인도자요, 지도자가 과연 누
구더냐?
6 인간 세상에 가르치는 선생이요, 그도
중요하나, 너희들이 영원히 사는 거듭
나는 세상에 너희들의 영혼을 구원하
고 구원하지 못하는 그와 같은 것을
지도하고 가르치는 그 선생이야말로
얼마나 귀하고 소중한 선생이던가?
7 그러나 그들이 정답과 오답을 알지 못
하고 가르치고 지도한다면, 너희들은
가장 귀하고 소중한 것을 지금 잃는
그와 같은 삶이 아니더냐?
8 그러니 그들이 믿음의 길이 무엇이며,
나를 경배하며 나의 아들 예수를 찾으
며, 저희가 하늘에 오르는 길로 인도
하며 스스로 저희들도 구원을 받겠다
노력하는 그 백성들, 그들이 정녕 그
사랑의 위대함이요, 그 사랑의 방대함
을 과연 알고 있는가?
9 그리고 믿음의 길을 가는 그 근본이
요, 기본을 알고 있는가?
10 그 기본이요, 근본도 알지 못하는 자
들이 지금 나의 피조물 만백성을 깨우
쳐 하늘에 오르는 길로 인도한다 하며,
11 또한 저희들도 구원을 받았다 말하며
안내자라고 하는 그와 같은 신도요,
성도들,
12 그들도 도대체 무엇 때문에 믿음의 길
을 가며, 믿음의 가는 길이 무엇이며,
그리고 믿음의 길을 가는 자가 어떠한
자세인지 그것도 알지 못하느니라.
13 다만, 그들에게 백 명이면 백 명이요,
천 명이면 천 명에게 물어보라.
14 그저 제가 구원받기 위하여, 제가 하
늘에 오르기 위하여, 제가 거듭나기
위해서 저희들이 그 신앙의 길을 가며
믿음의 길을 간다 말하며, 그 욕심으
로써 그득히 젖어 있는 것이 그들이
니라.
15 그러나 너희들은 알라.
16 믿음이요, 너희들이 나에게 오르는 신
앙의 길이요, 나를 경배하며 내 뜻을
따라 살아가는 백성 너희들은 사랑을
행하며 사랑을 실천하는 백성이라 내
가 하지 아니하였더냐?
17 그러니 너희들이 남을 위하여 기도하
고, 남을 위하여 살아가는 삶을 사는
것이 너희들이 바로 믿음의 가는 길이
요, 그리고 너희들이 하늘에 오르는
길을 온다는 백성들이요, 신앙생활 하
는 백성들이 가야 할 길이니라.
18 그렇지 아니하는 백성들도 남을 위하
며 봉사하고 희생하고 사랑하면서 사
는 것이거늘,

19 그를 너희들의 삶의 목표로 삼아야
되며, 너희들의 삶의 목표가 그것이
며, 사는 존재 가치가 무엇인가를 너
희들이 안다면, 너희들은 사랑하는 마
음이요, 남을 위한 삶을 사는 것이나,
20 지금의 믿음의 길을 가는 종교 집단이
요, 지도자 그들이 수천 년 동안 온 그
믿음의 길이 무엇이더냐?
21 저 자신을 위하여 저만을 위하는 것
이요, 제가 구원받기 위한 기도요, 소
원을 비는 것, 그리고 제가 남들보다
도 더 여유롭고 부유한 삶이요, 제가
모든 것이 남으로부터 뒤지지 않는 삶
을 살기 위한 저를 위한 기도요, 저를
위한 경배요,
22 그리고 저를 위하여 무엇인가를 달라
원하고 소원하는 그것밖에는 아무것
도 한 것이 없음이니,
23 그것이 오늘의 너희들이 믿음이요, 신
앙의 길을 가는 백성들이니라.
24 사랑이 근본이요, 사랑이 나 여호와의
본체요, 사랑을 위하여 너희들이 살아
가는 자들이, 사랑이라는 것은 상대가
있는 것이 아니더냐?
25 상대가 있어서 그 상대를 기쁘고 행복
하게, 그리고 상대가 세상을 아름답게
볼 수 있는 그 편안한 마음으로써 즐
거운 마음으로써 같이 대화하며 같이
역사하는 것이 너희들이 사랑의 근본
이거늘,
26 너희들은 저만을 알며, 저 자신만 알
며, 저만 배부르면 되며, 제가 좋은 것
을 입고 먹는 것, 이것만을 위하여 평
생 기도하고 나를 경배한다 울고불고
한 것이 아니더냐?
27 제 욕심을 위하여, 제 인간의 그 욕심
을 채우기 위하여, 그리고 제가 원하
는 것을 얻기 위하여 모두가 신앙이
요, 믿음의 길을 가는 자들이니,
28 그러니 불쌍하고 가련한 자들이요, 나
와 관계없는 백성이라 함을 알아야 될
것이니라.
29 이제 나의 아들을 따르는 제자들은,
확실히 확고하게 완벽하게 가야 하니,
30 너희들은 너를 위하여 기도하지 말며,
너 자신을 위하여 소원하지 말며, 네
가 구원받기 위하여 기도하지 말며,
네가 구원받기 위하여 행동하지 말라
하였음이니, 그를 행하고 지키도록 그
리하라.
31 그러다 보면 너희들은 언젠가 나에게
와 있는 그와 같은 영광을 얻을 것이
니,
32 모든 오늘의 믿음의 길을 가는 종교
집단의 지도자, 가르치는 자, 배우는
자나 저 자신을 위하여 저만을 위하는
그와 같은 신앙생활에서 벗어나지 아
니하면 아니 됨이니라, 사랑하는 나의
아들아!

10,930 번째 하나님 말씀

2004년 5월 6일 07시 00분

1 사랑하는 나의 아들아!
2 "네, 아버님! 말씀하옵소서."
3 인간 세상에 너희들이 살아가면서 남
의 것을 제 재물로 만들며 제가 남보
다 더 부유한 생활이요, 더 재물을 갖
고 살고자 하여 어떠한 자들이 있더냐?
4 남의 것을 뺏기 위하여 살인하는 자가

있는가 하면, 남의 것을 뺏기 위하여
강도질을 하며, 또한 너희들은 권력과
힘을 이용하여 탈취하는 자가 있는가
하면,
5 그리고 너희들이 내놓으라 하는 것,
또 저희들에게 갖다 주기를, 저희들에
게 스스로 바치기를 그와 같이 유도하
며 사는 것이 아니더냐?
6 그러니 너희들이 주는 것을 거절하는
백성은 세상에 하나도 없음이니라.
7 그러니 내가 원하는 백성이요, 내가
사랑의 길로 인도하는 백성이라는 것
은 남이 준다 해도 주는 것을 너희들
이 거절할 수 있는 그와 같은 마음을
갖고 살아가는 것이 너희들이 인간
본연의 자세의 기본이거늘,
8 너희들이 살인을 해서 남의 것을 뺏는
그와 같은 행위를 하는 자, 강도질을
하는 자, 이것이 오늘의 너희들의 삶
이 아니더냐?
9 그러니 오늘의 종교 집단의 지도자들
이 과연 남이 갖다 주는 것, 저희들에
게 갖다 바치는 것을 거절하며, 거절
할 수 있는 그와 같은 마음으로 살아
가고 있는 것인가 한번 그들을 들여다
보도록 그리하라.
10 지금 잘못된 자들이 나의 백성들을 영
적으로 죽이는 그와 같은 행위를 하고
있는 자들이니라.
11 그리고 재물을 갈취하기 위하여 수단
과 방법을 가리지 아니하니, 영적으로
나의 사랑하는 백성들을 죽이면서 너
희들이 재물을 갈취하니,
12 살인하면서 너희들이 남의 재물을 갈
취하는 자들이요, 그리고 너희들이 대
가 없이 거둬들이는 자들이니라.
13 주는 것도 없이 그저 거둬들이기만 하
며, 그저 너희들이 억압이요, 반공갈
이요, 반 협박적인 이와 같은 행위로
써 나의 사랑하는 백성들에게 재물을
바치도록 하니, 강도질하며 탈취하는
자와 무엇이 다르단 말이더냐?
14 그리고 너희들이 거짓된 설교를 하지
않더냐?
15 하늘에 많이 쌓아 놓은 자만이 구원을
받는다 하여 그들에게 거둬들이니, 또
한 너희들이 협박하는 자들이요, 그리
고 갈취하는 자들이 지금에 오늘의 종
교 집단의 지도자 너희들이 아니더냐?
16 그러면서 너희들은 무어라 말하느냐?
17 주의 종을 잘 모시며 주의 종을 편안
하게 하며 주의 종을 기쁘게 하는 것
이 저희들이 구원을 받는 것이요, 하
늘에 오르는 길이요, 너희들 성도들이
하는 길이라 그리 가르치니,
18 재물을 그저 스스로 갖다 바치도록 유
도하는 자요, 그 유도하는 수법으로써
너희들이 또한 그와 같은 재물을 거둬
들이는 것이 아니더냐?
19 그러니 나 여호와의 뜻이요, 내가 바
라는, 주는 것도 너희들이 거절하는
그와 같은 지도자가 세상에 하나도 없
음이니,
20 이것이 어찌하여 나의 백성이요, 내
뜻에 의하여 살아가는 백성들의 오늘
의 삶이라 할 수 있겠느냐?
21 사랑하는 나의 아들아!
22 "네, 아버님! 말씀하옵소서."
23 너와 너의 제자들, 그리고 법전을 읽
고 깨우친 백성, 앞으로 나의 160권의

법전에 기록되는 지도자, 너희들 모두
는 마지막 주는 것까지도 너희들이 거
부하며 양보하는 것, 그와 같은 마음
으로써 너희들이 지키고 살아가지 아
니하면 아니 될 것이니라.
24 지금의 모든 종교 집단이요, 지도자들
이 살인하면서 남의 것을 뺏는 자요,
강도질을 하며 남의 것을 거둬들이는
자요, 탈취해서 남의 것을 뺏는 자요,
그리고 너희들이 내놓으라 하여 협박
하여 거둬들이는 자요, 그리고 너희들
에게 갖다 바치도록 유도하는 자요,
25 이것이 오늘의 종교 집단이요, 지도자
들이 가고 있는 것이며, 믿음이라는
것이요, 그리고 거기에서 따라 움직이
는 자가 '아멘, 할렐루야!' 울고불고
구원을 받았다 하는 가련하고 불쌍한
백성들이니라.
26 모든 종교 집단들이 저희들에게 갖다
바치는 것, 그리고 갖다 주는 것도 스
스로 거절하는 자요, 받지 않는 그와
같은 지도자가 과연 세상에 어디 있는
가?
27 그와 같이 주는 것도 받지 않는 것이
너희들이 가야 할 길이며 너희들이 해
야 될 일이라는 것을 잊지 말라, 사랑
하는 나의 아들딸들아!
28 이와 같이 썩고 썩은 세상이요, 들여
다보면 들여다볼수록 악취가 나는 세
상에서 지금 구원을 받았다 울고불고
손뼉 치는 그들도, 개인적으로 저 혼
자 조용한 밤에 앉아 나를 위해 기도
할 때는 참회의 눈물을 흘리는 자가
수없이 있음이니라.
29 지도자의 잘못 가는 것을 탓하지 못하
며, 잘못 가는 지도자에게 욕하지 못
하며, 잘못 가는 지도자에게 매질하지
못하며,
30 그저 잘못된 것을 알면서도 인간이기
때문에 그러려니 덮고 넘어가야 하니,
31 그러니 이것이 하늘에 오르는 길이요,
나의 뜻에 의해 역사하는 것이 아니라
는 것을 아는 자, 광분하고 광신하고
맹종 맹신하는 자도 제가 깊은 밤에
혼자 나를 향하여 기도할 때는 스스로
반성의 눈물이요, 잘못된 행위의 눈물
을 흘리는 자가 수없이 있음이니라.
32 그들이 깨우칠 날이 머지않았을 것이
니 그리 알라, 사랑하는 나의 아들아!

10,931 번째 하나님 말씀

2004년 5월 6일 07시 06분

1 사랑하는 나의 아들아!
2 "네, 아버님! 말씀하옵소서."
3 오늘의 수많은 종교 집단이요, 그 지
파들이 저희들을 보호하고 지키기 위
하여 얼마나 잔인한 방법을 사용하며,
얼마나 무서운 방법으로써 이끌어 가
는가?
4 인간으로서 상상할 수 없는 그와 같은
모든 방법과 수단을 다 동원하여, 저
희들에게 발 한번 들여놓은 자 영원히
나가지 못하도록 저희들이 끌고 가려
는 자들이 수없이 있음이니라.
5 그것이 바로 무엇인 줄 알겠느냐?
6 참진리요, 하늘에 오르는 뜻이 아니
요, 저희들이 거짓된 짓을 하기에 언
젠가는 거짓된 것을 알게 되며, 거짓
된 것은 모두가 다 드러나게 되어 있

음이니라.
7 그러니 수단과 방법을 가리지 아니하
고 그들이 나가지 못하도록, 그들이
떠나지 못하도록, 그들이 한 발을 들
여놓는 순간에 거기서 영원히 허덕이
는 그와 같은 오늘의 종교 집단이요,
조직화되어 있는 것이 오늘의 믿음을
인도하는 자들이라면 과연 믿겠느냐?
8 너희들이 오늘의 믿음이요, 그 종파가
얼마나 무섭게 세뇌시켰으며, 그들이
얼마나 무섭게 다스려져 있는지 너는
알고 있느냐?
9 오랫동안 빠진 자, 오랫동안 세뇌된
자, 그들은 세상의 이치요, 하늘의 이
치를 알지 못함이니라.
10 오로지 종교 집단이요, 지도자가 명하
는 것, 하는 것, 그것만이 제 머릿속에
들어오며, 그것만 받아들이도록 그리
되어 있으며, 어떠한 것도 받아들일
수 있는 바늘구멍만 한 구멍도 없음이
니,
11 내가 마지막 내리는 나의 이 새로운
성경도 그들이 읽고 받아들일 틈이 없
음이니라.
12 그러니 믿음의 길을 가는 자는 사랑으
로 베풀며 남을 보살피며 저 자신이
아니라 남을 위하는 삶을 살아가야 하
는 것이거늘, 오늘의 그들은 어떠하더
냐?
13 부모는 자식을 종교 때문에 버리며,
또한 자식은 부모를 종교 때문에 버리
는 그와 같은 오늘의 험악한 세상에
와 있는가 하면,
14 아내는 아내대로, 남편은 남편대로 저
희들이 믿는 것이 다르다면 그저 돌아
서면 남남이 되는 것에도 주저하지 아
니하며 두려워하지 아니하는 것이 종
교 집단에서 세뇌된 그와 같은 백성들
의 오늘의 가는 길이니라.
15 그러니 과연 그와 같은 백성들을 어찌
깨우치며 어찌 다스려질 수 있겠느냐?
16 그러니 너희들이 기다리고 인내하는
것밖에 없음이니라, 사랑하는 나의 아
들아!
17 그들에게 모든 답을 줄 수 있는 것은
160권의 법전이 세상에 나와 그 160
권이 너희들의 썩은 것 도려내며 잘못
된 것 잘라내며, 그 불칼로써 구할 자,
구하지 않을 자를 구분하고 치고 나갈
때,
18 그때 그들이 정신 차리는 자 따라올
것이며, 그때도 정신 차리지 못하는
자, 저희들이 나를 울부짖다 나와 관
계없는 백성으로서 죽어 왔을 때 그를
알게 될 것이니라.
19 사랑하는 나의 아들아!
20 내가 그리하여 네가 160권의 법전을
만드는 데 최선을 다하며, 네가 160권
의 법전을 세상에 만들어 낼 때, 네 옆
에 바람을 이루지 말며, 네 마음을 흔
들지 말라 했으며, 네 손에 백지 한 장
도 쥐여 주는 짓을 하지 말라 너의 제
자들에게 하였음이니라.
21 너희들이 얻을 수 있는 모든 답이 160
권의 법전이 세상에 나와 그 빛이 비
칠 때, 그때 너희들이 모두를 다 얻게
되며 너희들의 해답을 얻게 될 것이니
라.
22 그러니 너희들이 오늘의 어떠한 고통
이요, 어떠한 시련이 있다 해도 너희

들의 마음이 흔들리지 말며, 그때까지
믿음의 길을 가며, 그때까지 나의 법
전을 읽고 정독하여 깨우침을 얻도록
그리하도록 전하라.
23 그리하면 모든 답이 역사할 것이며,
그때 가서 모두를 다 얻게 될 것이며,
24 너희들에게 등 돌렸던 자, 너희들을
핍박하는 자, 네 가족들, 그들도 그때
가서 깨닫고 돌아오는 자가 있을 것이
니,
25 그들을 너희들은 미워하지 말며, 손을
놓지 말며, 항상 돌아오면 받아 줄 수
있는 너그러운 사랑하는 마음으로써
인내하며 기다리도록 그리하라.
26 너희들은 지금 나에게 그와 같은 답을
달라 하며, 그리고 그와 같은 것을 내
려 주기를 바라는 것이 너희들의 소원
이며,
27 너희들의 가정이요, 너희들의 그 불화
를 어찌하면 막을 것인가 그 답을 달
라 하나,
28 어떠한 것도 그들을 다스릴 수가 없음
이니라.
29 무어라 해도 무슨 말을 해도 그들은
보지 아니하며 듣지 아니하며 같이 가
려 하지 아니하기 때문이니라.
30 그들이 나의 아들이 존재하는 성전에
와 나의 아들이 하는 강론을 듣고 깨
우친다 해도 저희들이 그와 같은 마음
의 변화는 있을 것이거늘,
31 그들은 발자국 하나도 여기 들여놓지
아니하려 하며, 보지 아니하려 하며,
32 벌레요, 사탄이요, 이단이요, 죄와 지
옥으로 가는 곳이라 생각하여 저희들
이 이곳을 쳐다보는 것까지도 꺼리는
자들에게 어찌 그들을 가르치고 다스
릴 수 있겠느냐?
33 그러니 나의 아들을 따르는 제자 너희
들이 모든 마음을 다 합쳐 160권의 법
전이 세상에 나오는 데 전심전력하라.
34 그리하면 그때 가서 모든 답이 거기
있으며 거기에서 다 모두가 이루어지
고 역사하는 것이니,
35 그때 내가 칠 자와 구원할 자 모두를
구분할 것이니, 구원할 자는 너희들을
따라올 것이니라, 사랑하는 나의 아들
아!

10,932 번째 하나님 말씀

2004년 5월 6일 07시 11분

1 사랑하는 나의 아들아!
2 "네, 아버님! 말씀하옵소서."
3 이 세상 속에 살아가는 너희들 그 삶
에서 어떠하던가?
4 범죄자를 다스리며 범죄자를 잡아들
이는 그와 같은 직분에 있는 자들이
저희 공명심과 저희들의 명예요, 그
아무것도 아닌 그 작은 것을 위하여
어리석고 불쌍한 백성들을 범죄자로
만들어 감옥이라는 곳에 가두는 그와
같은 행위를 하는 자들이 세상에 없다
생각하느냐?
5 너희들은 알게 모르게 그와 같은 행위
를 수없이 함이니, 그를 아는 백성의
분개함이 이루 말할 수 없으며, 그를
당하는 백성은 또한 어떠하겠느냐?
6 제가 살인하지 아니하였으며 강도질
하지 아니하였으며 강간하지 아니한
자를 그와 같은 죄목으로 뒤집어씌워,

저희들의 작은 공명심과 저희들의 그
명예를 위하여 그와 같은 일을 저지르
는 지도자가 있다면 그는 과연 어찌하
겠는가?
7 그를 보는 백성들의 분개함은 어떠하
며 그 개인의 분개함은 어떠하던가?
8 과연 너희들이 살아가는 인간 세상에
그러한 일이 없다 생각하는가?
9 이것이 인간 너희들이 가지고 있는 마
음이니, 저 자신의 작은 영달을 위하
여, 제 작은 명예를 위하여, 제 작은
부를 위하여 남을 짓밟고 남의 생명까
지도 잘라 버리는 그와 같은 것이 나
의 사랑하는 백성들이요, 너희들이 오
늘에 사는 그 마음의 현실이요, 생활
의 현실이 되어 있지 않더냐?
10 그러니 이게 얼마나 무섭고 두려운 그
와 같은 형국이더냐?
11 그러니 너희들은 그와 같은 것을 보고
분개하며, 그와 같은 자를 욕하며, 그
와 같이 억울하게 옥살이하는 자, 불
쌍한 백성이라 그리 말할 것이니라.
12 그러나 너희들은 들어야 될 것이니라.
13 오늘의 종교 집단이요, 지도자들이 제
명성과 제 부귀와 영화와 제 집단의
활성화를 위하여 지금 나의 피조물 만
백성을 죽음으로 이끌고 가며, 영적인
죽음으로 인도하고 있다는 것을 알고
있느냐?
14 그들이 그와 같은 마음으로 지금 너희
들을 죽이는 자들이니, 법을 집행하는
자들이 작은 명예요, 공명심을 위하
여, 죄인이 아니라는 것을 알면서도
만들어 뒤집어씌워 감옥에 보내는 그
와 같은 행위를 하는 것,
15 그보다도 더 사악한 자요, 그보다 더
무서운 짓을 하는 것이 지금 종교 집
단 지도자들이 하고 있는 짓이라는 것
을 알라.
16 너희들 자신이 억울하게 누명을 써 감
옥에 가며 그 죄의 대가를 치르는 백
성이 그와 같은 것이니, 너희들이 잘
못된 자들이 인도함으로 너희들이 영
원히 거듭나는 것이요, 영원히 존재하
는 그 모두를 다 잃게 되며 희생당하
고 있다는 것을 오늘의 믿음의 길을
가는 백성 너희들이 알아야 될 것이니
라.
17 그러니 그것을 해명하고 그것을 지키
는 것은 무엇이더냐?
18 스스로 너희들이 노력하는 것, 너희들
이 찾는 길밖에 없음이니라, 사랑하는
나의 아들딸들아!
19 저희들을 위하여 나의 피조물 만백성
을 지옥으로 이끌어 가는 행위를 하는
데 서슴지 않으며 거침이 없으며 주저
함이 없는 그 사악한 자들이야말로 얼
마나 냉혈 동물인가를 너희들은 알아
야 될 것이니라.
20 모든 백성 너희들은 이를 깨우치라.

10,933 번째 하나님 말씀

2004년 5월 6일 07시 18분

1 사랑하는 나의 아들아!
2 **"네, 아버님! 말씀하옵소서."**
3 모든 종교 집단 지도자들이 그 자신이
가는 길을 잊고 있으며, 자기가 해야
할 일이 무엇인가를 알지 못하는 이와
같은 자들이니, 그리하여 그들이 나와

관계없는 백성이라 하였음이니라.
4 이 세상에 그 많은 백성 중에 헬 수 없
는 그 모든 지도자요, 집단에 속해 있
는 자들이 나와 관계없는 그와 같은
길을 가고 있다면, 그를 바라보는 내
마음이 얼마나 아프고 저리겠느냐?
5 그 마음을 내가 달래고 인내하는 것이
나의 아들이 세상에 나가 160권의 법
전을 세상에 내보내는 역사를 하며,
6 또한 그를 보고 깨우친 백성 너희들이
따르는 자, 지금은 나약하나, 너희들
이 그 뿌리가 이루 말할 수 없이 창대
하게 역사할 것이니,
7 그리하여 나 여호와가 오늘의 즐거움
으로써, 기쁜 마음으로써 기다리고 있
음을 너희들은 알라, 사랑하는 나의
아들딸들아!
8 그들이 저 자신이 하는 것, 저 자신이
역사하는 것을 모르고 있지 않더냐?
9 모든 종교 집단이요, 지도자는 만백성
을 구하는 것이요, 만백성에게 나의
복음을 전하는 것이지, 저희들이 몇십
명을 모아 놓고 몇십 명을 목표로 하
여 그를 달성하기 위하여 부흥회라는
것, 저희들이 집회라는 것을 수없이
이룸이니라.
10 그러면서 그것이 가장 낮은 자세요,
가장 초라한 모습으로써 나의 뜻을 전
하고 역사하는 것이 아니라,
11 저희들이 화려한 모습으로써, 화려한
행사로써 어찌하였으며 거기에 모인
숫자가 얼마나 되느냐에 따라서 저희
들이 부흥이요, 성공이요, 역사했다는
것을 그리 자처하지,
12 저희들이 만백성을 위하여 기도하고
만백성을 위하여 복음을 전하는 대명
을 가진 자들이라는 그 생각도 하지
못하는 자들이니,
13 그저 저희들이 먹고살 수 있으며 남에
게 과시할 수 있는 그와 같은 숫자를
목표로 하여 믿음의 길을 가고 있으
며,
14 그리고 화려한 것으로써 남에게 위협
하는 그와 같은 자세를 보이는 그것
을 저희들의 성공 여부로 하는 것이
니, 얼마나 불쌍하고 가련한 백성들이
더냐?
15 내가 나의 아들에게 일찍이 말였음이
니, 복음이요, 부흥회요, 이와 같은 것
을 이루는 것도, 얼마나 많은 권력층
에 또 능력 있는 인사들이 꽃다발이
요, 화환을 보냈느냐, 그 숫자를 세고
기록하면서 너희가 그 성공 여부를 따
지며,
16 그를 너희들이 내비쳐 세상의 만백성
들에게, 또한 너희들을 따르는 맹종
맹신하는 가련한 그 백성들에게 '우리
집단은 이러한 것이요, 우리 지도자는
이런 것이요, 이 목회자는 어떠한 것
이요.' 이것을 보이고자 하는 것이니,
17 너희들이 여기에 복음이 어디 있고 참
진리가 어디 있고 사랑이 어디 있느
냐?
18 장삿속으로써 그저 너희들이 얽히고
설키고 살아가는 그와 같은 수법으로
써, 다만 나의 아들이요, 내 이름을 팔
아 너희들이 그와 같은 행위를 하고
있으니,
19 이 통탄함을 너희들은 알겠느냐, 사랑
하는 나의 아들딸들아!

20너희들은 절대 이와 같은 전철을 밟아
서는 아니 되며 그와 같은 행위를 해
서는 아니 될 것이니 그리 알라.
21내가 너희들을 바로 다스리기 위하여
이 글을 내가 나의 새로운 성경에 기
록하여 전함이니라.
22이와 같은 행위는 복음을 전파하는 것
도 아니요, 내 뜻을 행하는 것도 아니
니라.
23그러니 너희들이 하늘에 오르는 길은
너희들의 교회요, 너희 성전이요, 너
희 지도자 앞에 있다면서,
24너희들이 몇십 명, 몇백 명, 몇십만 명
을 모으는 것으로써 너희들이 한계를
짓고 그 목표를 위하여 기도하고 소원
하고 이루어 달라 그리 원하니, 그것
이 나의 뜻을 전하는 백성이요, 내가
이루고자 하는 그 뜻이라 너희들이 생
각하는 것인가?
25그러니 너희들이 나와 관계없는 그와
같은 역사를 하고 있다 함이 여기 있
음을 알라, 사랑하는 나의 아들딸들아!
26그러니 내가 너희들이 그와 같이 화려
하게 하는 것, 그리고 외형적으로 보
이기 위하여 너희들이 하는 것, 그리
고 너희들이 세를 과시하기 위하여 하
는 것, 그와 같은 행위를 하는 그곳에
는 나 여호와가 같이 있지 않다 했으
니,
27나에게 오르고자 하는 역사요, 내 뜻
을 만백성에게 전하는 복음의 역사를
하며, 그들을 깨우쳐 인도하는 그와
같은 역사를 이룬다 하는 자가 그와
같은 행위를 하는 곳에 정녕 나 여호
와가 같이 있지 아니하며 나와 관계없
는 곳이라 내가 말한다면,
28그 행사요, 그 집회요, 그 모두가 다
무엇이던가?
29다 부질없는 것이며 아무런 뜻이 없는
것임을 너희들은 알아야 될 것이니라.
30그곳에 와 재물을 바치며 울고불고하
는 자, 은혜를 받았다 하여 저희들이
그저 금화와 은화를 있는 것 없는 것
다 털어놓고 울고불고 가는 가련한 백
성,
31너희는 네 형제요, 네 부모의 초라한
모습을 보았는가?
32너희들이 거기에 바치는 그 백 분의
일만, 십 분의 일만 해도 너희 형제와
이웃에게 너희들이 도와줄 일이 수없
이 있으며 도와줄 자 이루 헤아릴 수
없거늘,
33저와 같이하는 형제요, 저희 부모 형
제요, 이웃은 몰라라 하며, 제가 구원
을 받기 위하여 그곳에 그와 같은 행
위를 하는 자,
34그건 벌레만도 못한 자요, 그건 욕심
으로 그득 찬 인간이니, 욕심으로 차
있는 인간이 어찌 인간이라 말할 수
있겠느냐?
35그러니 너희들의 모습이 얼마나 흉악
하고 험악한 모습인 줄 알겠느냐?
36그러니 내가 거기를 왜 가며, 내가 거
기를 같이 왜 하며, 내가 거기에 관심
을 왜 가지며, 거기에 너희들이 뼈만
남은 짐승과 같은 형국으로 울부짖는
그 소리를 내가 왜 듣는단 말이더냐?
37이와 같은 이치를 그들에게 심어 주
라, 사랑하는 나의 아들아!

10,934 번째 하나님 말씀

2004년 5월 6일 07시 25분

1 사랑하는 나의 아들아!
2 "네, 아버님! 말씀하옵소서."
3 나의 새로운 성경을 만들어 만백성에
게 전하라 함이니, 시간이 없다 함이
무엇이더냐?
4 그것을 접하지 아니하며 그것을 깨우
치지 못하는 백성들, 너희들이 하늘에
오르는 길을 알 수 없으며 깨달을 수
가 없기 때문이니라.
5 그리고 지금 접하는 백성 너희들이
그를 보고 읽고 깨우치지 아니한다면,
내일을 예약할 수 없는 것이 나의 백
성 너희들의 운명이요, 너희들의 삶이
아니더냐?
6 그러기에 너희가 나의 새로운 성경을
접하고 깨우치는 것은 지금 바로 이
순간이며, 이때를 놓치면 아니 됨이니
라.
7 너희들이 어떠한 방법이든 나의 새로
운 성경을 접했을 때 그를 읽고 깨우
쳐 너희들이 깨달음을 얻는 것이 바로
시작하는 것,
8 그것이 가장 위대한 백성이요, 축복받
은 백성이요, 영광된 백성이라는 것을
어찌하여 그리도 모른단 말이더냐?
9 모든 것이 너희들에게 여유가 있기에
너희들을 기다려 주는 것이 없음이니
라.
10 그리고 너희들을 항상 기다려 주며
너희들이 영원히 존재한다면, 오늘이
아니면 내일에 무엇을 역사한다고 할
수 있으나,
11 너희들은 태어남이 있듯이 또한 운명
이 다하는 그 순간이 정해져 있으며,
그 운명의 시간을 너희들은 맞이하지
아니하고 피할 수 있는 백성이 그 누
구도 없음을 알라, 사랑하는 나의 아
들딸들아!
12 나의 아들을 통하여 내가 너희들에게
무어라 하였느냐?
13 너희들에게 가장 귀중하게 존재하는
것은, 네가 살아서 숨 쉬는 이 시간이
있는 것이 가장 귀하고 소중한 것이
요, 그것이 확실히 네 것이라 내가 그
리 말하지 아니하였더냐?
14 너희들이 쓸 수 있는 것이요, 너희들
이 활용할 수 있는 것이라 했으니,
15 너희들이 쓰고 활용할 수 있는 그 시
간에 너희들이 무엇보다도 내가 새로
내리는 새로운 성경을 접하여 그 뚜껑
을 열어 읽고 깨우치는 그와 같은 은
혜를 입는 것보다 더 귀하고 소중한
것이 없다 하지 아니하였더냐?
16 사랑하는 나의 아들딸 너희들은 들으
라.
17 내가 나의 아들을 통하여 내일의 시간
을 너희들은 네 것이 없으며, 네가 예
약할 수 없으며, 네가 다스릴 수 없으
며, 네가 쓸 수 없다 그리하지 아니하
였더냐?
18 내일은 또한 너희들에게 거기에 대한
주어진 운명이요, 너희들에게 다가오
는 것을 너희들은 알지 못함이니,
19 그리하여 오늘의 이 시간이 너희들에
게 가장 귀하며 이 시간을 함부로 써
서는 아니 된다 하였음이니,
20 그 귀하고 소중한 시간에 너희들이 인

간의 향락이요, 부귀요, 영화요, 너희
들이 하늘에 오를 수 없다는 그 재물
을 얻기 위하여, 그를 거둬들이기 위
하여 기도하고 울고불고하는 그와 같
은 시간을 가지며,
21 그것으로써 너희들이 모두가 역사한
다는 믿음의 길을 가는 백성들,
22 그리고 믿음에서 지금 세뇌되어 헤어
나지 못하며 좌우를 보지 못하는 백성
들, 암흑에서 허덕이면서 광명천지를
볼 수 없는 그 백성들,
23 너희들이 나의 법전을 접했을 때 그때
만큼 너희들이 그를 깨우치고 그를 접
하여 읽고 보는 것처럼 위대한 것이
없으며, 그 암흑의 세상에서 벗어날
수 있는 광명의 길에 들어설 수 있는
것은 나의 법전이니,
24 오늘 이 시간에 너희들이 나의 새로운
성경을 접한 자, 이를 읽고 깨우쳐 바
로 너희들이 거듭나는 은혜를 얻으라
함이요,
25 그것을 버리고 놓는 자 내일이 없으며
모레의 예약이 없다는 것을 내가 너희
들에게 전함이니 그리 알라.
26 내가 너희들에게 무어라 말하였느냐?
27 나의 새로운 성경을 읽고 너희들이 뚜
껑을 여는 그 순간에 내가 너희들과
같이한다 하지 아니하였더냐?
28 그건 바로 무엇이더냐?
29 바로 읽고 정독하는 백성이 나에게 오
를 수 있는 자요, 그러기에 나의 성령
이 너희들에게 임하는 그 은혜를 얻는
것이 아니더냐?
30 그리고 나 여호와의 지혜를 내가 너희
들에게 부어 주는 그와 같은 은혜를
얻는 것이니라.
31 그러니 지금 너희들이 새로 나온 나의
성경을 접하는 그 순간에 그를 정독하
고 깨우쳐,
32 너희들의 모두를 다 주고도 바꿀 수
없는 소중한 나의 새로운 성경이요,
이 세상에 귀하고 소중한 것이 이것보
다 더한 것이 없다는 것을 아는 자,
33 그는 믿음의 길을 바로 온 자요, 믿음
의 길을 바로 갈 수 있는 백성임을 알
아야 될 것이니라.
34 너희들이 참진리요, 하늘의 뜻을 접하
면서도 이것이 하늘의 뜻이요, 그리고
나 여호와가 역사하는 것이요, 이것이
구원의 길이라는 것을 느끼지 못하는
자들은,
35 지금까지 믿음의 길을 오면서도 건성
인 믿음의 길을 오며, 진심의 그 믿음
의 길을 온 자가 아니니라.
36 진정한 길을 찾기 위하여 바른 믿음의
길을 온 백성들은 나의 새로운 성경을
읽고 깨우치는 순간에 '앗!' 하며 너희
들이 이것이 무엇이라는 걸 깨닫고 이
리 갈 수 있는 자들이나,
37 그러나 건성으로 사업적으로 인간관
계를 위해서, 너희들이 그저 인간관계
를 이루기 위해서 인간관계로써 그저
하나의 집단 속에 한 일원이 된 것이
라는 생각을 가지고 그저 시계추처럼
왔다 갔다 하는 그와 같은 믿음을 가
진 자는 나의 새로운 성경을 읽어도
알 수 없음이니라.
38 그는 진실한 믿음을 찾고, 진실한 믿
음이요, 하늘에 오르는 길이요, 참진
리를 찾고자 한 백성이 아니기 때문이

니라.
39 아무리 세뇌된 백성이요, 울고불고하
는 백성이라도, 너희들이 진정한 마음
으로 믿음의 길을 가는 자요, 진실한
믿음으로써 오는 백성들은 나의 법전
을 접하는 순간에 깨달음을 얻을 것이
니라.
40 나를 경외하며 나의 아들 예수를 따
르고자 진심으로 너희들이 믿음의 길
을 가는 자는 이를 보면 다 알 수 있음
이니라.
41 그러나 인간을 따르며 인간의 종교
지도자를 따르는 그와 같은 어리석은
백성들은 절대 이를 볼 수 없음이니라.
42 그 인간 종교 지도자의 그 생각이, 그
얼굴이, 그 눈이 너희들 앞에 어른거
리니,
43 이를 가지고 그에게 이야기하며 이를
가지고 그와 대조한다면, 그와 인간관
계가 떨어지는 것, 그에게 미움을 받
는 것, 그곳에서 사랑을 잃는 것,
44 이것이 두렵고 무서워 너희들이 그와
같은 생각으로 마음을 덮고 있는 자,
눈을 가리고 있는 자는 나의 새로운
성경을 읽고 읽어도 깨닫지 못하는 어
리석은 백성의 차이가 여기 있음을 알
라 그리 전하라, 사랑하는 나의 아들
아!

10,935 번째 하나님 말씀

2004년 5월 6일 07시 38분

1 사랑하는 나의 아들아!
2 "네, 아버님! 말씀하옵소서."
3 이 세상에 어리석은 백성이 과연 누구
더냐, 그리고 가장 어리석은 백성이
너는 누구라 생각하는가?
4 "네, 아버님!
5 어리석은 백성이라 물으심은, 남의 허
물은 다 보나 제 허물을 모르며, 제가
지은 죄는 모르나 남의 짓는 죄만을
보고 그를 가지고 단죄하려는 그와 같
은 생각을 갖고 사는 백성이라 그리
생각되옵나이다.
6 더욱이 아버님께 지은 그 많은 죄들은
모르며 저 자신이 지은 죄를 모르고,
저희들이 남에게 잘못한 것은 모르면
서,
7 남이 저에게 실수한 것은 전혀 저희
들이 용서하지 아니하며 지우려 하지
아니하는 그와 같은 마음을 가지고 사
는 백성이 가장 어리석고 불쌍한 백성
이라 그리 생각되옵나이다.
8 우리가 사는 지금의 오늘의 삶이 아니
요, 영원히 거듭나는 은혜요, 거듭나
는 그 역사의 심판을 받아야 되는 그
아버님 앞에 헬 수 없는 그 많은 그 죄
를 지으면서도 그게 죄인 줄 모르고
사는 백성,
9 그러면서 아버님께 지은 죄는 태산과
같으면서도 저희들이 남을 하나 용서
하지 못하는 것이 얼마나 어리석고 잘
못된 백성인가 하는 것을 저는 그리
깨닫고 있사오며,
10 또한 아버님께서 그리 말씀하셨다 저
는 그리 생각하고 있사옵나이다."
11 사랑하는 나의 아들아!
12 너희들이 나로부터 받은 은혜 속에서
너희들이 역사하지 않는 것이 무엇이
있단 말이더냐?

13 너희가 나에게 지은 죄는 과연 어떻게 계산할 것이며, 너희들이 어떻게 사함을 받을 수 있다 생각한단 말이더냐?

14 그러니 너희들이 나로부터 생명을 받아 나갔으며, 너희들이 쓰고 먹는 그 모든 재물과 그 모든 것을 다 너희들이 나의 은혜 속에서 받지 않은 것이 무엇이 있는가 한번 너희들에게 물어보라.

15 그와 같이 나에게 받지 않은 은혜가 없는 그 속에서 사는 너희들이, 내가 그저 지키고 나에게 오르라는 열 가지 계명을, 내가 직접 친필로 써 부모가 유언장을 남기듯이 너희들에게 내린 그 유언장을 다 알고 암송하는 백성들이 그것 하나도 지키지 못한다면,

16 너희들이 과연 나의 은혜에 보답하는 길이요, 나를 울고불고 찾는 그와 같은 백성으로서 너희들의 삶을 살아가는 백성이라 말할 수 있겠느냐?

17 모든 게 다 허례허식이며 다 진심이 없는 것이며 다 위장된 짓들이니라.

18 그저 어찌하면 너희들이 남에게 뒤지지 않을까, 그리고 어찌하면 능력이 너희들보다 낫다는 나 여호와요, 그리고 나의 아들 예수요, 그 모두에게 너희들이 무엇인가를 얻고 구할 수 있는 것이 없는가 하여 그것만을 뒤지는 그와 같은 것이 너희들의 형국임을 알아야 될 것이니라.

19 너희들의 모습이 무엇인 줄 알겠느냐?

20 그저 먹을 것을 찾아 쓰레기더미를 뒤지는 쥐와 같은 형국이요, 그 모습보다도 더 비참하고 더 처량한 것이며 더 보기 흉한 꼴이라면 너희들은 믿겠느냐?

21 세상에 나로부터 받은 은혜가 없는 것이 없거늘, 그와 같은 은혜 속에 사는 너희들이 그저 내가 내린 십계명 하나도 지키지 못하는 백성이니,

22 욕심이 그득 차 있는 너희들의 모습이 내가 얼마나 추하고 더러운 것이라 하였느냐?

23 내가 쓰레기더미를 뒤지는 미물만도 못한 것이 너희들의 추한 모습이라 했으니, 너희들이 이를 받아들여 반성하고 반성하지 않은 것은 너희들에게 달렸느니라.

24 너희가 나로부터 지은 그 많은 죄와 그 양을 따져 볼 때, 너희들은 고개 들고 살 수 있는 백성도 되지 못할 것이니라.

25 그러거늘 하물며 너희들이 무엇을 달라, 이루어 달라 기도하는 너희들의 모습이 얼마나 욕심으로 그득 차 있으며 욕심으로써만 너희들이 이루어졌는가?

26 개똥벌레가 그 새똥을 긁어 몰고 가는 것처럼 너희들이 그와 같이 그 덩어리로 뭉쳐진 자들이요, 그보다 더 진한 썩은 냄새가 나는 것이 너희들의 모습이라면 너희들은 과연 어찌하겠느냐?

27 내가 보는 너희들이 그와 같음이니, 내가 어찌하여 너희들의 기도를 들으며, 너희들이 하늘나라에 올 수 있는 그 자리가 있다 말한단 말이더냐?

28 그 욕심에 그득 찬 그것을 너희들이 버리지 못하고, 너희들이 다시 보며 다시 나지 못하면, 절대 너희들이 나로부터 지은 죄를 용서받지 못할 것이

며, 그와 같은 것으로써 사면을 받을 수 있는 길은 없음을 알아야 될 것이니라.
29 내가 나의 아들을 통하여 너희들이 얼마나 어리석은 백성인가를 말하지 않았더냐?
30 너희들이 나에게 지은 죄는 셀 수 없이 많으면서 남들이 너희들에게 용서를 빌 것, 작은 실수를 하는 것, 그것까지도 너희들이 용서하지 못하며 그를 물고 늘어지며,
31 그것으로써 어떠한 명분이든지 대가를 거둬들이려 하는 그와 같은 사악한 욕심에 찬 백성 너희들, 과연 너희들의 모습이 어떠한 모습인가 한번 돌이켜 보도록 하라.
32 이와 같은 백성 너희들이 나의 뜻을 운운하며 나를 믿고 경배한다며 나의 아들을 찾으며 울고불고 그저 짜깁기하여 중언부언하는, 그 추하고 더러운 입에서 나오는 기도를 하지 말라.
33 그것이 지금 세상을 다 오염시켰으며, 그것이 모든 동식물의 생명을 죽여 가는 그와 같은 것임을 알겠느냐?
34 너희들이 나로부터 받아 나간 그 길고도 긴 생명이요, 그리고 모든 동식물들이 오래오래 살 수 있는 그 모든 것을 다 너희들이 단축시키고 그 모두를 죽여, 너희들이 그 대가를 치르는 것이 바로 지금 쓰레기더미를 뒤지는 그 미물과 같은 나의 백성 너희들이 그 더러운 입으로써 나를 찾으며 나의 아들 예수를 찾으며 용서를 운운하며 구원을 운운하며,
35 그리고 하나님 뜻대로 살아간다 운운하는 그와 같은 중언부언하는 짜깁기 그 기도가 모두의 생명을 단축시키고 있으며,
36 너희들이 모두 다 그리 단축시키는 속에서 너희들 스스로 단축시켜 가는 그와 같은 행위를 하는 삶이라는 것을 잊지 말라 그리 전하라.

10,936 번째 하나님 말씀

2004년 5월 6일 07시 42분

1 사랑하는 나의 아들아!
2 "네, 아버님! 말씀하옵소서."
3 내가 나의 아들을 통하여 그 제자들에게 기도 내용을 내려보냈으니, '아버님! 저의 죄를 용서하여 주옵소서.' 그 기도가 얼마나 위대한 의미를 가지고 있는지 알겠느냐?
4 그러니 너희들이 그와 같은 기도를 드릴 때, 나에게 한 번을 하더라도 너희들이 피보다도 진한 눈물이 흐르는 마음으로 정성을 다하여 그 기도를 올리라.
5 그리고 그 기도의 의미요, 그 기도의 뜻이 얼마나 소중한 것인가를 가슴 깊이 새겨,
6 '아버님! 저의 죄를 용서하여 주옵소서.' 너희들이 피보다 진한 눈물이 흐르는 그와 같은 기도를 드리도록 그리 하라, 사랑하는 나의 아들딸들아!
7 내가 지금 잘못 믿음의 길을 가는 백성들을 무어라 말하였느냐?
8 너희들이 썩은 오물을 뒤지는 미물들의 모습과 같다 하였음이니,
9 그들이 정녕 '아버님! 저의 죄를 용서

하여 주옵소서.' 그 애절한 기도를 드
린다면, 그곳에서 면하는 백성이 될
것이며, 그곳에서 나오는 백성이 될
것이며, 인간의 형태로 돌아올 수 있
는 그 은혜와 영광을 얻을 수 있는 것
이니라.
10 그러니 그 기도를 수없이 드리는 너희
들이야말로 얼마나 축복된 백성들이
더냐?
11 그러나 너희들이 수없이 그와 같은 기
도를 드리는 것으로써 그 기도의 내용
에 너희들이 보답하는 길이요, 나에게
감사하는 것이 아니니라.
12 이제 깨달음의 경지가 오른 백성 너희
들은 다시 한 번 그 기도를 암송하라.
13 '아버님! 저의 죄를 용서하여 주옵소
서.' 할 때 너희들의 심장에서 울려오
는 소리, 너희 폐부에서 나오는 소리,
가슴 깊은 곳에서 나오는 애절한 마음
으로 너희들이 기도하도록 그리하라.
14 그러면 그것이 태산 같은 것보다 더
큰 은혜요, 태산보다 더 높은 은혜임
을 너희들은 알게 될 것이니라.
15 그러니 그와 같은 기도를 드리는 자,
남의 허물을 용서하지 못할 일이 없으
며, 너희들이 지은 죄를 두 번 다시 짓
지 않는 그와 같은 길을 갈 수 있는 사
람으로서 살아갈 수 있음이니라.
16 절대 두 번 다시 죄를 짓지 않는 그와
같은 삶으로 살아갈 수 있는 백성들이
되기 때문이니, 이보다 귀하고 소중한
기도가 없음을 알라.
17 내가 너희들에게 명하고 내리는 그 기
도가 그저 보통 기도이며 보통 의미로
써 내린다 하는 줄 알겠느냐?
18 절대 그렇지 아니함이니, 그 기도의
의미요, 그 기도가 지니고 있는 힘이
요, 능력은 이루 말할 수 없음을 알라.
19 너희들이 지금까지 흘러온 구약과 신
약의 그 모든 역사의 기적을 이룰 수
있는 것, 볼 수 있는 것, 그 모두가 내
가 내린 그 기도 한마디 속에 다 들어
있음을 알라, 사랑하는 나의 아들딸들
아!
20 너희들은 이제 그와 같은 의미를 안다
면, 너희들이 얼마나 정성스러운 마음
으로, 얼마나 두렵고 무서운 마음으로
그 기도를 드려야 하겠는가?
21 '아버님! 저의 죄를 용서하여 주옵소
서, 아버님! 감사합니다.' 그 한마디가
흘러가는 말로 지나면 그저 지나가는
개구리 울음소리 같을 것이나,
22 너희들의 폐부에서 나오는 것, 너희들
의 심장부에서 나오는 것, 그리고 피
보다 진한 눈물의 기도로써 너희들이
그를 단 한 번이라도 기도를 드린다면,
23 그 힘이요, 그 능력이요, 그 위력은 너
희들이 상상할 수 없음을 알 것이니라.
24 너희들은 인간의 형태로 서 있는 자가
그와 같은 기도를 할 수 있기 때문이
니라.
25 사랑하는 나의 아들아!
26 자격이 없는 자에게 무엇을 주며 무엇
을 안겨 주면 무엇하느냐?
27 그 자격이 없는 자는 아무런 가치가
없고 의미가 없지 않더냐?
28 자격을 가진 자가 그리 부르짖고 자격
을 가진 자가 그리 기도 드릴 때 그것
은 위대한 것이니라.
29 지금 나의 아들을 따르는 제자들이요,

나의 법전을 읽고 깨우친 백성, 너희
들만이 '아버님! 저의 죄를 용서하여
주옵소서.' 기도를 할 수 있는 백성들
이니라.
30 그 기도할 자격이 없는 자가 아무리
울고불고한들 무엇하겠느냐?
31 자격이 있는 나의 아들딸이 그 기도
를 할 때, 그 기도가 얼마나 위대하고
소중한 것인가를 알게 될 것이니라,
사랑하는 나의 아들딸들아!

10,937 번째 하나님 말씀

2004년 5월 6일 07시 48분

1 사랑하는 나의 아들아!
2 "네, 아버님! 말씀하옵소서."
3 너희들이 내가 직접 써 내린 십계명을
암송하고 또 암송하느니라.
4 그러나 아무리 암송한들 무엇하겠느
냐?
5 자격이 없는 자, 아무리 암송해도 그
백성은 그 의미를 모르며, 그를 암송
할 자격이 없으며, 그를 지킨다 나서
지 못하느니라.
6 인간이기 때문에 이를 지킬 수 없다
말하는 자, 아무리 암송하고 암송해도
그는 암송할 자격이 없는 백성들이 하
는 소리니,
7 그것이 너희들과 차별화되어 있음을
알라, 사랑하는 나의 아들딸들아!
8 너희들이 그리 암송하고 암송하는 그
십계명을 자격이 없는 자는 그 내용을
알 수 없으며 그를 지키고 살 수 있다
그리하지 못하는 자들이니,
9 그것이 너희들과 잘못된 백성들과의
차이임을 알도록 하라, 사랑하는 나의
아들딸들아!
10 자격이 없는 백성이 아무리 암송하면
무엇하는가?
11 얻을 것이 없으며 이루어질 것이 없으
며 깨달음이 없는 것이 바로 그것이
차이니,
12 인간이기 때문에 이를 지키고 살 수
없다는 자들이 깨달음이 없으며, 지혜
를 얻지 못하는 자들이니, 그것이 잘
못된 백성이며, 너희들은 지키겠다며
몸부림치며 지켜야 된다 생각하는 백
성이니,
13 이것이 바로 너희들의 차별화요, 이것
이 나의 백성과 나의 백성이 아닌 자
들의 근거이며 증명임을 알라.
14 너희들이 나의 아들을 통하여 듣는 강
론이요, 그 설교 속에, 나로부터 선택
된 백성은 어떠한 백성이요, 선택되지
아니한 백성은 어떠한 백성인가 하는
것을 너희들은 모르나,
15 너희들이 선택된 백성이라는 그 강론
의 내용이 수없이 있음을 너희들은 알
아야 될 것이니라.
16 너희가 나를 찾는 것, 나의 아들 예수
를 찾는 것도 그러하니라.
17 너희들이 나를 찾을 자격이 갖춰지지
아니한 자, 나의 아들 예수의 이름을
부를 자격이 없는 자, 나의 아들 예수
를 부를 자격이 없는 자,
18 그와 같은 백성이 평생 '구세주여, 주
여, 주여!' 울고불고하며 그 피로 죄를
용서해 줘서 감사하다 하나,
19 너희들의 죄로써 죄 사함을 받을 자격
이 없는 자, 그 은혜를 받을 자격이 없

는 자가 아무리 울고불고해도 이루어
지고 얻어지는 것이 없으며, 결과가
없는 것이라는 것을 너희들은 알아야
될 것이니 그리 전하라.
20 내가 너희들에게 묻느니라.
21 구원을 받아 하늘에 오를 자격이 없는
그 백성이 구원을 받았다 말하면, 과
연 너희들은 무엇이 남으며 무엇이 역
사하는 것이냐?
22 아무것도 아니지 않더냐?
23 그러니 구원을 받을 자격이 있는 자,
구원을 받을 자가 구원을 받아 하늘에
오를 수 있다 그리 말하는 것은 당연
히 그것은 정답이나,
24 오를 자격이 없으며 기초가 되지도 아
니한 그 백성이 구원을 받았다면 그
말이 되겠느냐?
25 구원의 모든 것은 자격이 갖춰진 자만
이 모두를 행할 수 있으며 모두를 역
사하고 이룰 수 있느니라.
26 내가 인간 세상에 너희들에게 물어보
고자 함이니라.
27 시험을 볼 자격이 없는 자요, 시험을
볼 자격을 갖추지도 않은 자가 시험을
볼 수 있으며, 제가 장원급제하여 우
등생이 될 수 있다 말한다고 해서 그
는 할 수 있는가?
28 그는 시험장에 들어가지 못하며, 시험
을 볼 자격까지도 박탈되는 것이니라.
29 그러니 시험을 볼 자격이 없는 자가
더욱이 시험을 보겠다 하며, 장원급제
하겠다 하면,
30 그것이 제 인생에 제멋대로 살며 제
개인의 철학에 사는 백성이지,
31 그게 도리와 순리와 도덕적인 면에서
너희들이 더불어 사는 세상에 살아갈
수 있는 자가 할 수 있느냐?
32 제정신을 가진 자는 그와 같은 행위를
할 수 없으며 그와 같은 말을 할 수 없
을 것이니라.
33 그러니 너희들이 구원을 받는 것, 나
에게 오르는 것, 그것이 자격이 갖춰
지지 아니한 자가 오를 수 있다는 자
는 바로 시험장에 들어가지 못하는 자
가 장원할 수 있다 호언장담하는 자
요,
34 이것이 오늘의 믿음의 길을 가는 자들
이요, 종교 집단들이 하고 있는 대표
적인 잘못된 것이요, 거짓된 사기극을
벌이고 있음을 너희들은 알아야 될 것
이니라.
35 사랑하는 나의 백성 너희들은 이 의미
를 깊이 깨우쳐 주라.
36 그리고 깊이 깨달아야 될 것이니라.
37 그 이치를 깨달았다면 너희들이 다시
한 번 생각하라.
38 내가 새로운 성경을 세상에 내려보내,
너희들이 정독하여 읽고 깨우치라는
의미가 어디 있는가?
39 나의 새로운 성경을 너희들이 깨우쳐
그를 알고 있을 때, 또 그를 들여다보
는 안목이 있을 때, 그리고 너희들이
그를 볼 수 있고 들을 수 있는 지혜가
열렸을 때,
40 너희들은 그 속에 모든 자격증을 따는
길과 자격증을 따는 방법과 그 모두가
거기에 답이 들어 있음을 알라.
41 그리하여 내 160권의 법전을 정독하
여 읽지 아니하며 이를 가지고 공부하
지 아니하는 백성은 나와 인연이 없는

백성이요, 나를 만날 수 없다는 그 무
서운 의미임을 알라.

10,938 번째 하나님 말씀

2004년 5월 6일 07시 53분

1 사랑하는 나의 아들아!
2 "네, 아버님! 말씀하옵소서."
3 지난 역사의 사소한 것을 가지고 너희
들이 시시비비하지 말며, 그를 가지고
정답 운운하지 말며 오답 운운하지 말
라 그리하지 아니하였더냐?
4 옛것에 연연하여 너희들이 오늘에 시
시비비를 하는 삶을 살지 말라 그리하
였음이니라.
5 그러니 지금 내가 나의 아들을 통하여
내리는 나의 새로운 성경을 읽고 깨우
쳐 너희들이 바른 삶을 살아가는 데
최선을 다하라 하지 아니하였더냐?
6 내가 나의 새로운 성경에 기록하여 전
하기를, 나의 새로운 성경을 접하지
아니하며 읽지 아니한 백성, 너희들이
구원의 길을 갈 수 없으며 구원을 받
을 수 없다 내가 그리 말하니,
7 모든 종교 집단이요, 지도자요, 그리
고 너를 따르는 제자들까지도, 그렇지
않으면 지금까지 새로운 성경을 접하
지 않은 백성은 어찌하며, 앞으로도
그를 접하지 아니하는 백성들은 어찌
하며, 이 시대에 태어나지 아니하는
백성은 어찌하느냐 너희들이 묻는다
면,
8 그 물음은 답이 있으며 그 물음은 정
당한 것 같으나, 너희들은 거기에 연
연하여 시시비비할 그와 같은 시간이
없음이니라.
9 그 모두는 창조주 나 여호와가 하는
일이요, 내가 모두를 역사하는 것이
지, 너희들이 그를 가지고 따지며 시
시비비할 필요가 없음이니라.
10 창조주 나 여호와가 내려보내는 나의
새로운 성경을 지금 이 순간부터 보지
아니하는 자, 접하지 않는 자, 너희들
이 구원을 받지 못한다 해서, 너희들
이 지나온 백성들의 삶이요, 그것까지
거기에 적용하려 하지 말라.
11 그것은 그것대로 그들에게 내가 다 알
아서 처리하는 것이요, 내가 알아서
상 줄 자, 벌 줄 자, 모두를 역사하는
것이거늘,
12 너희들은 오로지 오늘 이후부터 너희
들이 살아가는 것, 내가 내리는 새로
운 성경에 기록된 것을 너희들이 충실
히 지키고 살아가는 그것에만 연연하
도록 하라.
13 그 길을 가기도 바쁘거늘, 어찌하여
너희들이 그와 같이 어리석은 삶을 사
느냐?
14 너희들은 인간 세상에 살아가는 오늘
의 삶이 어떠하더냐?
15 시대적으로 너희들이 그 젊은 아이들
이요, 너희들의 후손들이 변하는 그
모습 속에 너희들이 무엇을 찾으며 무
엇을 어찌하며 너희들이 설 자리가 어
디 있던가?
16 그 속에서 너희들이 과거의 것을 연연
하며 너희는 이리 배웠으며 이리 역사
했다 그것을 고집하고 그를 붙잡고 늘
어진다면,
17 그들 세상에서 너희들이 설 자리가 없

으며, 너희는 그중에서 버려지는 자가
되는 것이거늘, 어찌하여 너희들이 그
어리석은 삶을 산단 말이더냐?
18 지금 새로운 성경이요, 새 시대를 역
사하며, 내가 하늘에서 이루어진 것같
이 새로운 역사요, 마지막 시대를 시
작하여 달려가고 있거늘,
19 거기에 편승하기도 바쁘며 그를 따라
가기도 바쁜 너희들이 이제 사소한
것, 지나간 옛것을 가지고 옳고 그름
을 따지지 말며,
20 성서에 어떠한 기적이 있었으며 성서
에 어떠한 것이 역사했으며, 이를 가
지고 너희들이 맞다 틀리다 시시비비
하지 말라.
21 그것은 과거의 것을 가지고 너희들이
거기에 맞추려 하는 것이니,
22 지금 앞에 높이 달려가는 자들을 끌어
내려 거기에 맞추려 해도 그 몇십 단
계 앞에 가 있는 자들이 그를 들으려
하지 아니하며 그를 받아들이려 하지
아니할 것이니라.
23 모든 종교 집단이요, 믿음의 길을 가
는 백성들 너희들만이 옛것에 연연하
여 그곳에서 벗어나지 못하는 어리석
은 자들이니, 결코 너희들은 내 새로
운 성경의 새로운 역사를 알지 못함이
니라.
24 구약은 일부분이요, 신약은 일부분이
었느니라.
25 이제 새로운 성경이 내려오는 것은 모
두를 다 통틀어 여기에 역사함이니,
작고 크든 부분적인 모두는 덮어 두며
지워진다는 나의 성경의 가르침을 명
심하도록 그리하라.

10,939 번째 하나님 말씀

2004년 5월 6일 07시 59분

1 사랑하는 나의 아들아!
2 "네, 아버님! 말씀하옵소서."
3 지금처럼 온 종교 집단의 지도자요,
너희들이 구원받은 자 하나 없으며,
나에게 오르는 자가 하나도 없다 하였
음이니라.
4 그러니 나의 아들 예수의 보혈로써 나
의 아들 예수가 속죄양으로서 너희들
의 죄를 용서해 줘 너희들이 하늘에
오르는 백성이라, 그리고 너희들이 구
원을 받았다는 것이 다 잘못된 것이며
그는 이루어질 수 없다 했음이니라.
5 지금과 같은 방법으로 나 여호와를
울고불고 찾아도 너희들이 나에게 오
르는 자 한 사람도 없다 하였음이니,
6 이는 너희들이 경악을 금치 못하며,
나의 아들을 갈기갈기 찢어 죽이고
싶은 너희들의 심정일 것이니라.
7 그리고 너희들이 그 두려움과 그 가슴
이 뛺을 감당치 못하는 그와 같은 것
일 것이니,
8 그러나 너희들은 들어야 될 것이니라.
9 내가 너희들에게 묻느니, 너희들이 과
연 나의 아들 예수를 지금 믿는 것, 지
금의 종교 집단이요, 지도자들이 울고
불고하는 것, 그리고 나의 아들 예수
를 욕되게 부르짖는 것,
10 그리고 나를 너희들이 부르짖으면서
이와 같은 오늘의 신앙이요, 믿음이
과연 구원의 길이요, 하늘에 오른다
하면,
11 내가 너희들에게 묻느니라.

12 구원의 지도자로서 너희들을 인도한
다는 목사요, 그리고 돈을 주고 사 평
생을 믿음의 길을 왔다는 장로요, 권
사요, 집사, 그들이 죽음 앞에서 천당
가며 천국 가는 것을 즐겨 받아들이
며, 죽음을 기쁘게 받아들이는 자 있
느냐?
13 그러니 너희들이 거짓 인도자요, 하나
도 온 자가 없음이니라.
14 너희들이 정녕 목사요, 권사요, 장로
요, 집사요, 그리고 각종 직함을 가지
고 있는 자들이 그리도 갈 수 있고 편
하고 좋아하는 천국이요,
15 천당이라면 어찌하여 너희들이 스스
로 죽는 것을 두려워하며 거기를 가지
아니하려고 몸부림치며 온갖 짓을 다
하느냐?
16 그러니 너희들이 바로 무엇이더냐?
17 거기에 간 자가 없으며 갈 수 없으며
갈 자신이 없기 때문에 너희들이 그런
것이 아니더냐?
18 그것이 바로 너희들이 한 사람도 올
수 없으며 오지 못했다는 증거이니,
그것을 너희들 스스로 입증하는 것이
아니더냐?
19 너희들은 나의 아들을 핍박하지 말라.
20 그리고 너희들의 그 믿음이 잘못됐으
며, 오늘의 너희들의 믿음으로써는 한
사람도 구원을 받을 수 없다는 그 말
을 받아들여야 될 것이며,
21 너희들이 깨우쳐 바른 믿음의 길을 가
지 아니하면 결코 너희들에게 영광이
없음이니라.
22 너희들은 지금 믿음이요, 나의 아들
예수를 찾는 것, 나를 경배하는 것, 오
늘의 모든 종교 집단의 지도자요, 그
선생들의 가르침을 가지고는 절대로
구원을 받지 못한다는 그 무서운 말을
전하는 나의 아들 앞에, 너희들이 경
배하며 감사 기도하며 그 은혜를 갚을
수 있는 길이 무엇인가를 찾아야 될
것이니라.
23 잘못된 것을 잘못됐다 말하는 자가 없
으며, 잘못 가는 것을 잘못 갔으니 바
로 가라 그리 가르치는 자가 없으며,
그리 자신 있게 지도하는 자가 없는
이 세상에서,
24 지금 모두가 잘못되었으니 바로 가라
하는 것, 그리고 지금이라도 너희들이
바로 갈 수 있는 그 대안을 내려보내
지 않던가?
25 내가 새로 내리는 새로운 성경 이를
읽고 깨우치면 너희들이 바로 올 수
있으며, 정녕 너희들이 읽어 스스로
심판하고 판단해 보라.
26 이 귀하고 귀한 것을 전하는 나의 아
들을 너희들이 사탄이요, 이단이라며
그를 척결하려 하지 말며, 그를 따르
는 제자들에게 욕되는 짓을 하지 말라.
27 얼마나 위대한 것이며 너희들을 위해
얼마나 희생해서 오늘의 이 길을 가는
가?
28 너희들 스스로 한 사람도 온 자가 없
다는 것은 너희들이 입증하는 것이 아
니더냐?
29 너희들이 정녕 그리 원하는 천국이요,
천국을 갈 수 있다고 자신하면,
30 지금 있는 백성들에게 너희들이 직접
지금 죽음 앞에서 어떠한 행위를 하느
냐?

31 너희들은 죽지 않으려고 발버둥치며,
온갖 재산이요, 재물을 다 투자하여
제가 평생에 모은 것을 제 자식이요,
이웃에게 한 톨을 주지 못해도,
32 제 생명을 살릴 수 있다면, 그 길에 모
두를 다 던지려고 장로요, 집사요, 권
사요, 전도사요, 목사요, 신부요, 스님
이요, 모두가 하고 있는 짓이 아니더
냐?
33 그러니 이것이 바로 너희들이 깨닫고
나에게 온 자가 한 명도 없다 함임을
너희들은 알아야 될 것이니라.
34 그것이 바로 너희들이 나에게 올 수
없었으며 오지 못한 증거이니라.
35 그러니 너희들이 한 입 가지고 두말하
지 말며, 두 번 다시 입을 벌리지 말며,
36 부끄럽고 창피한 줄 알거든, 너희들이
나의 아들이 전하는 강론이요, 나의
아들을 통하여 그 제자들이 역사해 내
리는 나의 새로운 성경을 읽고 깨우쳐
하늘에 오르는 길을 다시 보도록 하
며, 믿음의 길을 다시 보도록 하며, 신
앙의 길을 다시 찾으며, 구원의 길을
보도록 하라.
37 너희들의 그것으로써 절대 나에게 올
수 있는 자가 하나도 없으며 올 수 없
음을 명심하라 내가 전하니,
38 그리고 내가 나의 새로운 성경에 기록
하여 전하는 이 글은 영원히 불변할
것이며, 어떠한 상태에도 이 내용은
없어지지 아니할 것이며, 이대로 진행
되며 집행될 것이니라.
39 이는 하늘의 법도이기 때문이며 나 여
호와의 명이기 때문이니라.

10,940 번째 하나님 말씀

2004년 5월 6일 08시 04분

1 사랑하는 나의 아들아!
2 "네, 아버님! 말씀하옵소서."
3 종교 지도자요, 목사요, 그리고 장로
요, 권사요, 모든 종교 집단에 속해 있
는 너희들에게 그리 물을 것이니라.
4 '너희들은 천국이 더 좋으냐, 이 세상
이 더 좋으냐?' 그리 물었을 때,
5 너희들은 두말할 것 없이 천국이 더
좋으며 천국을 가기를 원한다 그리 말
할 것이니라.
6 그러나 너희들이 그와 같이 좋다는
그 천국에 막상 가게 되었을 때, 너희
들은 어찌하여 거기를 가지 아니하려
하며, 그곳에 너희들이 가는 것을 두
려워하며, 가지 않으려고 몸부림치는
가?
7 그러니 너희들이 말하기를, 나의 아들
예수를 믿으며 나를 믿으며, 너희들이
오늘에 지은 죄의 온상인 그 교회에
가 재물을 많이 바치는 자,
8 너희들이 죽을 때가 되면 어찌하여 왜
그리 선망하고 좋다 하는 천국에 가
는 것을 싫어하는가?
9 이것이 오늘의 너희들이 실상이 아니
더냐?
10 너희들이 기도원이요, 병자를 고친다
는 곳에 병든 자 모여 그 병 낫기를 기
도하며 소원하는 자가 수없이 있음이
니라.
11 종교 지도자, 목자라 하는 자도 병든
자 제가 기도원이라는 곳에 가며, 그
리고 저 혼자 눈물 흘려 기도하기를,

나에게 살려 달라 몸부림치며 더 살게
해 달라 하니,
12 저희들이 어찌하여 그리 좋고 좋다는
그 천당을 가는 것이 영광이요, 축복
이라 하면서,
13 제가 막상 죽어 가는 죽음에 직면했을
때는 왜 천당에 가기 싫어하여 그리
몸부림치고 있는가?
14 나는 이 의미 하나를 너희들에게 깨우
치라 전하고 싶음이니라.
15 그러니 과연 너희들이 어떠한 것이
진정한 믿음이요, 어떠한 것이 너희들
이 오늘날까지 왔던 그 믿음의 실체이
더냐?
16 말로써는 그리할 것이니라.
17 죽음의 목전에 있는 자도 물으면 그리
할 것이니라.
18 '천국이 좋으냐, 이 세상의 삶이 좋으
냐?' 물으면, 그저 두말할 것 없이 '천
국이 최고요, 천국이 좋다.' 그리 말할
것이니라.
19 그러면서도 제가 더 살기 위해서 기도
하고 소원하고 너희들이 몸부림치는
그 꼴은 과연 무엇이더냐?
20 그러니 바로 이와 같은 것이 오늘의
믿음이요, 오늘의 너희들의 실상이니
라.
21 그러니 그 모두가 다 거짓된 것이요,
너희들이 사기극으로써 일관한 것이
오늘의 믿음이라는 것을 내가 너희들
에게 말함이니 그리 알라.
22 그러니 너희들이 지금의 모든 종교 집
단이요, 지도자가 한 사람도 나에게
온 자가 없다 함을 알겠느냐?
23 목사라는 자도 제가 병들면 죽기를 거
부하며, 그저 살려줘 낫기만 하면, 더
열심히 착한 사람이 되어, 지금까지
지은 추하고 더러운 죄를 짓지 않고
아버님의 목자로서 일을 다 하겠다 눈
물로써 기도드리지 아니하는 자가 한
명도 없음을 알라.
24 장로요, 권사요, 집사요, 직함을 가진
자들, 그들도 또 어떠하더냐?
25 그들도 그리 좋고 원하는 천당, 저희
들이 죽음에 임박할 때는 거기를 가
지 아니하려고, 저희들이 싫어서 안
가려고 몸부림치는 것이 그 추한 모습
이니,
26 그러니 내가 이를 다 쓸어버리고 태워
버리며, 정녕 너희들이 나에게 오는
것을 두려워하지 아니하며, 나에게 오
는 것을 기뻐하는 백성으로서,
27 앞과 뒤와 속과 겉이 다르지 않은 새
로운 백성이요, 새로운 나의 아들딸로
서 이 세상을 역사하여, 하늘에서 이
루어진 것같이 이 지상의 역사를 이루
려 하는 것이 나의 뜻이니,
28 그 모든 기본의 틀의 설계도가 바로
160권의 법전이니,
29 그를 만들고 전하는 백성 너희들은,
말로는 천국이 좋다 하며 막상 죽음에
임박해서는 그저 살려고 몸부림치며
구원을 원하는 그들이 더 이상 그와
같은 추한 모습으로 만백성을 속이고
거짓된 짓을 하지 못하도록, 새로운
성경을 전하는 데 최선을 다하라, 사
랑하는 나의 아들딸들아!

10,941 번째 하나님 말씀

2004년 5월 6일 09시 48분

1 사랑하는 나의 아들아!
2 "네, 아버님! 말씀하옵소서."
3 사랑의 힘이 얼마나 위대하고 방대한
것이라 했더냐?
4 사랑의 힘이 관여되지 아니하는 곳이
없으며, 사랑의 힘이 같이하는 곳에
너희들이 슬픔이요, 괴로움이 없는 것
이니라.
5 그러니 나의 사랑하는 백성 너희들이
살아가는 그 성장 과정도 그러하니라.
6 나로부터 생명을 받아 세상에 나간 백
성 너희들이 사랑이요, 칭찬을 받으며
자라는 그 백성은 저 자신이 개인의
소중함을 알게 됨이니라.
7 그러니 저 자신이 개인의 소중함이요,
아름다움을 아는 백성은 이 세상의 소
중함이요, 귀함을 알며, 나 여호와가
내려 준 그 은혜를 감사하는 마음을
갖고 사는 것이 바로 어린아이들의 성
장 과정이니라.
8 그러니 사랑과 칭찬 속에서 자라는 그
백성이야말로 저 자신이 소중하며, 이
세상 모두가 소중하며, 남이 귀한 것
을 알 수 있는 그와 같은 백성이라 그
리하였음이니라.
9 그러니 거짓된 속에서 살아가는 백성
은 어떠하겠는가?
10 거짓에서 살아온 그 아이는 거짓된 짓
을 하게 되어 있으며, 그리고 남을 속
이게 되는 그와 같은 삶을 살지 않겠
느냐?
11 그러니 너희들이 남으로부터 꾸지람
을 들으며 사랑을 받지 못하며 자란
아이는 결국 싸움을 하게 되며, 남과
불화하며, 그리고 모든 것을 화합하지
못하는 그와 같은 삶을 삶이니,
12 너희들이 사랑과 칭찬 속에서 자란 아
이와 그렇지 못하며 꾸지람을 듣고 자
란 아이와의 차이가 얼마나 무서운 결
과를 초래한 것인 줄 알겠느냐?
13 그러니 지금 내가 너희들에게 전하고
자 하는 뜻이 무엇이겠느냐?
14 지금 나의 피조물 만백성 너희들처럼
거짓된 행위를 하는 자 없으며, 남을
속이는 자가 없기 때문이니라.
15 내가 나의 아들을 통하여 너희들에게
무어라 하였느냐?
16 작은 거짓말도 하지 말라 하였으며,
작은 농담의 거짓말도 하지 않도록 그
와 같은 삶을 살아가야 된다 하지 아
니하였더냐?
17 그것이 얼마나 귀하고 소중하면 그리
말하였겠느냐?
18 그러나 지금의 모든 거짓을 행하고 사
는 것이 바로 누군 줄 아느냐?
19 믿음의 길을 가는 종교 집단의 그 백
성들이니라.
20 하늘의 세상이 육의 삶의 세상보다 더
아름다우며, 천국을 가는 것이 너희들
의 소원이라 그리 말하면서,
21 너희들이 막상 육의 삶과 죽음 중에
어떠한 길을 선택해야 할 때, 너희들
은 육의 삶을 위하여 모두를 다 바치
며, 육의 세상에서 더 살기 위해 몸부
림치는 것이 너희들의 모습이라 하지
아니하였더냐?
22 그러니 그것이 너희들의 모두를 다 속

이는 거짓된 행위라는 그 대표적인 백
성들이 아니더냐?
23 그러면서 너희들이 나를 경배하며 나
를 믿으며 나의 아들 예수의 은혜로써
구원을 받았다 그리 말하느니라.
24 그리고 나의 아들 예수에게 오는 것,
그리고 나의 나라에 오는 것이 너희들
이 이 세상에 무엇보다도 가장 소중한
것이며 너희들이 소망하는 길이라 하
나,
25 너희들이 그와 같은 길을 선택해서 와
야 할 때 너희들은 과연 어떠하는가?
26 너희들은 상상을 초월하도록 지상의
생명을 더 연장하며 더 존재하기 위해
울고불고 기도하는 자들이 아니더냐?
27 그러니 바로 너희들이 근본서부터 거
짓된 짓을 하는 자요, 거짓된 믿음의
길을 가는 백성들이니라.
28 작은 거짓말이요, 농담의 거짓말도 하
지 말라 하였으니, 너희들이 거짓된
속에서 지금 성장하는 자요, 거짓된
속에서 너희들이 살아온 백성들이기
에,
29 너희들을 구원할 자 없으며 나를 볼
수 있는 백성이 없다 하였음이니라.
30 어린아이가 칭찬과 사랑 속에서 진솔
되게 살아가는 백성, 그는 저 자신이
소중하며 남이 소중하며 세상의 아름
답고 귀한 것을 안다 하였음이니라.
31 그러니 너희들이 미움을 받는 자, 그
미움 속에서 자라는 자, 구박을 받고
자라는 자는 싸움질하며, 서로 화합하
여 성장하지 못한다 했으니,
32 나의 사랑하는 피조물 만백성 너희들
이 거짓된 자들이 거짓으로써 계속 일
관하여 몇천 년의 역사가 흘러왔음이
니, 그 후예들이 지금 어찌하겠는가?
33 너희들은 거짓된 속에 남을 속이며 기
만하는 그 속에 얽히고설킨 그와 같은
것이 너희들의 오늘의 믿음이니라.
34 바로 내가 너희들에게 무어라 말하였
느냐?
35 종교 지도자가 스스로 저희가 천국에
오르는 것이요, 하늘에 오르는 것이
지상의 삶보다 위대한 것이라면서,
36 막상 내가 부르고자 할 때, 오지 아니
하려고 몸부림치는 그 자체 하나를 봐
도 너희들이 얼마나 기만하는 자들이
요, 속이고 거짓된 자들의 삶을 사는
가?
37 이것을 한번 이제 너희 스스로 진단하
여 깨우쳐 보도록 그리하면, 너희들이
부끄럽고 창피하여 고개 들고 하늘을
향하여 살 수 없는 자들이라는 것을,
모든 종교 집단 지도자요, 그리고 맹
종 맹신하는 신도들, 너희들은 너 자
신의 초라한 모습을 봐야 될 것이니,
38 그를 보지 못하는 자, 계속 제가 현명
한 자요, 제가 남들보다 앞에 가는 자
요, 그리고 구원받은 자요, 하늘에 오
르는 길이요, 나 여호와를 아는 자요,
39 나의 아들 예수의 보혈로써 은혜를 받
은, 축복받은 너희들이 깨끗한 자요,
대속자로서 모든 죄를 면제받은 자라
는 그 허황된 꿈속에서 깨어나지 못하
고 헤매고 있는 것,
40 이것부터 너희들이 깨고 나오는 그와
같은 변화를 이루지 아니하면 아니 됨
이니 그리 알라.

10,942 번째 하나님 말씀

2004년 5월 6일 09시 56분

1 사랑하는 나의 아들아!
2 "네, 아버님! 말씀하옵소서."
3 천국의 길을 가는 보장을 받았다는 그
백성들, 그리고 구원을 확신한다고 말
하는 자, 그리고 모든 백성들에게 너
희들은 구원을 받았으며 하늘에 오를
수 있는 모든 영광을 받았다 말하는
자,
4 그리하여 너희들이 지은 죄의 온상에
와 재물을 바치며, 너희들이 주일을
철저히 지키며, 목사라는 자의 명에
따라서 맹종하는 그와 같은 백성들,
너희들은 구원을 보장받았으며 구원
을 받았다 그리 가르치는 목사요,
5 그리고 또 그 밑에서 너희들이 재물을
주고 그 명예를 사 정녕 저희들이 구
원을 받았다는 착각 속에서 헤매는 장
로요, 집사요, 권사요, 그와 같은 맹종
맹신하는 그 신도들,
6 그리고 너희들이 천국이 지상의 삶보
다 더 좋으며, 그리고 오로지 너희들
은 천국을 가기 위해 사는 자요, 천국
에 가는 길만 있으면 가겠다고 말하는
자,
7 그러니 너희들이 지상의 삶은 아무것
도 아니요, 그저 오로지 천국이 더 좋
으며, 천국에 갈 수 있는 길이 있다면
그 길을 빨리 가고자 한다 말하는 자,
그리고 가는 길을 두렵다 생각하지 아
니한다고 그리 말하고 그리하여 나의
피조물 만백성을 끌어들이는 너희들
그 집단에 속해 있는 백성, 너희들에
게 내가 묻노라.
8 내가 너희들에게 말하기를, 너희들이
병이 없이 무병한 상태로 50년을 더
살다 올 수 있는 것을, 내가 너희들에
게 기회를 주며 그와 같은 은혜를 너
희들에게 내려 준다 하자.
9 그리고 내가 또한 너희들에게 그리 묻
느니라, 너희들이 지금 내일모레 죽어
나에게 오르는 그 길을, 둘 중의 하나
를 선택하라 하면, 과연 너희들은 어
떠한 길을 선택하겠는가?
10 너희들이 지상의 삶이 너희들이 아무
것도 아니요, 천국에 가는 삶을 위하
여 산다 그와 같이 말하는 종교 지도
자 목사요, 권사요, 장로요, 그저 돈을
주고 산 이름을 가지고 있는 그자들도,
11 너희들이 과연 지상에서 무병하게 50
년을 사는 길을 선택할 것이냐, 그렇
지 않으면 내일모레 나에게 오는 그와
같은 은혜를 입는 영광을 얻고 살겠느
냐,
12 너희들이 천국이 좋으며 그 천국이 아
름답다는 것, 그리고 천국에 올 수 있
는 자격을 받았다는 자들에게 묻으니,
13 너희들이 내일의 유언장을 만들어 모
두를 다 기록해 놓고 내일에 당장 나
에게 올 수 있는 그 둘 중의 하나의 길
을 선택하라면, 너희들은 과연 어떠한
길을 선택하겠느냐?
14 너희들은 50년 지상에서 무병하게 사
는 그 시간을 위하여 소원하고 울고불
고 기도하지 않겠는가?
15 그저 유언장을 써 놓고 내일이라도 나
에게 불려오는, 너희들이 그리 갈구하
고 소원하는 천국에 올 수 있다는 자,

구원을 받은 자, 너희들은 그 길을 선
택하여 나에게 기도를 하겠는가?
16 내가 너희들에게 소원을 말하라 했음
이니, 너희들이 어떠한 소원을 위하여
기도하고 원하겠는가?
17 너희들이 정녕 하늘에 오르는 길이요,
다른 백성들까지 천국에 오를 수 있는
길로 인도하며 구원을 받았다는 목사
요, 장로요, 권사요, 집사요, 등등 너희
들이 재물을 주고 그 명예를 산 자,
18 너희들은 당연히 내일모레 모든 유언
장을 기록하여 놓고 나에게 오는 길을
선택하여 오겠다 말하는 것이 너희들
의 자세요,
19 그 진정한 믿음이요, 확실한 믿음을
가진 백성들이 할 수 있는 행위가 아
니더냐?
20 그러나 너희들은 그와 같은 백성이 하
나도 없을 것이니라.
21 무병하게 50년을 살 수 있다면, 너희
들은 그리 사는 길을 선택할 자들이
니, 그것이 너희들이 거짓된 자요, 잘
못된 자들이라 내가 전함이니라.
22 그러니 너희들이 내일에 나에게 오겠
다는 백성, 지금의 목자요, 그 모든 지
도자들이 그 누구 하나도 오겠다는 사
람이 없으며, 그 길을 선택하는 자가
하나도 없는 것이 오늘의 너희들의 현
실이며,
23 이걸 부정하며 이것을 잘못된 것이요,
거짓이라 말할 수 있는 자 있거든 나
오라.
24 너희들이 그리 말한다면 너희들이 그
길을 선택하여 죽음의 길을 선택하여
유언장을 바로 쓸 수 있다면 그는 진
정한 믿음이요, 믿음을 확신하는 자들
이니라.
25 그러나 50년의 육의 세상을 살기 위
해서 너희들이 바라고 원하는 나에게
오는 그 길을 너희들이 행하지 못하는
자들이 바로 거짓된 자들이요, 그것이
다 너희들이 잘못된 자들이 아니더냐?
26 그러니 너희들이 어찌하여 그 자신들
이 부끄러운 줄 모르며, 너희들이 세
상사 나의 피조물 만백성에게 떠들어
대며, 구원을 받은 자요, 육의 세상의
삶은 아무것도 아니요, 천국에 오르는
삶을 위해 살라 너희들이 그리 말하는
가?
27 과연 너희가 내일에 천국에 온다 해도
그 선택의 길을 택하지 않는 것이 너
희들일 것이니라.
28 그러니 너희들이 그와 같은 것을 선택
하지 못하는 것이 무엇이더냐?
29 너희들이 죽어 정녕 하늘에 오르는 길
이요, 천국에 오르는 것이 보장되는
것이 없기 때문이며,
30 너희들이 확실하지 못하며, 정확하게
믿지 못하며, 자신이 없으며, 누구로
부터 구한 것을 듣고 깨우친 자가 없
기 때문이 아니더냐?
31 그러니 뒤집어 너희들에게 내가 명하
나니, 너희들이 내가 묻는 말에 대답
은 50년 동안 무병하게 살다 오는 것
을 소원하고 기도할 것이 당연한 자
니, 그러니 너희들이 거짓된 자들이니
라.
32 그러니 너희들이 지금에 와 또 너희들
이 지금 죽음의 길을 선택하여 네가
네 앞에 유언장을 기록하여 너희 자식

이요, 후손에게 모두를 다 정리해 놓
고 나에게 오르는 길을 선택하지 못하
는 것은
33 네가 죽으면 바로 지옥으로 간다는 엄
연한 사실을 너무나 잘 알고 있기 때
문이요, 네가 나에게 오를 자격이 없
는 것이며, 나에게 오를 수 있는 일을
역사한 것이 없으며, 네가 나에게 오
를 수 있는 삶을 산 것이 없다고 확신
하는 자들이니라.
34 그러니 너희들이 지옥으로 가는 것은
확신하나, 너희들이 나에게 오를 수
있는 것이요, 천국에 오는 것은 확신
을 못 하며 보장받을 수 없기 때문에,
너희들이 지금 바로 그 길을 선택하지
못하는 자들이 아니더냐?
35 그러니 더 이상 너희들이 거짓된 짓을
하지 말며, 나의 사랑하는 백성들을
현혹하지 말라.
36 지도자요, 너희들이 구원을 받았다 말
하는 그 백성들이 나에게 오르는 일을
행하지 못하며 주저하는 자,
37 그러면서 너희들이 어찌하여 남을 구
원하여 하늘에 오르는 길이요, 너희들
이 오늘의 지상의 삶을 위하여 천국에
가는 것이 위대하며, 천국을 위한 삶
을 사는 것, 그곳에 가는 것이 소원이
라 말하느냐?
38 그러니 내가 소원을 들어줄 테니 오
라 해도 너희들이 못 오는 것은, 네 죄
가 두렵고 네가 올 수 없는 그와 같은
죄 속에 얽히고설켜 있는 너희 자신을
너무나 잘 알기 때문이 아니더냐?
39 이와 같은 것이 오늘의 믿음이요, 종
교 집단이 흘러가는 형태라는 것을 알
라.
40 이제 사랑하는 나의 아들을 따르는 제
자 너희들은 나의 법전을 가지고 이들
의 머릿속을 정리해 주며, 이들의 욕
심을 정리해 주며, 이들의 가슴을 정
리해 주며,
41 바른길을 볼 수 있도록 인도함에 최선
을 다하도록 그리하라, 사랑하는 나의
아들딸들아!

10,943 번째 하나님 말씀

2004년 5월 6일 10시 03분

1 사랑하는 나의 아들아!
2 "네, 아버님! 말씀하옵소서."
3 모든 백성, 그리고 신도라는 백성, 너
희들이 얼마나 가증스럽고 불쌍하고
가련한 백성인 줄 알겠느냐?
4 너희들이 나의 아들 예수를 구세주로
찾고 또 울고불고 구원, 구원 부르짖
으며, 너희들이 죽어 천국의 문에 들
어간다는 그와 같은 믿음이라 하는
것, 그리고 너희들이 그와 같은 신앙
을 위해 모두를 바치고 살아간다 그리
말하나,
5 너희들이 막상 유언장을 써 놓고 나에
게 오르라 할 때 너희들이 오지 못하
며 그를 선택하지 못하는 너희들의 그
심성이 바로 무엇인 줄 알겠느냐?
6 너희들의 그 마음의 믿음이 다 거짓된
것이며 헛된 믿음이라는 것을 너희들
이 증명함이니라.
7 그러니 너희들이 울고불고 나의 아들
예수를 구세주요, 나를 아버지라 부르
며 콧물 눈물 흘리며 악을 쓰며, 기도

하고 '아멘, 할렐루야!' 찬송을 불러
대나,
8 그것은 너희들이 정녕 구원이요, 하늘
에 오르는 거듭나는 삶을 위한 믿음의
신앙이 아니라,
9 육의 세상에 살면서 너희들이 나의 아
들 예수로부터, 나로부터 육의 너희들
이 은혜요, 축복이요, 복을 받아 육의
세상에서 잘살아 보겠다는 그와 같은
너희들의 마음이요, 그것이 바로 너희
들의 믿음이요, 신앙이라는 것을 너희
들은 알아야 될 것이니,
10 내가 너희들에게 오늘의 믿음이요, 신
앙이 너희들이 구원을 받는 것이 아니
요, 거듭나는 영광이 아니요, 나 여호
와로부터 너희들이 더불어 불림을 받
아 그 축복을 받아 영원히 거듭나는
삶을 위해 너희들이 기도하고 경배하
는 것이 아니라,
11 나의 아들 예수의 이름을 부르짖으며
나를 부르며 너희들이 그리하는 것은
육의 세상에서 너희들이 남부럽지 않
은 복을 누리며 살겠다는 그 복을 달
라는 것이니,
12 여기에 너희들의 그것이 진정한 믿음
이 아니요, 잘못된 믿음이요, 거짓된
믿음이라는 내가 증거를 제시함이니,
13 그래도 너희들은 이것이 아니요, 나의
뜻이 아니요, 나의 새로운 성경이 사
탄이요, 이단이요, 나의 아들이 마귀
라 그리 말하지 말라.
14 바로 너희들은 거짓된 것을 하는 자
요, 거짓된 믿음 속에서 지금까지 살
아온 자들이며,
15 구원이요, 하늘에 오르는 그 어렵고
힘든 길을 위하여 너희들이 만백성을
이끄는 것이 아니라,
16 육의 세상의 삶에 복을 받기 위하여
너희들이 모든 신앙이요, 믿음이요,
그리고 나의 아들을 부르짖고 찾는 것
이라 함을 너희들은 변명하려 하지 말
라.
17 그리고 변명할 자격도 없는 것이 너희
들임을 알아야 될 것이니라.
18 너희들이 천국에 간다는 보장이 있다
면, 믿는 백성들이 죽으면 얼마나 기
쁜 것이며, 손뼉 치고 환영하며 다 같
이 웃고 즐겨야 할 것이 너희들이 가
는 길이 아니더냐?
19 그러나 믿음의 길을 가는 자 너희들이
어떠하더냐?
20 죽지 않으려고 너희들이 온갖 처방을
다 하며 울고불고 기도하며, 목자라는
자, 목사라는 자, 너희들이 더욱 '살려
주면 아버님 말씀대로 죄짓지 않고 살
겠다.'며 기도원이요, 기타 등등 찾아
가서 울고불고하는 그 대표적인 추한
모습을 보라.
21 그러니 너희들이 죽음 앞에서 환영하
지 못하며, 통곡하고 사람의 마음을
울리며 사람을 슬프게 하는 것이 너희
들이 아니더냐?
22 그러니 그것은 무엇이더냐?
23 천국에 너희들이 거듭남을 알지 못하
며, 거듭나는 것이 확신이 없으며, 거
듭나는 것을 보장받은 것이 없음이니
라.
24 그러니 너희들이 또한 나에게 온다 기
록되어 있는 부분이 어디 있는가?
25 구약과 신약에 너희들이 과연 어떠한

것으로써 거듭나며, 어떠한 것으로써
너희들이 보장을 받으며 나에게 오를
수 있는 것이 있느냐?
26 그것은 너희들이 어디에 찾아봐도 그
와 같은 확실한 답이요, 그 명함이 없
을 것이니라.
27 그러나 제3의 시대요, 내가 새로 내리
는 성경 그 속에서는 조목조목 내가
너희들에게 기록하여 내렸음이니,
28 이를 접하지 아니하면 너희들이 나에
게 오를 수 있는 길이요, 너희들이 천
국에 오르는 길의 영광이요, 거듭나는
영광을 위하여 모두를 놓을 수 있는
그와 같은 삶을 살 수 없는 것이니라.
29 내가 너희들에게 50년 동안 살 수 있
는 그 삶과, 내일에 너희들이 죽음으
로써 유언장을 남겨 놓고 모든 재물이
요, 모든 인간관계를 끊고 오는 삶 중
의 하나를 선택하라 했을 때, 너희들
은 어느 길을 선택하겠느냐?
30 말로써는 천국이 위대한 길이요, 천국
에 가는 것이 더 축복이요, 영광된 길
이며 그 길을 위해 산다 하면서도,
31 너희들은 더 사는 것을 원하는 것이라
내가 나의 아들을 통하여 기록하지 아
니하였더냐?
32 그 모두가 확신이 없는 자들이라 너희
들이 지금 불안한 마음이요, 공허한
마음이요, 허전한 마음속에서 믿음의
길을 가는 그것이 바로 그 의미가 거
기 있기 때문이니,
33 너희들이 나의 새로운 성경을 읽고 거
듭나지 아니하면 아니 될 것이니라.
34 그러니 지금의 종교 집단과 그 신도
너희들이 죽어서 가는 천국이 좋다고
말만 하면서, 너희들이 그 자체가 너
희 자신을 속이고 만백성을 속이는 것
이요, 위로는 나 여호와를 속이는 거
짓된 행위를 하는 자들이요, 거짓된
믿음의 대표자들로서 이루어진 집단
이라는 것을 너희들은 알라.
35 이 세상을 더 이상 어지럽게 하지 말
며, 나의 백성들을 더 혼란케 하지 말
며, 나의 백성들을 미혹게 하지 말라.
36 마지막 시대라는 것, 마지막 시대에
너희들이 지금 모든 발악을 하고 있
으며 악을 쓰고 있는 자들이니라.
37 나의 새로운 성경 160권이 세상에 나
와 그가 빛으로써 다스리고 나갈 때,
너희들이 더 이상 존재하지 못하기 때
문에,
38 마지막 시대에 마지막 거짓 지도자들
이 발악을 하고 있는 것이 너희들의
모습이요, 형태임을 알라.

10,944 번째 하나님 말씀

2004년 5월 6일 10시 09분

1 사랑하는 나의 아들아!
2 "네, 아버님! 말씀하옵소서."
3 나의 아들 예수가 다시 오며 그 제자
들에게 무어라 말하였느냐?
4 '내가 가는 것을 슬퍼하지 말라. 내가
감으로 새로운 보혜사요, 새로운 성령
이 세상에 나와 새 역사를 이룰 것이
라'는 것을 말했으며,
5 나의 아들 예수는 또한 '너희들이 와
야 되며, 너희들이 와서 거할 처소를
천국에 예비하여 그를 만들기 위하여
온다.' 그리 말하지 아니하였더냐?

6 그러니 그 세월이 지금 얼마나 많이 흘렀던가?
7 그러니 그 언약이요, 그 약속이 지금 이루어지고 있음을 너희들은 알아야 될 것이니라.
8 너희들은 나의 아들 예수가 천군을 데리고 천사를 앞세워 나팔 불며 세상에 내려가 너희들을 구원하는 그와 같은 역사의 그 환상을 바라나, 너희들은 그 꿈에서 깨어나라 하지 아니하였더냐?
9 지금 이미 저희들의 처소가 하늘에 예비되어 너희들이 올 수 있는 백성과 오지 못하는 백성을 지금 내가 이미 선별하는 역사가 시작되었음을 너희들은 알라.
10 나의 새로운 성경 160권이 세상에 내려감이니, 이게 바로 나의 아들 예수가 새로운 보혜사요, 너희들의 처소를 만들어 너희들을 인도하며 너희들을 이끌어 온다는 그것이 바로 여기 있으며 이 모두가 그 뜻임을 알라.
11 이제 나의 아들을 따르는 제자들이요, 그리고 나의 법전을 읽고 깨우친 만백성, 너희들은 지금 이미 처소가 준비되어 너희들이 그곳을 위해 오고 있는 백성이라는 것을 알아야 될 것이니라.
12 나의 새로운 성경을 읽고 깨우치는 백성 너희들이야말로 이 처소에 와 기거할 수 있는 그 길을 위하여 지금 이미 달려오고 있는 축복된 백성이요, 영광된 백성이라는 것을 알도록 그리하라, 사랑하는 나의 아들딸들아!
13 이미 그와 같은 역사가 시작되었음이니라.
14 나의 새로운 성경이 세상에 내려오는 시간에 벌써 너희들의 처소는 준비되었으며 예비된 처소는 완벽하게 준비되었음을 알라.
15 나의 아들 예수가 나에게 와 처소를 마련하여 다시 내려간다 하였음이니,
16 이것은 바로 나의 아들이 너희들에게 내려감이 아니요, 지금 내가 새로운 성경을 내려보내는 것, 이것이 보혜사요, 예수가 다시 내려와 너희들에게 이루고자 했던 역사를 이루는 그와 같은 것임을 알라.
17 이는 나 여호와의 뜻이요, 내가 모두를 주관하고 관장하기 때문이니라.
18 그러니 거듭나는 길이요, 너희들이 나에게 오를 수 있는 길은 바로 너희들이 나의 새로운 성경을 정독하고 읽지 아니하면 아니 된다는 뜻이 거기에 있으며,
19 그를 읽고 공부하는 너희들은 이미 벌써 준비된 처소를 향하여 오고 있는 백성이라는 것을 알아야 될 것이니라.
20 2천 년이 지난 지금 너희들의 그 처소가 준비되었으며, 그 역사의 흐름을 지금 역사하고 있는 것을 너희들이 거역하지 말며 그를 거부하지 말며,
21 그를 너희들이 받아들이지 아니하려 하지 말라.
22 2천 년 전에 언약한 약속이요, 예언된 것이 지금 준비되어 나의 아들을 통하여 새로운 성경이 세상에 내려감이니,
23 너희들이 와야 되며 와서 거할 그 처소를 다 준비하여 이미 완벽하게 되어,
24 지금 올 자, 오지 못할 자를 구분하기 위하여 지금 나의 새로운 보혜사가 세

상에 내려갔음이니,
25 이를 읽고 깨우쳐 너희들이 나에게 오
고 못 오는 그 답을 찾도록 그리하라.
26 그것은 너희들의 자유의지요, 너희 뜻
에 달렸으며 네 손에 달렸다는 것을
명심하고 명심하도록 그리 전하라.

10,945 번째 하나님 말씀

2004년 5월 6일 10시 14분

1 사랑하는 나의 아들아!
2 "네, 아버님! 말씀하옵소서."
3 나 여호와는 너희들이 아름다운 삶이
요, 행복한 삶을 살기를 바라며, 너희
들 가정 또한 화목한 가정을 이루고
살기를 바라는 것이 나 여호와이니라.
4 그러나 지금의 믿음의 길을 가는 백성
너희들이 어떠한 형국에 도래하였느
냐?
5 이제 나의 새로운 성경이 세상에 전해
지며 하늘의 진리를 비춤이니, 너희들
이 이는 사탄이요, 이단이라 그리 말
할 것이며,
6 너희들 부모요, 형제요, 남편이요, 아
내요, 그 모두가 나의 아들이 가는 길
을 따라 너희들이 새로운 길이요, 새
로운 역사에 따라 내 뜻을 역사하고자
하는 자들이 수없이 많이 있을 것이니,
7 그때 참진리요, 하늘에 오르는 길을
바로 보고 깨닫고 따르지 못하는 어리
석은 백성 너희들이 어찌하는가?
8 너희들 스스로 가정을 버릴 것이며,
그리고 아내가 남편을 버릴 것이며,
또한 남편이 아내를 버리며, 부모와
자식 간에 너희들이 벌어지는 그 대환
란이 이루어지니,
9 가정이 원수요, 원수로서 너희들이 갈
기갈기 찢어지는 그와 같은 일이 있을
것이니라.
10 그러나 여기서 현명하게 먼저 나의 새
로운 성경을 읽고 깨우친 남편이요,
아내요, 부모요, 자식을 따르지 아니
하는 자, 너희들이 얼마나 불행을 초
래하는 자요, 너희들이 얼마나 잘못된
길을 선택하는지 알겠느냐?
11 이제 나의 아들을 따르는 그 제자들이
이 길을 위하여 모두를 다 바치고 옴
이니,
12 남편이 오면 아내가, 아내가 오면 남
편이, 부모가 오면 또 자식이, 자식이
오면 부모가 서로가 너희들이 화목하
지 못하며 원수가 되어 그리할 것이니
라.
13 '저희 남편이 지금 잘못된 비진리요,
사탄이요, 이단을 따라가고 있음이니,
나는 그 길을 따라가지 아니하려 그
남편을 버렸으며, 자식을 버렸으며,
부모를 버렸다.' 하여, 너희들이 믿는
그 죄의 온상인 목사요, 종교 지도자
들 앞에 가서 그를 이야기할 것이며,
신도들 앞에 너희들이 그를 증언할 것
이며,
14 그리고 너희들이 그와 같은 것을 단상
에서 간증한다 너희들이 그리 떠들어
대는 자 수없이 있을 것이니라.
15 '하늘에 오르는 길'이요 '하나님! 말씀
하옵소서.' 이 책이요, 이 말씀은 잘못
된 것이니,
16 저는 이걸 따르는 제 남편이요, 제 아
내를 버렸으며, 제 부모를 버렸으며,

제 자식을 버렸으며, 이웃을 버리고
저는 지금 이 죄의 온상에 남아 있는
천사요, 저는 용사라며, 저희들이 그
것이 자랑이요, 벼슬인 것처럼 떠드는
자들이 수없이 있을 것이니,
17 시끄럽고 혼란한 그 환란을 한번은 겪
어야 됨을 너희들은 알아야 될 것이니
라.
18 제가 참진리의 길을 가는 자요, 앞에
가는 자를 따르지 못하며, 제가 앞에
가는 자의 가르침을 깨닫지 못하고 어
리석고 불쌍한 그 백성이,
19 바로 제가 남편을 버리고 아내를 버리
고 자식을 버리고 모두와 다 헤어졌으
니, 그것이 제가 위대한 믿음이요, 나
에게 오르는 길이요, 하늘에 오르는
길이요,
20 그리고 저희들이 죄의 온상에서 캄캄
한 밤에 오리무중 헤매는 그들에게 너
희들도 그리 가라, 그것이 신앙이요,
믿음이요, 하늘에 오르는 길이라 그들
이 간증하고 떠드는 자들이 수없이 있
으니,
21 그 개구리 울음소리보다도 더 울부짖
는 그 소리를 또 한 번은 겪어야 되고
넘어야 되니,
22 이것이 오늘의 믿음의 길을 가는 자들
의 현주소니, 거기에 무슨 사랑이 있
고 정이 있느냐?
23 몇십 년 동안 살아온 자가 정녕 새로
운 길이라 하여 나의 법전을 한번 읽
어 보라는 말을 듣고,
24 그걸 읽고 터득하며 나의 아들을 만나
보며, 그 성전에 와 저희들이 상담하
며, 그리고 대화하여 저희들이 옳은
길을 찾을 수 있는 그와 같은 마음의
편함도 그에게 제공하지 못하며 베풀
지 못하는 자,
25 그들이 무슨 사랑을 하는 자요, 믿음
의 길을 가는 자요, 그리고 진정한 나
여호와의 뜻에 의해 역사하는 자들이
라 하는가?
26 그 추하고 더러운 말을 하지 말라 그
리 전하라.

10,946 번째 하나님 말씀

2004년 5월 6일 10시 16분

1 사랑하는 나의 아들아!
2 "네, 아버님! 말씀하옵소서."
3 너를 따르는 제자요, 그리고 만백성
그들에게 전하라.
4 너희들이 잘못 가는 마음이요, 너희들
의 그 욕심에서 이루어지는 그 사악한
생각이 사람마다 다르니라.
5 그리고 너희들이 사람이 만 명이면 만
명이 생각하는 것이 다르니, 그 속에
서 너희들이 만 명이 사악한 생각을
백 가지씩, 천 가지씩 또 가지고 있는
그 수와 양이 다름이니,
6 이를 어찌 다 내가 너희들에게 다스리
고 깨우쳐 그때그때 너희들을 다스릴
수 있다 생각하느냐?
7 너희들이 십억이라는 나의 백성이 있
으면 그 십억 가지가 다른 것이 아니
요, 그들이 사악한 마음을 몇십 가지,
몇백 가지, 몇천 가지씩을 가지고 있
으니,
8 그 찢어지고 갈라진 그와 같은 잘못되
고 비뚤어진 그 백성들의 마음을 일일

이 내가 어떻게 꼬집어 주며, 내가 어
찌 그걸 가르치며, 어찌 그를 다 교육
을 시킨단 말이더냐?
9 그러니 바로 그와 같은 것을 누구든지
다 읽고 깨우쳐 그 모두를 다스릴 수
있는 것이 바로 너희들이 말하는 책이
요, 새로 나온 성경이니라.
10 그러니 나의 새로운 성경에 너희들이
그 천 가지 만 가지의 가지고 있는 생
각 그 모두를 다스릴 수 있으며, 그 답
이 거기에 있음이니,
11 내가 책으로써 근거하여 세상에 내보
내는 것은 당연한 이치가 아니더냐,
사랑하는 나의 아들딸들아!
12 그와 같은 이치를 안다면, 너희들이
160권의 법전이 세상에 나오는 것은
적은 권수며 적은 양이요, 적은 분량
이라 너희들이 알 수 있을 것이니라.
13 그러니 이를 만들어 천 가지 만 가지
의 생각을 가지고 있는 그 수십억 인
구의 마음을 치료해 주고 다스리고 고
쳐 바로 보도록 인도하는 것은 바로
나의 160권의 새로운 성경밖에 역사
할 수 없으니,
14 그들이 문밖에 나가도 이것이 있으며,
방에 가도 있으며, 밖에 나가도 있으
며, 들녘에 나가도 나의 새로운 성경
이 기다리고 있는 것처럼, 그와 같이
새로운 성경으로 너희들이 이 세상을
덮어야 함이니 그리 알라, 사랑하는
나의 아들딸들아!

10,947 번째 하나님 말씀

2004년 5월 6일 17시 25분

1 "너는 나 외에는 다른 신들을 네게 있
게 말지니라.
2 너를 위하여 새긴 우상을 만들지 말
고, 또 위로 하늘에 있는 것이나 아래
로 땅에 있는 것이나 땅 아래 물속에
있는 것의 아무 형상이든지 만들지 말
며, 그것들에게 절하지 말며 그것들을
섬기지 말라.
3 너는 너의 하나님 여호와의 이름을 망
령되이 일컫지 말라.
4 안식일을 기억하여 거룩히 지키라.
5 네 부모를 공경하라.
6 살인하지 말지니라.
7 간음하지 말지니라.
8 도적질하지 말지니라.
9 네 이웃에 대하여 거짓 증거하지 말지
니라.
10 네 이웃의 집을 탐내지 말지니라.
11 나 여호와가 존재함을 믿는 그 자체가
구원의 길에 들어서는 기본이요 근본
이며, 나의 법전을 가슴에 안고 정독
하는 자, 반석 위에 서서 하늘에 오르
는 찬란한 빛을 보게 되는 영광을 얻
게 됨이니라."
12 사랑하는 나의 아들아!
13 "네, 아버님! 말씀하옵소서."
14 네가 나의 십계명을 암송하고 또 암송
함이니, 암송하는 그 십계명의 소리는
죽어지는 것이 아니며, 지워지는 것이
아니요, 이 세상을 떠돌아 만백성의
모두를 정화한다 하지 아니하였더냐?
15 그러니 네가 십계명을 암송하는 그 마

음도 애절한 마음으로, 간곡한 마음으
로 십계명을 암송할 때, 그 효력이요
그 능력은 배로 증가할 것이니라.
16 그러니 너의 제자들도 또한 그러하니
라.
17 나의 십계명을 암송하고 암송할 때 너
희들이 열과 성의를 다하여, 피보다
진한 땀이 흐를 수 있는 그와 같은 간
곡하고 애절한 마음으로 암송하도록
그리하라.
18 그랬을 때 너희들의 그 음성이요, 십
계명이 살아서 만백성을 구하는 데 힘
이 될 것이니라.
19 너희들이 형식적인 것이요, 그냥 지나
가는 마음으로써 암송해서는 아무것
도 얻을 수가 없으며 이룰 수가 없는
것을 알라, 사랑하는 나의 아들딸들아!
20 너희들은 이제 가던 길, 그리고 너희
들이 생각하는 그 시간을 가져야 될
것이니라.
21 너희들이 지금까지 나의 성령을 들으
며 강론을 들으며 깨우쳐 온 너희들이
가던 길을, 가던 발길을 멈추고, 내가
오늘 나의 아들에게 내리는 이 대목을
들어 너희 것으로 만들어야 될 것이니
라.
22 지금의 모든 종파요, 종교 집단들이
복음이라 하여 어떠한 방법으로 하느
냐?
23 예수를 믿으라 그러면 천국이요, 그렇
지 않으면 지옥이라 너희들이 울부짖
으며, 무슨 성회요, 무슨 집회요, 지금
요란을 떨고 있느니라.
24 그러나 나의 아들을 따르는 그 제자
너희들은 들으라.
25 내가 너희들의 지금의 흐르는 그와
같은 방법으로써 구할 자와 구하지
않을 자를 선별하는 것이 아님을 너희
들은 알라.
26 나의 피조물 만백성들이 앞으로 구원
을 받고 못 받는 것, 그리고 너희들이
복음을 전하는 것이 무엇인 줄 알겠느
냐?
27 너희들의 변화된 모습을 보고 네 형
제요, 네 이웃이 '과연 그곳의 가르침
이요, 그곳의 가르치는 선생이요, 그
곳의 강론을 듣는 건 창조주 아버님
의 말씀을 듣는 곳이라' 하며,
28 너희 변한 얼굴의 모습이요, 너희들의
형태를 보고 그들의 마음이 변하여
너희들을 따라오는 그와 같은 역사를
이루는 것이 너희들이 복음을 전하는
길이며 방법이라는 것을 잊지 말라 그
리 가르쳐 주라.
29 너희들의 언어요, 너희들의 행동이요,
그것이 지난날의 삶에서 변화되고 또
변화되어, 누구도 그리 변할 수가 없
으며 저렇게 사람이 변할 수 있는가
하는 그와 같은 감동을 받아,
30 너희들의 형제요, 네 주변에 있는 사
람들이 나의 성전을 찾아오며 나의 아
들을 통하여 내리는 강론을 들을 수
있도록 하는 그것이 복음이요, 전도의
길이니라.
31 너희들은 길거리에 나가서 떠드는 것,
길거리에 가서 아우성치는 그와 같은
것이 아니며, 그와 같은 복음으로써
전하는 역사가 아님이니라.
32 그러니 너희들이 지금 네 모습이 변
해지지 아니하였으며, 네가 지금 달라

지지 아니하였다면,
33 네 형제요, 네 주변에 누구도 너를 보
고 따라오는 자가 없을 것이며 나의
성전을 찾는 자가 없을 것이니라.
34 그러니 너희들이 네 모습을 거울에 비
춰 보며, 네가 나의 법전이요, 새로운
성경을 공부하며, 그리고 정독하며,
그리고 강론을 듣는 그와 같은 세월을
살면서, 네가 변화되었는가, 변화되지
않았는가 너 스스로 한번 보라.
35 모든 네 이웃의 형제들이 너희들을 보
고 변화된 모습이요, 아름답게 변화된
너희들의 모습, 그리고 아름다운 말과
행동을 보고 감동을 받아 나의 성전을
스스로 오고자 너희들에게 안내해 달
라 매달리는 그와 같은 방법으로 복음
이 전해지며 내 뜻이 세상에 전해지는
것이 내가 원하는 길이요, 바라는 길
임을 너희들은 알라.
36 지금까지 너희들이 너희들을 보고 변
해진 사람이요, 그리고 변해진 모습이
라 하여 형제요, 너희들 주변 사람이
너희들에게 나의 성전에 인도해 달라,
그리고 강론을 들을 수 있도록 나의
새로운 성경을 읽을 수 있는 기회를
달라, 너희들에게 간청하고 매달리지
아니한다면,
37 너희들은 변화된 백성들이 아니요, 너
희들이 지금 아무것도 역사한 백성이
없음을 알라.
38 너희들이 변하는 모습이요, 너희들의
말이요, 행동이요, 그 모두를 보고 너
희들을 따라 나의 성전에 오고자 안내
해 달라는 형제와 네 이웃이 있을 때,
39 바로 네가 변한 자요, 네가 나에게 와
있는 자라는 걸, 그리고 나에게 지금
오고 있다는 것을 너희들이 알라.
40 그렇지 아니한 자, 너희들은 변한 것
이 없으며 깨달은 것이 없음이니라.
41 천금을 들여 나의 새로운 성경을 만든
다 해도, 나의 새로운 성경을 가지고
만백성에게 전한다 해도, 어떠한 역사
를 해도,
42 너희들의 외형의 모습을 보고 모든 주
변 사람들이 감동 감화를 받아 너희들
에게 안내해 달라는 말을 하지 아니할
때,
43 너희들은 변한 것이 하나도 없으며 깨
달은 것이 없으며, 인간 세상에서 너
희들이 한 발짝도 올라오지 못한 백성
의 증거라는 것을 알라.
44 지금의 모든 방법처럼 요란하게 떠드
는 방법으로써 내가 나의 백성들을 선
별하는 것이 아니요,
45 이제 내가 너희들을 세상에 나의 새로
운 성경을 읽고 나의 아들을 통하여
내리는 강론을 듣고 깨닫고 가며 하늘
에 오르는 길이 무엇인가를 아는 너희
들이 있음이니,
46 너희들이 그 길을 오면서 천사와 같이
변화된 네 모습을 보고 모든 백성들이
오지 아니하면, 너희들은 아무것도 변
화된 것이 없음이니, 모두가 그리 알
라 전하라.
47 그것이 너희들이 지금서부터 이루어
야 할 길이며 가야 할 길이니, 네 외형
의 모습이요, 네 마음의 모습이요, 네
행동의 모습이요, 말의 모습이요, 그
모두가 너희들이 천사처럼 변화되지
아니하면 아니 될 것이니 그리 전하라.

10,948 번째 하나님 말씀

2004년 5월 6일 17시 29분

1 사랑하는 나의 아들아!
2 "네, 아버님! 말씀하옵소서."
3 네가 암송하고 암송하는 그 십계명도
네가 피보다 진한 땀이요, 온갖 정성
을 다하여 암송할 때, 그가 살아서 만
백성을 구하는 그와 같은 역사를 이룬
다 하지 아니하였더냐?
4 그는 지워지며 없어지지 아니한다 하
였느니라.
5 그러니 나의 새로운 성경을 정독하는
백성 너희들이야말로 나의 새로운 성
경을 정독할 때, 어떠한 마음 자세로
써 이를 정독하며 읽어야 하는지 알겠
느냐?
6 너희들은 온갖 정성을 다하며, 피보다
진한 땀이 흐르는 마음으로써 나 여
호와가 무엇 때문에 이리 역사하였으
며, 내가 무엇 때문에 이와 같이 나의
새로운 성경을 세상에 내려보냈는가
하는 것,
7 그것을 너희들이 음미하며 그것을 깨
닫는 마음 자세로써 나의 새로운 성
경을 정독하지 아니하면 아니 됨이니
라.
8 '어찌하여 창조주 아버지께서 이와 같
은 내용을 보내신 것이며, 내 아버지
의 뜻은 무엇이며, 그분이 역사하고자
하시는 것은 무엇일까?'
9 그리하여 내 뜻을 알고자 하며 나를
들여다보는 그와 같은 마음으로써 너
희들이 거듭나고 새로 변하는 그 마음
으로써 나의 새로운 성경을 정독하고
읽어야 될 것이니라.
10 너희들이 그와 같은 마음으로 새로운
성경을 읽을 때, 나의 뜻을 알 수 있으
며, 나의 뜻을 아는 자 바로 무엇이더
냐?
11 하늘의 지혜를 얻게 되며 너희들이 참
진리의 길을 보게 되는 것이요, 너희
들은 내가 역사하는 것이 무엇인가를
스스로 깨닫는 은혜를 받게 됨이니라.
12 하늘의 지혜를 얻었을 때 나 여호와가
너희들 마음속에 있으며, 또한 너희들
의 마음속에 내가 있듯이 내 마음속
에 너희들이 있음이니,
13 스스로 너희들이 변하는 삶을 알게
될 것이며, 나의 성령이 너희들에게
흘러들어 가는 그와 같은 네 마음속의
변화요, 그 받아들이는 장소가 열렸음
을 너희들이 알게 될 것이니라.
14 그리했을 때 너희들이 내 성령이 임하
는 백성이요, 그리고 하늘의 지혜를
얻어 모두를 다 알 수 있는 그와 같은
나로부터 은혜를 얻게 됨이니라, 사랑
하는 나의 아들딸들아!
15 나 여호와가 어찌하여 이와 같은 새로
운 성경을 내려보내지 아니하면 아니
되었으며, 이 내려보내는 내 마음의
뜻은 무엇이며, 내가 무엇을 원하고
요구하는 것이며, 내가 역사하고자 하
는 것이 무엇인가,
16 그 마음을 너희들이 들여다보고 그 마
음을 깨우치는 그와 같은 노력으로써
나의 새로운 성경을 정독할 때,
17 그 속에서 너희들이 모두를 다 얻고
이룰 수 있다는 것을 잊지 말라 그리
전하라.

10,949 번째 하나님 말씀

2004년 5월 6일 17시 35분

1 사랑하는 나의 아들아!
2 "네, 아버님! 말씀하옵소서."
3 너를 따르는 제자들은 알아야 될 것이
니라.
4 2천 년 전 나의 아들 예수가 과연 그
가 기거할 집을 만들었으며 그가 기거
할 집 한 채를 준비하였으며 그와 같
은 것을 염려하고 살았는가?
5 그는 가진 것이 얼마나 있었으며, 그
는 또한 그 미래를 위해 저금하며 모
아 놓으며 쌓아 두는 그와 같은 것을
했는가?
6 나의 아들 예수는 기거할 집 한 채가
없었으며, 저금한 것, 쌓아 둔 것도 아
무것도 없는 그와 같은 길을 갔느니라.
7 그러니 지금의 나의 아들을 따라 하늘
의 진리를 깨우치는 백성, 너희들이
오늘의 삶이 어떠한 것이며, 너희들이
어떠한 길을 살아가야 되는 것인가,
8 이것을 너희들이 스스로 깨우쳐 그 길
을 가도록 하지 아니하면 아니 될 것
이니라.
9 지금의 모든 종교 집단이요, 그 신도
요, 그리고 구원을 받았다 말하는 백
성들, 그리고 저희들이 구원의 길로
인도한다는 지도자들,
10 그들은 나의 아들 예수의 보혈로써 그
가 죽음으로 인하여 저희들이 죽음의
은혜를 받아 대속을 받았으며 죄가 없
는 자들이요, 그리하여 저희들은 나에
게 오를 자격을 가진 자라 하는 자들,
과연 그 백성들이 그들이 지금 살아가
는 것이 어떤가?
11 그들이 나의 아들 예수가 살아왔던 그
길을 살아가고자 그와 같은 길을 사는
가?
12 과연 그들은 그와 같은 삶을 마다하
며, 그와 같은 길을 가라 할 때 고개를
흔들며, 그와 같은 뜻을 거역하는 그
와 같은 오늘의 믿음의 길을 가는 백
성들은 아닌가?
13 나의 아들 예수가 집 한 채, 재산 하나
쌓아 놓는 것 없이 살아왔던 그 삶을
마다하지 아니하고 가는 자들이 지금
의 믿음의 길을 가는 백성 중에 과연
얼마나 있는가?
14 지금 나의 아들을 따르는 제자 너희들
은 그들이 어찌 가든, 너희들은 그와
같은 마음 자세로 가야 될 것이니라.
15 내가 내려다보는 2천 년 동안 그 믿음
의 길을 온 그 백성들의 신앙의 생활
이 무엇이더냐?
16 저희들이 무엇인가를 남에게 뒤지며
풍족하여 풍요로움이 없을 때, 나를
원망하며, 그리하여 더 이루고자 더
갖고자 하는 저희들이 그와 같은 신앙
이요, 믿음의 기도로써 지금 저희들이
2천 년 동안 흘러온 것이 아니더냐?
17 그러니 이제 나의 아들을 따르는 제자
너희들은 이를 들여다보라.
18 모든 믿음의 길을 가는 백성들이요,
나의 아들 예수로부터 은혜요, 구원을
받았다 하는 백성, 그들의 생활이 너
무나 호화스럽다고 생각하지 않는가?
19 저희들의 호화찬란한 그 생활 속에
부끄러움은 과연 없는 것인가?
20 그러면서 또한 그들이 어찌 생각하는

가?
21 나 여호와에게 저희들이 선택되어 내
려진 축복이요, 영광을 받은 백성이
요, 그리고 선택된 백성이라, 가진 자
가 그리 오만하고 자만한 백성들은 과
연 없는가?
22 너희들은 알아야 될 것이니라.
23 누가 무어라 하든 지금의 살아가는 백
성들이 어떠한 기도를 하든, 어떠한
믿음의 길을 가며 어떠한 행위를 하
든,
24 나의 아들을 따르는 제자 너희들만큼
은 바른 자세요, 바른 마음 자세요,
25 예수가 살았던 삶을 사는 것, 그 이상
의 무엇도 너희들이 바라는 마음을 갖
지 말며, 그 이상의 무엇을 위하여 너
희들이 욕심을 부리지 말라.
26 모두 이 세상에 있는 것은 내가 내려
준 것으로서, 너희들은 관리하는 자
요, 관리하는 백성이라는 것을 너희들
은 그리 생각하고 살 수는 없겠느냐?
27 너희들은 내 재산을 관리함이니, 내가
너희들에게 관리하라 할 때, 너희들이
어찌 쓸 것을 어찌 쓰라 정해 준 그 대
목이 있음이니,
28 너희들이 그대로 쓰지 아니하고 그대
로 행하지 아니하고, 네 마음대로, 관
리인 마음대로 쓴다면,
29 결국 너희들은 나의 재물을 함부로 쓴
자이기에 나에게 오를 수 없다는 것을
어찌 모르느냐?
30 지금의 모든 믿음의 길을 가는 백성들
이요, 구원을 받았다는 백성, 그리고
재물이 있는 자, 권력이 있는 자,
31 그 모두는 저희들이 나로부터 관리하
는 자격을 받은 자라는 것을, 관리인
이라는 것을 그들에게 상기시켜 줘야
될 것이니라.
32 그러니 미리 성경에 내 재산을 관리하
는 자, 어찌 써야 되며 어찌 행해야 되
는지, 내가 너희들에게 쓸 것을 다 정
해 주었고 쓰는 방법을 전해 주었으니,
33 그대로 쓰지 아니하고 그대로 행하지
아니하는 자는 주인의 재물을 낭비한
자로서, 주인이 왔을 때 너희들이 쫓
겨나는 것은 당연할 것이니,
34 이와 같은 형국의 오늘의 너희들의 삶
을 들여다보라.
35 내가 어찌 쓰라 하였느냐?
36 오른손이 하는 것을 왼손이 모르도록
베풀며 나누며 살라 했거늘,
37 그 길을 가지 않는 자, 제가 내 재물을
관리하면서 주인의 뜻대로 행하지 아
니하며 주인의 뜻에 따르지 아니하고,
제 마음대로 쓰고 제 마음대로 기분
낸 자, 바로 그는 무엇이더냐?
38 주인이 와 심판하고 그를 따질 때, 그
는 내침을 받는 것밖에 더 이상 바랄
것이 없는 백성이니,
39 너희들이 오늘에 하늘에 오르고자 한
다면, 너희들이 나의 십계명이요, 그
리고 내가 나의 아들을 통하여 내리는
새로운 이 성경이요, 이대로 행하고
지키지 아니하는 자,
40 네 마음대로 행동한 자요, 네 마음대
로 역사한 자이기에, 내가 내친다는
것을 너희들은 절대 잊지 말라.
41 그리하여 내가 너희들을 모른다 대답
함이니, 내가 모른다는 그 대답은, 너
희들이 그리 원망하며 가지 않고자

하는 곳, 죽어도 가기 싫어하는 곳, 그
리고 생각도 하기 싫어하는 곳, 바로
그곳으로 너희들이 가는 길이라는 것
을 알라.

10,950 번째 하나님 말씀

2004년 5월 6일 17시 41분

1 사랑하는 나의 아들아!
2 "네, 아버님! 말씀하옵소서."
3 너희들이 가장 무섭고 두려우며 잘못
된 그 근본이 무엇인 줄 알겠느냐?
4 너희들이 마음의 문을 모두가 꽉꽉 잠
그고 있기 때문이니라.
5 그러니 잠겨진 그 마음의 문을 열지
아니하면 아니 됨이니라.
6 마음의 문을 열어 너희들이 성령이 임
하는 백성이요, 하늘의 지혜를 얻는
백성으로서 거듭나지 아니하면 아니
됨을 너희들은 알라.
7 너희가 잠겨진 마음의 문을 열었을 때
만이 너희들이 나 여호와의 뜻을 알
며, 내가 나의 아들딸을 기다리는 마
음을 알게 될 것이며, 내 뜻을 알게 될
것이니라.
8 성령으로 임하지 아니한 백성이 하늘
의 지혜를 얻지 않은 백성이요,
9 나의 새로운 성경을 정독하고 또 정독
하여 거기서 깨달음을 얻지 않는 백
성, 결코 너희들은 마음의 문이 열리
지 않은 자들이니,
10 나 여호와가 문을 열어 놓고 기다리는
부모의 마음과 같은 내 심정을 너희
들이 얼마나 알겠느냐?
11 인간 세상에서도 너희들이 잘못한 자
식이 집을 떠나감이니, 그 자식의 생
사를 모르는 부모가, 그 아들이 거지
가 되었든 그저 죽지 아니하고 돌아온
다면,
12 그 부모는 자식을 나무라고 꾸짖기 전
에 그 기쁨이 더 클 것이며,
13 그 부모의 심정이요, 그 마음의 정성
이 어떠한 것인가를 너희들은 정녕 모
르는 백성들이란 말이더냐?
14 그보다 더한 마음으로써 나의 사랑하
는 백성 너희들을 기다리는 것이 나
여호와니라.
15 내가 너희들의 잘못을 탓하며 너희들
의 죄를 벌하기 전에 너희들이 스스로
깨우쳐 나에게 오르기를 바라며,
16 너희들이 나에게 오르는 길이요, 나에
게 오르는 빛을 따라 나에게 올 수 있
도록 너희들에게 그 길잡이요, 그 길
을 안내하는 것이 새로운 성경이요,
십계명이요, 그리고 너희들의 성경에
기록된 진정한 나 여호와의 뜻이 다
그와 같은 역사를 하는 것이요,
17 너희들이 나에게 올 수 있는 그 길을
보여 주며 그 길을 찾아 주는 것이 모
두가 다 그리 세상에 내려가 너희들을
안내하고 다스려 나에게 오를 수 있도
록 그리 역사하고자 하거늘,
18 어찌하여 너희들이 그 길을 보지 아니
하며 그와 같은 길을 바로 오지 못하
고,
19 육의 세상의 그 욕심의 한계요, 그것
을 벗어나지 못하고, 너희들이 하늘의
이치요, 그 마음을 열지 못하느냐?
20 너희들이 육에 대한 재물이요, 너희들
이 육에 있는 것을 지키며, 육의 것을

더 가지고 이루고자 하는 그와 같은 마음이 있기에, 너희들이 도둑맞을까 잃을까 하여 문을 꽉꽉 걸어 잠근 자들이니,
21 그 마음을 열어 모두를 다 헤쳐 버리지 아니하면 너희들이 하늘의 지혜를 얻을 수 없다는 것을 알라, 사랑하는 나의 아들딸들아!
22 누가 무어라 하든, 그들이 어찌 살아가든, 나의 사랑하는 아들을 따르는 제자 너희들은 모두를 헤쳐 마음의 문을 활짝 열라.
23 그리고 나 여호와가 기다리는 그 마음을 알라.
24 부모가 자식을 기다리는 그 애절한 마음이요, 그렇다면 너희들이 나에게 오르는 길을 보고 찾으면 찾을 수 있음이니,
25 그 길을 찾게 하기 위하여 또 내가 160권의 법전을 세상에 내려보내지 않더냐?
26 내가 너희들의 죄를 따지기 전에, 너희들이 돌아오는 것으로써 나 여호와의 기쁨이 다하며, 그 모든 죄를 내가 덮어 둘 수 있는 것이 아니더냐?
27 그러니 나에게 오르는 길을 볼 수 있도록 너희들이 나의 새로운 성경을 읽고 정독하며, 십계명을 너희들이 가슴에 깊이 간직하여 지키는 삶으로 거듭나는 세상의 삶을 얻도록 하라, 사랑하는 나의 아들딸들아!
28 너희들이 나에게 돌아오는 것, 나에게 역사하는 것이 무엇이더냐?
29 너희들이 나의 마음을 지금 모르기 때문에, 육의 세상의 모두에 매달려 마음의 문을 닫고 있음이니라.
30 그러니 너희들이 어찌하여 내 뜻을 보며 너희들이 거듭나는 은혜와 영광이요, 그 축복을 얻겠느냐, 사랑하는 나의 아들딸들아!
31 이제 너희들이 육의 세상에서 거듭나는 삶의 길을 보라.
32 그리고 육의 세상에서 그 길을 찾지 아니하면 아니 될 것이니라.
33 너희들이 숨을 쉬며 생명이 붙어 있되, 너희들이 십계명을 지키며 나의 새로운 성경을 지키며 그와 같은 길을 살아가는 것이 너희들이 육의 세상에서 거듭나는 그 영광의 길이요, 그 삶을 산다는 것을 알라.
34 그 백성이 나에게 돌아올 수 있는 백성이라는 걸 절대 잊지 말라.
35 육이 존재하는 이 세상에서 너희들이 나에게 올 수 있으며 거듭나는 그 길을 찾도록 그리하라.
36 그렇지 아니하면 아니 됨이라는 그 무서운 의미를 깊이 깨우쳐, 너희들이 깨닫도록 그리하라.
37 그리하기 위하여 너희들이 마음의 문을 열면 모두를 알 것이니라.
38 안으로 굳게 잠겨진 그 마음을 열도록 하라, 사랑하는 나의 아들을 따르는 제자들아!

10,951 번째 하나님 말씀

2004년 5월 6일 17시 45분

1 사랑하는 나의 아들아!
2 "네, 아버님! 말씀하옵소서."
3 사랑이 위대한 것이, 모두를 다 역사

하며, 사랑으로써 그 위대한 모두를
역사하지 못하는 것이 없다 내가 그리
하였느니라.
4 그러니 나의 아들을 따르는 제자 너희
들은 사랑의 그 위대한 역사함이요,
그 뜻을, 그 능력을 알고자 한다면, 너
희들이 그를 직접 체험하고 그를 깨닫
고자 한다면, 진정한 사랑의 마음이
너희들에게 필요한 것이요,
5 진정한 사랑의 마음으로써 모두를 사
랑하지 아니하면 아니 됨을 너희들은
알아야 될 것이니라.
6 그러니 너희들이 사랑을 하며 사랑을
베푼다 해도, 진정한 사랑이요, 너희
들의 마음속 깊은 곳에서 우러나는 그
와 같은 사랑의 마음을 갖고 살지 못
하기 때문에,
7 그 사랑의 위대한 역사의 뜻과 그 능
력을 체험하지 못하며 느끼지 못하고
살다 나에게 오는 백성들임을 알라.
8 사랑하는 나의 아들딸들아!
9 너희들이 인간 세상에 살아가면서 섭
섭한 마음, 또한 용서할 수 없는 마음,
그와 같은 마음을 가진 자, 그와 같은
네가 기억하는 백성들이 와 너희에게
용서를 구할 때,
10 정녕 너희들이 진심으로 그를 받아들
이고 진심으로 용서하는 자가 있는가
하면, 너희들은 그와 같은 백성을 용
서할 때 어떠한 마음으로 용서하는가?
11 너희들이 속으로는 섭섭한 마음이요,
그 아픈 마음을 간직하고 마음에 두면
서, 겉으로는 그저 용서했다며 괜찮다
하며 너그러운 체함이니,
12 너희들이 겉으로는 '허허!' 웃으나 속
에는 그 섭섭한 마음을 지우지 못하는
것, 그와 같은 마음으로써 용서를 한
다면, 그것이 정녕 남을 용서하고 이
해하는 마음이더냐?
13 바로 이와 같은 마음으로써 너희들이
사랑을 하며 사랑을 실천하기에, 너희
들이 사랑의 그 위대한 능력이요, 그
역사함을 알지 못하고 사는 백성이라
는 것을 알라, 사랑하는 나의 아들딸
들아!
14 너희들이 남을 용서하고 이해하되, 그
속마음에 섭섭한 마음을 감추지 아니
하며, 그 마음 모두를 다 뽑아내고 그
러한 마음이 없는 마음에서 너희들이
진정한 사랑의 자세로써 그를 사랑하
며 그를 용서했을 때, 너희들이 그 진
정한 위대함을 알게 되듯이,
15 너희들이 사랑하는 것, 그리고 사랑의
위대함을 알려거든 그와 같이 너희들
이 웃으면서 섭섭한 마음을 갖는 것이
아니요,
16 웃는 것만큼 모든 사람을 용서하며 너
희들이 용서할 수 없는 자를 용서하라.
17 그와 같은 진정한 마음의 사랑을 실현
하도록 하며 그와 같은 사랑을 행하고
살도록 그리하라.
18 그러면 너희들이 그 위대한 능력을 알
것이며, 그 위대함을 직접 보고 체험
하는 그와 같은 은혜를 얻게 될 것이
니라, 사랑하는 나의 아들딸들아!
19 진정한 사랑이요, 진실된 사랑만이 위
대한 역사를 이루는 것이요,
20 너희들이 가식적인 것이요, 헛된 사랑
이요, 마음을 한 자리 감추고 한 자리
눌러 놓고 하는 사랑은 아무것도 아니

며, 이룰 수도 없으며 그저 말뿐인 것이며, 그저 물거품이 나왔다 없어지듯이 그 형국으로 되는 것이라는 걸 잊지 말도록 그리하라.

10,952 번째 하나님 말씀

2004년 5월 6일 17시 50분

1 사랑하는 나의 아들아!
2 "네, 아버님! 말씀하옵소서."
3 나의 피조물 만백성 그들이 어찌 살아
가든, 그리고 믿음의 길을 가는 그 백
성들이 어떠한 믿음으로 가든,
4 나의 아들을 따르는 제자들이요, 나의
새로운 성경을 읽고 깨우친 백성, 너
희들은 진정한 용서를 하는 용기 있
는 백성으로서 거듭나야 될 것이며,
5 진정한 사랑으로써 모두를 사랑으로
감싸는 그와 같은 용기 있는 백성으로
서 거듭나 보도록 그리하라.
6 그리하여 너희들이 그와 같이 거듭나
는 삶을 살아갈 때, 그 위대함을 알게
될 것이며, 이 세상에 너희들이 얻지
못하며 이루지 못하는 것이 없음을
알게 될 것이니라.
7 너희들이 진정 용서하는 용기와 진정
으로 사랑하는 용기로써 거듭날 때,
8 너희들은 바로 귀가 열리며 눈이 뜨이
게 될 것이며, 하늘의 지혜를 구하게
될 것이며, 나로부터 너희들이 모든
것을 다 얻는 영광을 얻게 될 것이니
라.
9 사랑하는 나의 아들딸들아!
10 너희들이 이 세상에 살아가면서 남을
용서함에 있어서 너희들이 그 대가를
치르도록 하며 그 체벌을 하며, 그와
같은 것을 치르도록 하여 너희들이 그
를 용서하고 이해한다면, 그것은 어떤
이유든 진정한 용서가 아님이니라.
11 그러니 너희들이 그를 다 이해하고 또
사랑으로 다스리며, 그리하여 너희들
이 진정한 용기로써 그들을 다스리고
용서할 때, 그것만이 진정한 사랑이
요, 용기요,
12 그 또한 그를 받아들일 것이며 그도
회개할 것이며 그도 깨달음을 얻을 수
있는 것이니라.
13 너희들이 이 세상의 모두를 체벌로써
다스리며 체벌로써 대가를 치르도록
하여 너희들이 용서하는 것이요, 사랑
하는 것은 결코 아님이니라.
14 거기에서 너희들이 얻을 것이 없으며
변화될 수 없으며, 거듭나는 사람으로
서 인도할 수 없음이니라.
15 내가 너희들을 통하여 복음을 전하는
방법이 무어라 하였느냐?
16 너희들의 변한 모습이요, 변한 행동이
요, 변한 대화를 보고 모든 백성들이
너희들을 따라오고자 애원하는 그와
같은 것이 내가 바라는 복음의 방법이
요, 내 뜻을 전하는 길의 역사라 하지
아니하였더냐?
17 그러니 너희들이 대가를 요구하며 용
서해 주며, 대가를 받으며 사랑하는
그와 같은 백성은 결국 그와 같은 마
음으로 너희들을 따라오지 아니하며
따르지 아니할 것이니라.
18 그러니 어떠한 체벌이나 대가를 바라
지 아니하고 너희들이 용서하는 것,
그리고 너희들이 대가 없이 사랑하는

것,
19 그것만이, 그 백성만이 감화를 받을
것이며 감사함을 느낄 것이며, 그는
깨달을 것이며 너희를 존경할 것이며,
너희들을 따라 나의 성전에 온다는 것
을 절대 잊지 말라, 사랑하는 나의 아
들딸들아!
20 그 길이 가기도 어렵고 그 길이 지키
기도 어렵고 그리 행하기도 힘든 길이
니라.
21 그리고 힘들고 갈 수 없기에, 그 길을
가야 되는 것이 너희들이라는 걸 잊지
말도록 그리하라.

10,953 번째 하나님 말씀

2004년 5월 6일 17시 56분

1 사랑하는 나의 아들아!
2 "네, 아버님! 말씀하옵소서."
3 이 넓고 넓은 내가 만든 우주 공간이
요, 그리고 이 모두를 창조한 나 여호
와가 내 눈물을 흘릴 곳, 내가 울 장소
가 없는 창조주 내 모습이라면 과연
너희들은 어찌하겠는가?
4 너희들이 나를 아버지라 부르며 나를
창조주라 부르는 내가 이 세상에 울
장소마저도 없다면, 과연 내가 어찌
이와 같은 말을 하며,
5 이와 같은 슬픔에 싸여 있는 나 여호
와라면 너희들은 과연 어떠하겠는가?
6 사랑하는 나의 아들딸 너희들이 어찌
변화되었으며, 너희들이 내 뜻을 얼마
나 거역했으며, 너희들이 어찌 변질된
그와 같은 삶을 살았기에, 울 장소가
없는 슬픈 나 여호와가 되었다 내가
그리 말하겠느냐?
7 나 여호와는 정녕 마음 놓고 눈물을
흘릴 만한 장소도 이 세상에 없음이니,
8 너희들이 그와 같이 사악한 마음이 이
세상을 덮고 있으며, 사악한 것들이
이 세상을 모두 지배하는 이와 같은
세상이 되었느니라.
9 사랑하는 나의 아들아!
10 인간 세상에 너희들이 부모와 자식 간
에 살아감이니라.
11 그 부모는 자식이 잘해서 그 부모의
기쁨이 있을 때, 그 부모는 그저 헛기
침 한 번으로써 그 기쁜 마음을 표현
하며, 사랑하는 자식들이 대견한 마음
을 표현하는 그 부모의 아름다운 모습
이요, 그 기쁨, 그것 한 번도 느껴 보
지 못했으며, 그러한 기회를 한 번도
얻어 보지 못한 나 여호와라면, 과연
너희들은 어찌 생각하느냐?
12 인간 세상에 부모가 자식이 잘하며 갸
륵하고 기특하니, 그것을 말로 칭찬하
기 쑥스러운 그 부모가 헛기침 한 번
으로써 모두를 다 표현하며 모두를 나
타내는 그 부모의 기쁨이 얼마나 감사
하고 즐겁고 행복하겠느냐?
13 그와 같은 것을 한 번도 느껴 보지 못
한 나 여호와라면, 과연 너희들이 나
의 아들딸이라 할 수 있는가?
14 너희들이 오늘의 삶을 다시 한 번 조
명해 보아야 되지 않겠는가?
15 수천 년 동안에 그 많은 나의 아들딸
이 세상에 나가면서, 인간 세상에서
기쁠 때 헛기침할 만한 그와 같은 기
회요, 그와 같은 것을 한 번도 얻어 보
지 못하며, 그와 같은 것을 느껴 보지

못한 나 여호와의 마음이 얼마나 아
프겠는가?
16 인간 세상에 살아가는 부모 너희들의
마음이 어떠하냐?
17 자식들이 실수하고 또 자식들이 조금
잘못했을 때, 그러나 그 아들의 미래
가 보이며 거듭날 수 있는 그 자식이
요, 재기할 수 있는 그와 같은 아들의
노력하는 그 모습을 보며 그 부모는
무어라 하느냐?
18 '괜찮다 괜찮으니라, 다행이니라.' 그
와 같은 말로써 그 화를 참으며 그 마
음을 달랠 수 있는 것이니라.
19 그러나 나 여호와는 그와 같은 기회를
한 번도 가져 보지 못했으며, 그러한
분위기를 한 번도 역사하지 못한 것
이라면 어찌하겠는가?
20 너희들이 '괜찮다, 그리고 내가 괜찮
으니라, 그리고 내일이 있음이니라.'
그리 내가 화를 참으며 누르며 그와
같은 말 한마디로써 너희들을 다스려
갔을 때, 너희들이 거듭날 수 있는 백
성이라면, 내가 왜 그와 같은 기쁨을
모르겠느냐?
21 그러나 너희들은 돌이킬 수가 없으며
도저히 나에게 오를 수 없으며, 이대
로는 너희들이 지옥 불이요, 나에게
오를 수 없는 너희들이 그리 무너졌고
이그러졌으며, 그와 같이 사악한 사탄
의 자식으로 모두가 떨어져 있기 때문
이니라.
22 그러니 이 세상을 창조한 나 여호와가
이제는 한 번을 울어 볼 장소가 없는
이 세상이 되었음이니,
23 그 모두는 다 사탄이 이 세상을 덮었
으며, 나의 사랑하는 아들딸들이 뿌리
를 내리며 그들이 존재하는 곳이 한
곳도 없으니,
24 내가 기거할 곳이요, 내가 있을 곳이
없다 한 그 마음을 아느냐?
25 이제 내가 너희들에게 물어보고자 하
느니라.
26 인간 세상에 부모의 기쁨은, 그 아들
이 칭찬받는 일을 했을 때, 그 부모가
가장 기쁨이요, 즐거움이란 말을 너희
들은 하지 않느냐?
27 이제 나 여호와가 정녕 너희들로 하여
금 너희들이 칭찬받으며 바로 가는 백
성이라 하여,
28 그리고 나 여호와의 뜻에 의해 사는,
참된 진리요, 선한 천사와 같이 사는
백성들이 지금 수없이 늘어나며,
29 너희들이 그리 살아간다 하여 사탄이
요, 마귀들이 두려워 그와 같은 말을
할 때, 나 여호와의 기쁨이 얼마나 크
겠는가?
30 그 기쁨이야말로 내가 어떠한 것과도
바꿀 수 없는 것이 아니더냐?
31 그러니 이제 나의 아들을 따르는 제자
들이요, 나의 새로운 성경을 읽고 깨
우친 너희들에게 묻노라.
32 이 기쁨을 계속 내가 느낄 수 있도록,
내가 그와 같은 기쁨을 얻는 행복한
삶을 살 수 있도록 너희들은 그리해
줄 수는 없는가?
33 너희들이 천사와 같이 변하며 너희들
이 아름답게 변한 것, 너희들의 얼굴
모양이 변하는 것, 말이 변하는 것, 마
음이요, 행동이 변하는 그와 같은 칭
찬을 받아,

34 모든 백성들이 너희들을 따라 나의 성
전에 오는 것이 사탄이요, 마귀로부터
벗어나 너희들이 칭찬받는 나의 아들
딸이 되는 것이니,
35 그때 나 여호와의 기쁨을 영원히 얻어
영원히 지탱할 수 있는 그와 같은 행
복을 나에게 줄 수는 없는가?
36 내가 나의 아들을 따르는 제자 너희들
에게 물어보느니라.

10,954 번째 하나님 말씀

2004년 5월 6일 17시 59분

1 사랑하는 나의 아들아!
2 "네, 아버님! 말씀하옵소서."
3 자신이 잘못 가며, 제가 정답을 가지
고 가르치지 못하며, 제 제자를 바로
가르치지 못한다면,
4 스스로 그가 그 자리를 양보하며 선생
의 자리에서 물러나는 것이 도리가 아
니더냐?
5 지금의 모든 종교 집단과 지도자 너희
들이 지금 남에게 솔선수범하는 삶을
살지 못하고 모범된 삶을 살지 못하며,
6 참진리를 가지고 가르치지 못하며 비
진리를 가지고 너희들이 지금 재물을
거둬들이는 데 모두를 다 바치고 있으
며,
7 내가 글로 써 내린 구약과 신약 그 속
에 있는 비밀이요, 그 비유의 뜻도 열
지 못하며 보지 못하는 그와 같은 자
들이 이 세상을 지배하고 있으니,
8 정녕 모범된 삶을 살지 못하며 진정한
지도자가 아닌 너희들이 이제는 스스
로 떠나고 물러갈 때가 되었음을 알라.
9 너희들이 떠나지 아니하고 물러나지
아니할 때, 내가 너희들을 그와 같은
대가를 치르도록 그리하여 너희들이
물러나고 떠나는 그와 같은 결과가 될
것이니,
10 일찍이 너희들이 잘못을 깨닫고 잘못
가고 있다면, 오늘의 시점에서 너희들
이 참진리요, 나 여호와의 뜻이 아님
을 부르짖고 있다면,
11 성서의 그 비밀의 내용을 알지 못하고
너희들이 그저 더 큰 교회요, 화려한
교회를 짓는 것으로써 너희들의 모든
목표를 가지고 믿음의 길을 가는 그와
같은 자들은 스스로 물러날 때가 되었
으니,
12 스스로 물러나는 현명함을 얻도록 그
리하라 전하노라.
13 이제 또한 나의 아들을 따르는 제자
너희들도 그러니라.
14 법전이요, 나의 성경을 만들며, 나의
아들을 따라 거듭나고자 하는 백성,
너희들이 모범된 삶이요, 모범된 지도
자로서 설 수 없다면,
15 그리고 나의 새로운 성경대로 너희들
이 지키고 살아갈 수 없다면, 스스로
물러나고 떠날 때가 되었음을 알아야
될 것이니라.
16 자신 없고 갈 수 없는 자 스스로 물러
나고 떠나라.
17 너희들이 그 자리를 지키고 있음으로
써 나의 새로운 성경이 전해지는 것,
역사하는 것, 그리고 너희들의 변한
모습을 보고 올 수 있는 지도자가 그
자리를 채우지 못함이니,
18 너희들이 이 무서운 뜻을 깊이 깨우쳐

행하도록 그리하라.

10,955 번째 하나님 말씀

2004년 5월 7일 06시 03분

1 사랑하는 나의 아들아!
2 "네, 아버님! 말씀하옵소서."
3 너희들이 살아가면서 수없이 부닥치
는 일이 있을 때마다 너희들이 어찌할
줄 모르며 어찌 해결해야 할 줄 모르
며,
4 육의 욕심과 육의 세상의 삶과 너희들
이 구원을 받는 영혼의 삶이요, 그 두
길에서 너희들이 어떠한 마음을 결정
하고 어찌 따라가야 할 것인가를 결정
하지 못하고 당황할 때,
5 너희들은 '창조주 아버지께서 이 마음
은 아실 것이라' 생각하며, 네 마음을
알 것이라 생각하여, 너희들이 그저
눈을 감고 남의 것을 슬쩍 집어 오듯
이,
6 그저 너희들이 그와 같은 것을 범하고
행하고 넘어가면서, 내가 너희들을 알
것이며 이해할 것이라, 그리고 네가
그와 같이 하는 마음을 어쩔 수 없었
다는 것을 내가 알 것이라, 너희들은
그와 같은 기대로써 내가 보기에 민망
한 짓을 하고 있음이니,
7 그리해서는 아니 되며 그는 결코 용서
받을 수 없으며 나는 그를 용서하지
아니함을 알라 그리 전하라.
8 '설마 내가 지금 이 고통 속에서 이를
선택할 수밖에 없는 어쩔 수 없는 상
황에서 내 아버지께 부끄러운 짓이요,
잘못된 죄를 저지른 나요, 이를 아실
것이라' 이를 용서하실 것이라 너희들
이 그리 생각할 것이니라.
9 그러나 나는 그런 때 보지 아니하며,
나는 듣지도 아니하며 내가 그를 알지
도 못함이니라.
10 다만, 이유야 어쨌든 너희들이 지은
죄요, 그 죄에 대한 대가는 너희들이
치르고, 너희들이 왔던 상은 너희들이
받는 것이니, 그것은 내가 모르는 것
이며,
11 오로지 너희들이 그 모두를 역사한 것
을 천사요, 사탄들이 올리는 것을 보
고 내가 알뿐이지, 너희들의 그 이유
는 알지 못한다 하였음이니,
12 너희들이 그와 같은 삶을 살아서는 아
니 되며 그와 같은 행위를 해서는 아
니 됨이니, 내 아픈 마음을 너희들에
게 전함이니라.
13 어떠한 어려운 환경에서 이것은 나 여
호와가 이해하며, 이는 보고 있을 것
이며, 이는 너희가 어쩔 수 없이 행하
는 것이기에 너희를 용서할 것이라는
생각을 하며, 그와 같은 마음을 가지
고 너희들이 행한다면,
14 이는 너희들이 너무나 잘못된 길이며
깨달음이 없는 자요, 그리고 변함이
없는 자요, 그는 용서받을 수 없는 자
라는 것을 알라 그리 전하라.

10,956 번째 하나님 말씀

2004년 5월 7일 06시 13분

1 사랑하는 나의 아들아!
2 "네, 아버님! 말씀하옵소서."
3 너희들이 말하기를, '진실로 너희에게

이르노니, 천지가 없어지기 전에는 율
법의 일점일획이라도 반드시 없어지
지 아니하고 다 이루리라' 내가 그리
너희들에게 명한 그 뜻을 모르는가?
4 그리고 너희들의 행함이 얼마나 소중
하고 귀한 것인가를 모르고 어찌하여
이를 거부하며 행함이 중요하고 소중
함을 뒷전으로 그리 미는가?
5 나는 나의 성경에 기록하여 전하기를,
너희들에게 율법의 일점일획도 반드
시 없어지지 아니하고 이루어진다 하
였음이니, 너희들은 그 의미를 모르기
때문이니라.
6 내가 너희들에게 행함이 중요한 것이
며, 행함이 너희들이 모두의 심판의
모든 근거요, 근본이라 하지 않았느냐?
7 내가 성경에 기록하여, '내가 너희에
게 이르노니 너희들의 의가 서기관과
바리새인보다도 더 낫지 못하면 결단
코 천국에 들어가지 못하리라.' 그리
전한 것이 무엇이더냐?
8 너희들이 서기관과 바리새인보다 나
은 행동을 하며 그들보다 나은 삶을
살아야 된다는 것이니, 이게 행함이
아니요, 행동으로 하라 함이 아니더냐?
9 그러니 너희들이 그와 같이 내가 성경
에 기록하여 다 전하였거늘, 너희들은
이 뜻을 어찌 해석하기에, 너희들이
행함이 소중하다 말하지 아니하는가?
10 너희들은 내가 너희들에게 성서에 기
록하여 전했느니라.
11 '나는 너희에게 이르느니, 형제에게
노하는 자마다 심판을 받게 되고, 형
제를 대하여 라가라 하는 자는 공회에
잡혀가게 되고, 미련한 놈이라 하는
자는 지옥 불에 들어가게 되리라.' 내
가 그리하였으니,
12 이 모두를 반대로 너희들이 생각하면,
그것이 행동으로 옮기고 행하는 것이
아니더냐?
13 그러니 그 반대로 너희들이 살아야 된
다는 것, 그것도 행함이라는 것을 어
찌하여 너희들이 모른단 말이더냐?
14 미련한 놈이라 하는 자, 미련한 놈이
라 하지 말며 욕된 짓을 하지 말라 함
이니,
15 너희들이 그 미련한 자를 미련한 놈
이라 하는 자는 지옥 불에 들어간다
했으니,
16 이것도 너희들이 반대로 생각하면 그
와 같은 행동을 해서는 아니 되며 그
와 같은 말을 해서는 아니 된다는 것
이니,
17 너희들이 그것이 행동에 의해 모두가
역사하는 것이 아니더냐?
18 나는 또한 너희들에게 일렀느니라.
19 '나는 너희에게 이르노니, 악한 자를
대적지 말라, 누구든지 네 오른뺨을
치거든 왼뺨도 돌려 대라.' 했음이니,
이것은 또 무엇이더냐?
20 이 모두도 너희들이 행함이 아니더냐?
21 그러니 악한 자를 대적하여 마음을 아
프게 하지 말며 남에게 피해를 주지
말라는 것이요,
22 더욱이 너희들이 오른뺨을 치거든 왼
뺨을 돌려 대라는 것이, 이것이 행동
이 아니고 무엇이더냐?
23 이 모두가 너희들이 행동으로써 행해
야 되며 보여 주는 것을 내가 이리 상
세히 기록하여 전했거늘,

24 너희들은 이와 같은 뜻을 아는지 모르는지,
25 알면서도 너희들이 행함이 중요하지 아니하다 가르치느니라.
26 육의 세상에 행함이 중요하다면, 너희들이 죄의 온상인 교회요, 성당이요, 성막에 재물을 거둬들일 명분이 없으며 재물을 거둬들일 근거가 없기 때문에, 너희들이 그와 같은 짓을 하지 않느냐?
27 너희들이 오른뺨을 치거든 왼뺨을 돌려 대라는 것이 얼마나 위대한 행동이며, 행함에서 그게 이루어지는 것이던가?
28 그러니 그 반대로 너희들이 생각해서 깨우쳐 보라.
29 누구든 너희들이 공격하는 자, 남을 핍박하는 자, 그리해서는 아니 된다는 그와 같은 뜻이 거기 있지 않은가?
30 내가 성서에 기록하여, '너희들을 송사하여 속옷을 가지고자 하는 자에게 겉옷까지도 가지게 하라.' 하지 않았더냐?
31 이것은 또한 무엇이더냐?
32 너희들이 베풀 수 있는 것, 원하는 자에게 모두를 다 주라는 것이니,
33 이것도 행함이요, 너희들이 또한 행동으로써 모두를 옮겨야 되는 그 근거가 여기 있지 않으냐?
34 그러하거늘 너희들은 이를 읽고 깨우쳐 수없이 몇십 번 몇백 번씩 읽었다 하는 자들이 그 뜻을 알지 못하고 너희들이 그저 흘러가는 그와 같은 형국이요,
35 지도자 또한 그를 알지 못하고 가르치기 때문에 이런 오류를 범하고 있음이니라.
36 내가 '또 누구든지 너로 억지로 오 리를 가게 하거든 그 사람과 십 리를 동행하라.'고 했음이니, 이것은 행동이 아니고 무엇이더냐?
37 너희들에게 하나를 달라는 자에게 둘을 주며, 하나를 가져왔을 때 배로 주라는 나 여호와의 뜻의 그 가르침이, 너희들이 행하고 행동으로 하는 것이 아니더냐?
38 그러니 오 리를 가자 하는 자에게 너희들이 더불어 십 리까지 가 주는 행동을 하는 것이 행함이니, 이것 또한 너희들이 행동으로써 모두를 이루고 역사하는 것이 아니더냐?
39 그러니 이와 같은 것을 내가 상세히 기록하여 너희들에게 깨우치고 전하였거늘, 너희들은 이를 따르지 아니하며 한 획도 고치고 더해도 아니 되며, 그대로 행하지 아니해도 된다 그리하니,
40 성서의 숨겨진 뜻과 비밀을 모르니, 너희들이 이를 모두를 반대로 생각하라.
41 그리하여 내가 나의 아들에게 말하여 전하기를, 나의 새로운 성경 1부에서, 너희들에게 반대로 살아가는 삶을 살지 아니하면 아니 된다는 것을 내가 못 박아 너희들에게 가르쳤거늘,
42 내가 너희에게 무어라 하였느냐?
43 '너에게 구하는 자에게 주며, 네게 꾸고자 하는 자에게 거절하지 말라.' 했으니,
44 너희들이 그와 같은 것을 원하는 자,

요구하는 자, 너희들에게 구걸하는
자, 그리고 너희들에게 필요하여 무엇
을 빌려 달라는 자,
45 그에게 너희들이 빌려주고 전해 주고
거저 주는 것, 그것이 바로 사랑이요,
실천하는 것이 아니고 무엇이더냐?
46 그 모두가 다 행동으로써 이루어지는
내용을 내가 구구절절이 나의 성경에
기록하여 너희들에게 전했거늘,
47 어찌하여 너희들이 그와 같은 것을 행
하지 아니하며 나를 욕되게 한단 말이
더냐?
48 그러면서 너희들이 어찌 나에게 오를
수 있으며 하늘에 오를 수 있느냐?
49 더욱이 '내가 너희에게 이르노니, 너
희 원수를 사랑하며 너를 핍박하는 자
를 위하여 기도하라.' 하였음이니라.
50 그러니 내가 나의 아들을 통하여 너희
들이 남을 위하여 기도할 줄을 알며
남을 위하여 기도해야 되는 명분이 무
엇이며, 기도하는 뜻이 무엇이며, 해
야 되는 그 이유가 무엇인가, 그것 자
체도 모르는 백성이 너희들이니,
51 내가 가련하고 불쌍한 것이 너희들이
라 하지 아니하였더냐?
52 나는 너희들에게 행함이 중요하며 행
하지 아니하면 아니 됨을 모두를 기
록하여 전했음이니라.
53 너희들이 가장 못된 자, 가장 험악한
자, 그와 같이 사는 백성들만도 못한
자가 믿음의 길을 가는 자요, 지금에
구원을 받았다는 백성들이요, 가르치
는 지도자의 행동의 삶이 그렇다면 과
연 그것은 어찌하겠는가?
54 내가 일찍이 너희들에게 그와 같은 행
동을 해서는 안 되며 그와 같은 삶을
살아서는 아니 된다 했으며,
55 형제에게 핍박하는 자도 용서치 아니
한다 내가 그리 너희들에게 전하였거
늘,
56 어찌하여 너희들이 이 뜻을 모르고 지
금 이와 같이 간단 말이더냐?
57 내가 너희들이 행동을 하는 것이 얼마
나 소중하고 귀한 것인가를 이리 기록
하였느니라.
58 '너희들이 예물을 제단에 드리다가 거
기서 네 형제에게 원망들을 만한 일이
있는 줄 생각나거든, 너희들은 제단
앞에 예물을 두고 먼저 가서 형제와
화목하고 그 후에 와서 나에게 예물을
드리라.' 하였음이니,
59 이것 또한 너희들이 얼마나 귀하고 소
중한 의미냐, 이 대목을 너희들이 다
시 한 번 읽어 보도록 그리하라.
60 그리하면 너희들이 이를 알 것이니라.
61 그렇지 아니하면 결코 너희들이 나에
게 오르는 깨달음을 얻을 수 없음을
알아야 될 것이니라.
62 더욱이 내가 너희들에게 무어라 하였
느냐?
63 '너를 송사하는 자와 함께 길에 있을
때에 네가 그를 보거든 급히 사화하
라. 그 송사하는 자가 너를 재판관에
게 내어 주고 재판관이 관예에게 내
어 주어 옥에 가둘까 염려하라.'
64 나 여호와가 너희들의 그 아픈 마음
이요, 너희들의 그 모두를 다 미리 예
견해 너희들에게 전했으니,
65 송사하는 자에게 너희들이 화해하고
용서를 비는 것, 그 모두가 행동이 아

니더냐?
66 행동으로써 모두를 역사하며 행동으로써 이루는 것만이 나에게 구원을 받을 수 있는 길이요, 나에게 올 수 있는 것이라 하였거늘,
67 너희들은 행동은 소홀히 하며 행동은 해서도 아니 된다 하니, 나의 가르침이요, 나의 아들 예수를 통하여 가르치는 모두를 거역하는 자요, 반대의 길을 가는 자들이 아니더냐?
68 너희들이 한쪽 방향으로 하늘로 올라야 되나, 너희들이 하늘에 오르는 길을 오는 것이 아니요, 땅으로 내려가는 그와 같은 길을 가고 있는 자들이라면 과연 믿겠느냐?
69 이를 명심하고 또 명심하여 행하도록 그리 전하라.

10,957 번째 하나님 말씀

2004년 5월 7일 06시 18분

1 사랑하는 나의 아들아!
2 "네, 아버님! 말씀하옵소서."
3 너희들이 수십 년 동안 너희 인생의 삶을 다하여 믿음의 길을 왔다 하며 그 길을 달려왔다 하느니라.
4 그러나 나 여호와가 지금 내리는 새로운 성경이 바로 너희들이 최종적으로 가야 할 길이며 역사할 길이며 나 여호와의 뜻이라는 것을 알아야 될 것이니라.
5 너희들은 지금 구약 시대의 것은 지난 것이며 오로지 신약 시대의 것만이 하늘에 오르는 길이요, 그를 가지고 너희들이 몸부림치고 매달림으로써 모두가 구원을 받는다 그리 생각하나,
6 내가 너희들에게 하나의 지혜를 주어 깨우쳐 주고자 함이니라.
7 너희들이 한 부모가 자식을 교육시키고 가르칠 때, 그 부모가 자식이 어렸을 때 교육하는 방법과, 자식이 성장해 나이를 먹음으로 인하여 너희 부모들이 가르치고 전하는 방법이 다 그때그때 교육의 형태가 다르며 전하는 뜻이 다르며 이해의 정도가 다르고,
8 너희들이 이해하고 못 하는 그 나이에 따라서 부모가 자식을 가르치는 교육의 방법이 다 다르지 않더냐?
9 그러니 나에게 오르는 그와 같은 나의 백성 너희들도 지금 성장하는 것, 너희들이 변화되는 것, 알아들을 수 있을 만큼 되었을 때, 그에 따라 모두가 다 변화되고 달라지며 거기 따라서 교육이 진행된다는 것, 내 뜻이 그와 같이 역사한다는 것을 너희들은 알라.
10 지금 그러니 내가 나의 아들을 통하여 160권의 새로운 성경을 내려보내니, 너희들은 이를 읽고 깨우치지 아니하면 아니 됨이니라.
11 이것이 나 여호와의 최종적인 뜻이요, 내가 이루고자 하는 것이요, 너희들에게 전하는 가장 소중하고 귀한 사랑이니 너희들은 그리 알라.
12 그러니 내가 다시 제3의 시대를 열어 역사하는 것을, 지금의 모든 종교 집단이요, 지도자요, 그 한 길을 온 자들이 나를 원망하며 나를 욕되게 하는 말을 할 수 있을 것이니라.
13 그리고 너희들은 그와 같은 말은 하지 아니하나, 그보다 더한 마음으로써 나

를 원망할 것이니라.
14 그러나 너희들은 나를 원망하는 것으
로써 너희들의 모두가 다 이루어지며
해결된다 생각하지 말라.
15 지금 변하는 시대에 변함을 따라서 행
하지 못하는 너희들을 보면서 울고 있
는 나 여호와의 아픈 마음을 너희들이
먼저 보도록 그리하라.
16 변화되는 것에 따라 변화되는 것, 변
화에 따라서 내가 내리는 모든 깨우침
이요, 너희들에게 진리를 전하는 것도
차원이 높고 높은 것으로써 전해지며
더 깊이 전해진다는 것을 알라, 사랑
하는 나의 아들딸들아!

10,958 번째 하나님 말씀

2004년 5월 7일 06시 25분

1 사랑하는 나의 아들아!
2 "네, 아버님! 말씀하옵소서."
3 너희들이 움직이고 살아가는 그 육신
이 정상적인 형태를 가졌을 때, 너희
들이 편하게 모두를 다 역사할 수 있
는 것이 아니더냐?
4 그러니 지금의 종교 집단이요, 지도자
들이요, 그 믿음의 길을 가는 자, 광신
하는 백성, 너희들을 바라보는 모습
이, 지금 너희들의 형태가 어떤 줄 알
겠느냐?
5 그 모든 믿음의 길을 가는 자들, 그리
고 구원이라는 명분 아래 지금 너희들
이 가고 있는 종교 집단이요, 지도자
들은 구원이라는 그 몸집만을 불려 너
희들이 몸덩이만 커졌으니,
6 움직이지도 못하는 그와 같은 기형아
로 키워 놓은 것이 바로 너희들의 오
늘의 믿음의 형국이라면 과연 어찌하
겠느냐?
7 손과 눈과 귀와 발 그 모두는 보이지
아니하며, 너희들이 그저 크게 몸집만
불려 놓았으며, 그리고 제대로 기능을
발휘할 수 없는 기형아로 만든 것이
오늘의 종교 집단이요, 지도자, 너희
들이 온 그 믿음의 길이라 함을 내가
그리 비유함이니,
8 너희들은 이 의미를 깊이 깨우치도록
하라.
9 너희들이 몸집만 키워 놓았으며, 그리
고 입만 살아서 너희들이 모두를 다
이루는 것처럼 그리함이니, 그 형국이
되어서는 아무것도 이룰 수가 없음이
니 그리 알라.
10 믿음이라는 것은, 너희들이 구원의 길
이라는 것은 그렇게 균형이 깨진, 균
형이 없는 그와 같이 몸집만 키워진
형국으로써 이루어지는 것이 아니니
라.
11 움직이지도 못하는 자들이요, 활동하
지도 못하는 자들이요, 그리하여 너희
들이 몸집만 커다란 기형아가 되어 버
린 오늘의 그 종교 집단이요, 지도자
의 그 믿음이 행동이요, 행할 수 없는
그와 같은 형국이 되어 버렸으니,
12 다 쓸모가 없게 되어, 내 그 모두를 다
다시 바로 설 수 있는 인간으로서, 그
리고 너희들이 모두가 제자리를 지켜
제 능력을 발휘할 수 있는 그와 같은
나의 사랑하는 아들딸의 모형으로 만
들어 너희들이 살며,
13 그 삶을 잘 아름답게 맺어 나에게 오

를 수 있는 그와 같은 백성들을 만들
기 위하여, 내가 나의 아들을 통하여
지금 160권의 새로운 성경을 내려보
냄을 너희들은 알라.
14 지금까지 믿음의 길을 오는 자, 성경
이라는 것을 가지고 공부하며 그 명분
아래 나의 피조물 만백성들을 가르쳐
하늘에 오른다 하나,
15 너희들이 성서에 숨어 있는 비밀이요,
숨겨져 있는 그 참뜻을 알지 못하고,
너희들이 지금 허공을 향하여 그저 울
부짖는 그와 같은 길을 왔기에,
16 믿음이라는 것은 구원을 받겠다는 것,
구원의 그 욕심이요, 하늘에 오르겠다
는 그 욕심에 의하여 너희들이 그것만
향하여 지금 몸집만 부풀어지고 부풀
어졌으니,
17 움직이지도 못하며 돌지도 못하며 구
르지도 못하는 그와 같은 기형아의 형
상으로 되어 있는 것이 오늘의 너희들
의 믿음임을 알라.
18 그러니 참진리를 모르고 너희들이 그
저 엉뚱한 곳에 모두를 다 바쳤으며,
그리하여 저 자신의 교만과 오만에 젖
어 버린 너희들이니라.
19 그저 몸집만 큰 것을 가지고 세상을
지배할 것처럼, 움직이지도 못하며 생
각을 못 하면서 말로써만 너희들이 소
리 지르고 한다고 해서 그것이 이루어
지고 너희들이 그 모두를 역사할 수
있다 생각하는가?
20 그러니 그와 같은 기형아의 형국으로
되어 있기에, 너희들이 아무런 쓸모가
없으며, 너희들이 그 어디 한 곳에도
네 자리가 없다 함을 알아야 될 것이
니라.
21 그리하여 지금 나 여호와가 정상적인
인간 형태로 만들고자 하며, 그리하여
그 백성으로서 내 뜻을 역사하며 내가
모두를 역사하고자 하는 것이 나의 뜻
이니라.
22 기형아의 형국으로 너희들이 지금 구
원이라는 그 몸집만 길러 놓은 것, 그
리고 천국에 오겠다는 그 욕심의 몸집
만 길러 놓았지,
23 너희들이 나 여호와의 뜻이 무엇이며,
내가 이루고자 하는 명분이 무엇인가
아무것도 모르는 자, 그것이 오늘의
종교 집단이요 지도자니,
24 그리하여 내가 거듭나게 하며 거듭 역
사하고자 하는 것이, 새로이 역사하는
것이 내 뜻임을 알라 그리 전하라.

10,959 번째 하나님 말씀

2004년 5월 7일 06시 31분

1 사랑하는 나의 아들아!
2 "네, 아버님! 말씀하옵소서."
3 너희들이 보이는 육신은 하나이니라.
4 그러나 너희들의 보이지 않는 생각이
요, 너희들의 마음은 항상 두 갈래 길
을 가는 것이니라.
5 그러니 너희들이 하늘에 오르는 길을
선택하여 나에게 오른다면 나에게 오
를 수 있는 길이요,
6 그렇지 아니하고 지옥의 길을 선택하
여 간다면, 지옥의 길로 가는 그 결정
은 너희들이 해야 되는 것이며 너희들
에 따라서 모두가 다 이루어짐이니라.
7 그러니 너희들이 나 여호와의 뜻이 무

엇인가를 아는 백성은 나에게 오르는
길을 오는 백성이요, 그리고 선택된
백성이니라.
8 그러나 나의 뜻을 모르며 반대의 길로
간다면 결국 그는 나와 관계없는 백성
이 되지 않겠느냐?
9 내가 너희들에게 명하느니라.
10 너희들이 지금 강을 거슬러 나에게 오
르는 길을 온다면, 그 강을 거슬러 올
라오는 것은 어렵고 힘든 것이니라.
11 그러나 너희들이 어렵고 힘든, 그리고
나에게 올라와야 되는, 그 강을 거슬
러 올라오는 길이 어렵고 힘들다 하
여, 너희들이 그 강물을 거슬러 올라
오는 것을 포기하며, 그저 아래로 흐
르는 대로 편하게 흘러가는 것에 너희
들을 그대로 맡겨 둔다면, 과연 너희
들은 어찌 되겠느냐?
12 그러니 여기서 사탄과 천사가 부르짖
느니라.
13 천사는 말하기를, '그 강물을 거슬러
어렵고 힘든 길을 오는 것이 창조주
아버님의 나라에 너희들이 영원히 거
듭나는 은혜와 영광을 얻는 길이라'
그리 부르짖느니라.
14 그러나 사탄은 그리 말하느니라, 그와
같이 힘들고 어려운 길을 가라고 아
버지 하나님께서 절대 그리하지 아니
하시니라, 저는 사탄이 하는 짓이니
라.
15 그러니 흐르는 강물에 너희들이 몸을
눕혀 그저 떠내려가는 대로 가면 편
하고 좋은 것을, 그대로 가라 사탄은
그리 부르짖으니,
16 여기서 너희들이 어떠한 길을 선택하
며 어떠한 지혜로써 어떠한 것을 결정
해야 되는가, 이것은 너희들에게 달렸
음을 알아야 될 것이니라.
17 그러니 너희들이 강물을 거슬러 올라
오는 그 어렵고 힘든 길이 나에게 오
르는 길이요,
18 그저 흘러가는 대로 맡겨 두고 너희
들이 흘러가는 편안한 길은 나에게
올 수 없는 길이라 하면, 과연 너희들
은 어찌하겠는가?
19 육은 하나이니, 너희들이 양쪽을 다
갈 수도 없는 것이요, 그리하여 너희
들이 강을 거슬러 올라오는 어렵고
힘든, 손이 부르트도록 노를 저어야
하는 그 길을 선택하지 아니하고,
20 너희들이 반대의 배에 몸을 던져 그
저 흘러간다면 이것이 어떤 형국이
되겠느냐?
21 이와 같은 길에서 너희들이 결정할
수 있는 것을 얻기 위해서는 지혜가
있어야 되니, 하늘의 지혜가 없이는
아니 된다 함이니라.
22 그러니 모두를 알 수 있으며 너희들이
바른 결정을 하는 것이 너희들이 나
에게 오르고 못 오르는 것이 아니더냐?
23 그러니 인간 너희들이 지금 구약과 신
약에 의해서 바른길이요, 그리고 성령
으로 임하는 것이요, 하늘의 지혜를
얻는 그와 같은 삶을 살지 못하기에,
24 너희들의 보배보다도 더 소중하고 귀
한, 진주보다 더 귀하고 소중한 새로
운 성경을 내가 나의 아들을 통하여
너희들에게 내려보냄이니라.
25 그러니 너희들이 이 모두를 읽고 깨우
쳐 선택하는 것, 결정을 할 수 있는 그

지혜를 내가 내려 줌이니,
26 그리하여 나의 새로운 성경을 읽지 아니하고 정독하지 아니하고는 너희들이 나에게 오를 수 없다 함이 여기 있음이니 명심하도록 그리하라.

10,960 번째 하나님 말씀

2004년 5월 7일 06시 39분

1 사랑하는 나의 아들아!
2 "네, 아버님! 말씀하옵소서."
3 2천 년 전 나의 아들 예수가 무어라 말하였느냐?
4 그가 가는 것이 오늘의 아픔이요 슬픔이 있으나, 예수가 감으로 인하여 새로운 보혜사가 세상에 내려갈 것이며, 그리고 예수는 하늘에 와 너희들에게 오를 수 있는 그 처소를 준비하여 너희들을 맞이한다 그리하지 않았느냐?
5 그러면서 나의 아들은 너희들에게 명했느니라.
6 너희들이 성령으로 임하는 백성이 되어 거듭나라, 그와 같이 거듭나는 백성이 나에게 오를 수 있는 백성이라 그리 말하지 아니하였던가?
7 그러나 너희들이 그를 행하지 아니하며 그를 따르지 아니하는 오늘의 형국이 되었음을 알아야 될 것이니라.
8 그와 같이 성령으로 임하여 처소를 준비할 것이니, 너희들이 올 수 있는 준비를 하라 그리하였거늘,
9 내가 나의 아들을 통하여 말했듯이, 강물을 거슬러 올라와야 되는 그 어렵고 힘든 길을 너희들이 포기하고,
10 그저 너희들이 편안히 앉아 있으면 흘러내려 가는 그 물줄기에 몸을 맡기고 가, 너희들이 벼랑이요, 낭떠러지로 떨어질지 안 떨어질지 저 자신도 모르면서 그저 즐거우며, 너희들이 흘러감이 편안하며,
11 그리고 너희들이 거슬러 올라가고자 하는 것이 어리석은 백성이라 하며 그리 가지 못하게 하며, 너희들이 흘러가는 아래로 내려가는 그 길만을 가는 것이니, 오늘의 나의 피조물 만백성 너희들의 신앙이요 믿음의 길이 그리 왔느니라.
12 그리하여 너희들이 흐르고 흘러 더 이상 흐르면 벼랑으로 떨어지기에, 지금 새로운 성경이요, 새로운 보혜사를 내려보내 내가 나의 아들을 통하여 160권으로써 너희들을 다시 일깨우고자 그 역사를 이루니,
13 너희들이 새로운 성경을 읽지 아니하며 새로운 시대를 열어 가는 것을 알지 못하는 자, 결코 너희들이 거기에서 돌아서서 그 역류의 길을 올 수 없는 것이니, 이를 어찌해야 된단 말이더냐?
14 그래도 나는 너희들을 사랑하기에, 너희들이 거기에서 거듭나 구원의 길을 얻는 백성이 될 수 있도록,
15 아무리 멀리 흘러갔다 해도 다시 너희들이 역류하여 강물을 거슬러 올라오는, 나에게 오르는 그 길을 올 수 있는 백성이 되어, 너희들이 그 길을 와 주기를 바라는 것이 나 여호와의 간곡한 마음이라는 것을 그리 전하라.

10,961 번째 하나님 말씀

2004년 5월 7일 11시 49분

1 사랑하는 나의 아들아!
2 "네, 아버님! 말씀하옵소서."
3 사랑하는 피조물 만백성 너희들의 마
음이 두마음이라 하지 아니하였더냐?
4 너희들이 선함을 행하고자 하는 마음
과 악함을 행하고자 하는 악한 마음이
요, 그 욕심에서 나오는 악한 마음이,
그와 같이 두마음이 있음이니,
5 너희들 자신이 선한 마음이 얼마나 주
도권을 가지고 있느냐에 따라서 너희
들이 바로 오고 못 오는 그와 같은 운
명에 처함을 알아야 될 것이니라.
6 작은 집단의 모임도 그러하니라.
7 너희들은 누가 주도권을 가지고 있느
냐에 따라서,
8 악한 자들이요, 잘못된 자들이 주도권
을 잡고 있느냐, 그렇지 아니하면 선
한 자들이 주도권을 가지고 있느냐에
따라서 그 모든 흐름은 거기에 따라
변화되는 것이 아니더냐?
9 지금의 살아가는 나의 피조물 만백성
너희들에게 내가 세상에 모두를 내려
주었으며, 너희들에게 내가 예언된 것
을 다 내려 주었으며, 너희들이 노력
하여 얻고 살 수 있는 것까지 다 내려
주었거늘,
10 오늘의 너희들이 종교 집단이요, 지도
자요, 그 믿음 속에서 가는 그 백성,
너희들이 과연 어떠한 주도권에서 지
금 행하고 있는가, 그것을 들여다봐야
될 것이니라.
11 참진리요, 너희들이 하늘에 오르는 길
이요, 나 여호와의 뜻에 의하여 이 세
상을 지배하는 그와 같은 종교 집단이
주도권을 가지고 이 세상을 지금 지배
하고 있다면,
12 너희들은 머지않아 하늘에서 이루어
진 것같이 지상에서 이루어지는 그와
같은 영광을 얻을 것이니라.
13 그러나 지금의 종교 집단이요, 지도자
요, 그 믿음의 길을 가는 백성들이 진
정한 참진리가 아니요, 비진리요, 그
리고 나의 뜻과는 관계없는 것, 내 뜻
을 거역하는 그와 같은 너희들의 믿음
이요, 신앙을 가지고 있는 자들이 세
상의 주도권을 쥐고 있다면,
14 과연 여기에서 너희들이 새로운 것이
요, 새로운 역사가 거듭나기가 얼마나
힘들고 어렵겠느냐?
15 지금 내가 너희들의 오늘의 믿음이요,
모든 종파요, 집단이 뭐라 했느냐?
16 그저 몸통만 불린 자들이라 하지 아니
하였더냐?
17 구원을 받을 것, 구원을 받는다는 것,
그리고 천국에 올라와 너희들이 상을
받는다는 것, 그것만 너희들이 몸통을
불리고 불려,
18 움직이지도 못하며 인간의 기능도 하
지 못하는 그와 같은 흉한 모습으로
되어 있는 것이 너희들의 몸통이라 하
지 아니하였더냐?
19 그러니 그것을 정상적인 사람이요, 내
가 쓸 수 있는 사람으로 너희들을 다
스려 간다 했듯이,
20 지금의 잘못된 종파요, 잘못된 그 믿
음의 길을 가는 백성들이 이 세상의
주도권을 잡고 있기에,

21 너희들이 도둑이 들끓는 세상이요, 사
람이 사람을 무서워하며 너희 스스로
종말이요, 말세라는 그와 같은 말을
쉽게 하고 있는 것이 아니더냐?
22 사랑하는 나의 아들아!
23 너희들이 주도권이 잡혀 있지 않은
속에서도 바른길이요, 참진리를 전하
기는 힘든 것이거늘,
24 모든 자들이 하나에서부터 열까지, 물
질에서부터 집단의 수에서부터, 그리
고 교회요, 너희들의 성막의 수에서부
터 모든 주도권을 다 잡고 있으며,
25 새로운 역사요, 새 진리요, 나의 성경
은 지금 주도권이 없으며 뿌리가 없이
이제 시작함이니, 너희들이 얼마나 어
렵고 힘들겠는가?
26 그들이 밀어붙이는 것, 그들이 핍박하
는 것, 그들이 치고 나오는 것, 그 모
두를 너희들은 지금 이리 당하고 저리
당하면서 너희들이 쓰러지지 아니하
는 상태에서 역사해야 됨이니,
27 오늘의 너를 따르는 제자들이요, 그리
고 지금 나의 법전을 읽고 깨우친 백
성, 너희들이 바로 가고 바로 서기가
그리하여 어렵고 힘드느니라.
28 그러나 너희들은 인내해야 되며 참고
가라.
29 그리하면 모든 승자는 너희들이라는
것을 잊지 말라.
30 오늘의 주도권이 반대로 역사할 것이
며, 너희들이 주도권을 잡고 모두를
이끌어 가는 날이 머지않아 있을 것이
니 그리 알라, 사랑하는 나의 아들딸
들아!
31 너희들이 육의 세상의 삶을 다하기 전
에 그 영광이요, 축복된 것을 볼 것이
니,
32 그와 같은 것을 봤을 때 너희들이 나
에게 오를 수 있는 백성이요, 내가 명
한 나의 법전을 만들고 세상에 전하는
역사를 한 것에 보람을 느끼게 될 것
이니,
33 사랑하는 나의 아들딸들아! 머지않았
음이니라.

10,962 번째 하나님 말씀

2004년 5월 7일 11시 53분

1 사랑하는 나의 아들아!
2 "네, 아버님! 말씀하옵소서."
3 너희가 진정한 믿음이란 말로써 이루
는 것이 아니라고 내가 수없이 너희들
에게 깨우쳐 주지 아니하였더냐?
4 그러니 너희들이 말로써 이루는 것이,
말로써 역사하는 것이 구원이요, 믿음
이요, 하늘에 오르는 길이라 지금 모
든 종교 집단이요, 모든 종파들이 그
리 가고 있으며,
5 그리하여 광분한 자들이 지금 저희들
은 구원을 받았다 감히 그리 말하지
않더냐?
6 믿음이라는 것은 너희들의 생각에서
그치는 것, 그것이 진정한 믿음이 아
님을 알아야 될 것이니라.
7 너희들이 말로써만 믿음이요, 행동으
로써 옮기지 아니한다면, 과연 너희들
이 나의 뜻을 성취하고 이룰 수 있단
말이더냐?
8 내가 너희들에게 여기 있는 바위를
100미터 전방에 옮기라 했으며, 그것

이 나의 뜻이라면,
9 너희들이 말로써 옮긴다, 옮긴다, 옮
겨졌다 말하면 되겠느냐?
10 너희들이 내 뜻을 따라 몸과 마음을
다하여 그 바위를 옮겨야만 그 뜻이
이루어지며, 내가 원하는 뜻을 역사하
는 것이 아니더냐?
11 그리고 내가 원하는 것이 성취되는 것
이 아니더냐?
12 나의 사랑하는 백성 너희들로 하여금
내가 원하는 것을 성취시키며 내 뜻에
따라 너희들이 거듭나는 백성으로 이
루기 위해서는 너희들이 행동이 같이
따르지 아니하면 아니 되며,
13 생각보다도 행동이 귀하고 소중하다
는 것을 나의 아들을 따르는 제자 너
희들은 확실히 믿고 따라가도록 그리
하라.
14 모든 역사가 너희들이 행동으로 하지
아니하면 이루어지는 것이 없음이니
라.
15 그러니 너희들이 말로써만 역사하며
행동으로써 하지 않으면 이루어지는
것이 없으니, 결과가 또한 없는 것이
아니더냐?
16 결과가 없는 것은 성취됨이 없느니라.
17 그리하여 너희들이 생각과 행동을 같
이해야만 그것이 온전한 신앙이요, 온
전한 믿음이요, 너희들이 나에게 오는
진리의 길이라는 것을 알아야 될 것이
니라.
18 너희들이 하늘에 오르는 길이요, 구원
이라는 것, 거듭나는 것을 말로써 부
르짖는 그 믿음에서는 너희들이 아무
것도 얻을 수 없으며 역사할 수 없으
며, 그건 죽은 믿음이라 내가 성서에
기록한 그 뜻을 알겠느냐?
19 너희들이 결과가 있으며 성취되는 것
은 바로 너희들이 행하고 움직여 행동
에 따라서 모두가 얻어짐이니,
20 그리하여 너희들이 행함이 얼마나 중
요한가를 지금 모르고 있는 그 불쌍하
고 가련한 백성들에게 전하여 깨우쳐
주도록 그리하라, 사랑하는 나의 아들
딸들아!

10,963 번째 하나님 말씀

2004년 5월 7일 12시 01분

1 사랑하는 나의 아들아!
2 "네, 아버님! 말씀하옵소서."
3 너희가 순종하는 백성이 되라 함이,
그것이 무엇이더냐?
4 너희들이 몸과 마음을 다하여 충성하
는 백성이요, 그리고 나 여호와의 뜻
에 순종하는 백성이라 내가 너희들에
게 가르치고 전함이니,
5 너희들은 순종한다는 그 뜻이 무엇이
더냐?
6 너희들이 내 뜻에 따라 역사하며 너희
들이 행위로써 연결하여 바르고 고운
삶이요, 결과를 이룰 수 있는 그와 같
은 삶을 살라 함이니,
7 바로 너희들에게 순종이라는 나 여호
와의 뜻임을 알라.
8 내가 명하는 말을 듣고 너희들이 알아
듣기만 하고 행함이 없는 것은 순종함
이 아니니라.
9 순종하는 것은 너희들이 깨우침을 얻
으며 또 깨우침에 따라서 너희들이 행

동으로써 옮기는 것,
10 그러니 너희들이 깨우침과 행동이 연
결되어 이루는 것이 정녕 순종이요,
내가 너희들에게 가르치고자 하는 순
종의 의미임을 알라, 사랑하는 나의
아들딸들아!
11 내가 존재함을 너희들이 믿는다면 행
위라는 것이 얼마나 두려운 것인가를
알아야 될 것이니라.
12 너희들이 나에게 와 심판을 받고 못
받는 것, 그리고 너희들의 심판의 결
과가 다 너희들의 행위에 따라서 이
루어짐이니,
13 행위라는 것이 얼마나 두려운 것인가
를 너희들은 알아야 될 것이니라.
14 행위가 없는 사랑은 아무런 의미요,
가치가 없지 않더냐?
15 사랑이요, 너희들이 나누며 사는 것,
그것은 무엇이더냐?
16 네 희생이요, 네 것을 남에게 전하며
나누어 주는 것이 아니더냐?
17 그 자체가 또한 무엇이더냐?
18 그것도 행위에서 역사하는 것이니, 행
위가 없는 말로써 너희들이 모두를 이
루는 것은 이루어지는 것이 없으며,
결과가 없으며 성취되는 것이 없으며
목적하는 바가 이루어지는 것이 아무
것도 없음이니라.
19 그러니 지금 믿음의 길을 가는 백성
너희들이 말로써 모두를 부르짖으며
행함은 없으니 나와 관계없으며,
20 너희들이 나에게 오르는 길이 아니요,
나의 뜻을 거부하는 그와 같이 흘러
가는 인생을 사는 것이라 함을 알겠
느냐, 사랑하는 나의 아들딸들아!
21 내가 오죽하면 너희들에게 말하였느
냐?
22 너희들은 강물을 거슬러 올라오는 그
와 같은 역사를 하는 것이 나에게 오
르는 길이거늘, 그 손이 부르트며 어
렵고 힘들게 강물을 거슬러 올라오는
그 수고로움은 하지 아니하고,
23 그저 흘러가는 대로 맡겨 두고 흘러가
는 그 편한 것에 그것이 하늘에 오르
는 길이요, 믿음의 길이라 잘못 가르
치는 종교 집단이요, 지도자 그들의
말에 현혹되어,
24 너희들이 흘러가는 곳에 몸을 편승하
여 그저 웃고 즐기며 살아가는 것이
아니더냐?
25 그것이 곧 너희들이 나로부터 멀어지
는 길이라 내가 하였음이니라.
26 내가 이리 가라 하는 것을 너희들이
오지 아니하고 반대로 간다면 과연 어
찌하겠느냐, 사랑하는 나의 아들딸들
아!
27 내가 너희들에게 그리 말하느니라.
28 지금서부터 너희들이 상류로 흘러와
나에게 오르라 그리 말하였거늘,
29 너희들이 상류로 오르지 아니하며 하
류로 흘러가는 그와 같은 행위를 하는
믿음으로 가는 백성들, 그것이 지금
너희들 모두가 지금 2천 년 동안 역사
해 온 것이니,
30 이는 첫 단추를 잘못 끼운 것이요, 처
음에 시작을 잘못하여, 가르치는 지도
자들이 나의 피조물 만백성들에게 험
하고 좁고 힘든 길을 따라오라면 따르
지 아니할 것이니,
31 그리고 고독하고 어려운 길을 가기 싫

어하는 종교 집단 지도자들이요, 그리
고 예수처럼 어렵고 힘든 길을 갈 수
없는 용기 없는 자들이 편안한 방법으
로써 너희들이 깨우치며,
32 하늘에 오르는 길이요, 구원을 받는
것은 뒷전이요, 너희들에게 그저 맹종
하며 너희들을 부르짖으며 너희들 앞
에 모두를 다 바치며, 너희들이 종과
같이 부릴 수 있는 백성을 만들기 위
하여 흘러가는 배에 너희들이 타라 그
리하느니라.
33 상류로 거슬러 가는 어려움이 아니라
그저 하류로 흘러가는 그와 같은 길을
감이니,
34 너희들은 시작은 하나나 그와 같이 너
희들이 아래로 흐르느냐, 상류의 길로
나에게 오르느냐, 이 무서운 너희들의
삶에서 모두가 다 하류로 흘러가는 배
에 편승하고 가는 그와 같은 길이 되
었으며 모든 지도자가 그리 인도하고
있음을 너희들은 알라.
35 내가 나의 새로운 성경에 이와 같은
뜻을 기록하여 전하거늘, 이를 읽는
백성 너희들이 제자리에 멈춰 서서 과
연 어느 쪽으로 가며 좁은 길을 가고
어려운 길을 가는가?
36 너희들이 상류의 물을 거슬러 오르는
힘들고 어려운 길이라 하여 하늘에 오
르는 길을 오는가,
37 그저 편한 대로 지하로 흘러가는 대
로 낮은 곳으로 가고 있지 아니한가
한번 돌이켜 보도록 그리하라.
38 이제 지금까지 믿음의 백성이요, 믿는
다는 너희들이 모두를 잊어버렸으며,
생각조차도 하지 아니하며, 너희들이
무엇을 찾으려 하지도 아니하며, 너희
들이 바로 들여다보지도 않는 그와 같
은 오늘의 믿음 속에 젖어 온 것이니
라.
39 지금까지 그 모든 백성들의 믿음이라
는 것이 얼마나 어렵고 힘든 것인가를
생각하려고도 아니하며, 그리고 그와
같은 것을 생각해서 무엇인가 바른길
을 찾으려 하지도 아니하며,
40 그저 너희들이 흘러가는 대로 편안한
속에 살아가는 것이 하늘에 오른다는
그 생각에 젖어 있어 거기에 안주하고
있으며, 거기의 편안함에 너희들이 모
두를 다 잃고 그저 흘러감이니,
41 그게 바로 너희들이 지하로 흘러가는
길이라는 것을 어찌 모른단 말이더냐?
42 사랑하는 나의 아들딸들아!
43 너희들은 용감해야 될 것이며, 자신을
가져야 될 것이니라.
44 너희들이 용감하게 행동에 옮겨, 물을
거슬러 상류로 올라오는, 나에게 오르
는 그와 같은 행위를 주저하지 말며,
너희들이 지금이라도 시작하지 아니
하면 아니 됨이니라.
45 그러니 너희들이 그와 같이 어려운 행
동과 믿음이 같이 가는 백성을 무어라
말하느냐?
46 지금의 깨달은 백성이요, 그리고 나의
새로운 성경을 읽고 깨우친 그들이 너
희들처럼 편안히 앉아서 흘러가는 물
을 따라 지하로 흘러가는 것이 아니
요, 지옥으로 흘러가는 그와 같은 사
탄들이 만든 배를 타고 가지 아니하며,
47 내가 만든 배를 끌고 타고 물을 역류
하여 하늘에 오르는 길을 오는 그 백

성들을 사탄이요, 이단이라 그리 핍박
하며,
48 저 자신이 잘못 가고 있는 자, 제가 그
와 같은 고난의 길을 가지 아니하면서
너희들이 이를 합리화시키며, 이를 갖
다 모든 백성들에게 그것이 하늘에 오
르는 길이라 하여 그를 이해시키며 깨
우쳐 그들을 그리 유혹하기 위하여 온
갖 궤변을 다 토해 내는 것이 오늘의
종교 집단이요, 지도자들이요, 믿음의
길을 가는 백성들이요, 돈을 주고 자
리를 산 너희들이 평생 믿음의 길을
가는 자들이 하고 있는 짓이니라.
49 그러니 역류하고 어렵고 힘든 그 길을
가는 것, 하늘에 오르는 길을 위하여
피와 땀을 바쳐 가는 그 백성들에게
어리석은 자요, 바보요, 그저 저들은
잘못된 자요, 사탄의 자식이라 핍박하
면서,
50 너희들이 지금 흘러가는 물에 따라 스
스로 지옥으로 가면서 그 모두가 하늘
의 뜻이요, 하늘의 진리요, 그리고 너
희들의 그 모두가 내 뜻에 의해 역사
하는 것이라 합리화하는 그 궤변을 늘
어놓으며 나의 피조물 만백성을 속이
고 또 속이는 데 여념이 없으며,
51 그러면서 너희들이 그들로부터 편한
배를 태워 천국으로 편하게 모시니 재
물을 바치라 하여, 그저 그 배를 타는
뱃삯으로써 너희들이 겁도 없이 갖다
바치니,
52 이것이 너희들이 오늘의 잘못된 자요,
내 재물을 함부로 쓰는 자요,
53 너희들이 나에게 오는 길이 아니라,
그리 죽어도 가기 싫어하여 통곡하는
지옥의 길로 가는 너희들의 그 역사함
을 지금 행하고 있다는 것을 깨우치도
록 그리하라.

10,964 번째 하나님 말씀

2004년 5월 7일 12시 05분

1 사랑하는 나의 아들아!
2 "네, 아버님! 말씀하옵소서."
3 지금의 믿음의 길을 가는 그 백성들이
요, 그리고 지도자, 저희들이 그 믿음
을 얼마나 많은 세월 속에 살았으며,
지금 잘못된 믿음에 저희들이 얼마만
큼 저 자신을 바쳐 맹종 맹신하느냐에
따라서 너희들이 그 시간이 많고 많은
자일수록 짜깁기의 기도를 잘하며,
4 너희들이 또한 이 세상의 나의 피조물
만백성을 지옥으로 유도하는 그와 같
은 궤변을 잘 늘어놓으며, 그리고 너
희들이 잘못된 것을 변명을 하는 데,
너희들의 변명을 따를 자가 이 세상에
아무도 없음이니라.
5 성서를 가지고 너희들이 유리한 쪽으
로 그를 이용하여 악용하면서,
6 그 진실한 답이요, 진정한 질문을 하
는 자들에게 너희들은 궤변을 늘어놓
는 데 아주 선수이며, 변명을 하는 데
선수이며, 너희들이 또한 그리 살아가
면서 무엇이더냐?
7 이유가 많고 말이 많은 자들이 또한
너희들이 아니더냐?
8 이것이 오늘의 믿음의 길을 온 너희들
의 모든 경륜이요, 너희들의 그 역사
가 바로 이와 같은 것으로써 멈춰 있
는 자들이요, 그 속에 젖어 있는 자들

이요, 그 생활에 젖어 있는 자들이지,
9 참진리요, 하늘의 나 여호와의 뜻을
알고 연구하는 백성이 하나도 없음을
너희들은 알아야 될 것이니라.
10 그러니 너희들이 오늘까지 온 그 믿음
의 길이 무엇이더냐?
11 너 자신을 변명하고 합리화시키는 것
외에는 아무것도 너희들이 한 것이 없
으며 역사한 것이 없음이니라.
12 참진리의 질문을 하는 자에게 너희들
이 대답할 수 없으니, 그것을 궤변으
로써 변명을 하며 이유가 많으며,
13 너희들이 그와 같은 자를 현혹시켜 묻
지도 말며 따지지도 말며, 주의 종을
하나님같이 모시며 그저 예수님같이
모시고 따르면 되는 것이요,
14 선택된 주의 종을 잘 모시고 따르고
그가 행하라는 대로 가면 너희들이 구
원을 받는다, 무조건 따르라 이유가
있어서는 안 되며 변명이 있어서는 아
니 되니라.
15 묻는 것도 아니 되며, 너희들이 따져
도 아니 되며, 의문 나는 것을 너희들
이 알고자 해도 아니 되고,
16 그 모두는 나 여호와의 뜻을 거역하는
것이며, 나 여호와에게 불경스러운 죄
를 짓는 것이라,
17 그러니 종교 지도자가 어찌하든 콩을
보고 팥이라 하든, 팥을 보고 콩이라
하든, 너희들은 그저 '아멘, 할렐루야!
맞습니다, 믿습니다.' 하며 재물을 바
치라는 대로 재물을 내면 너희들이 구
원을 받고 하늘에 오를 것이니,
18 주의 종이요, 선택된 종이니, 너희들
이 그를 모시고 따라 하늘에 오르는
길만 보며 그리 가라, 그 이상은 아무
것도 하지 말라 하니,
19 주의 종이라는 자가 살인한 자요, 강
도한 자요, 사기 짓을 한 자요, 너희들
이 해서는 아니 되는 십계명의 모두를
위배하고 사는 자라도
20 너희들이 그의 말만 따르고 그가 명하
는 대로 따르면 된다는 것이 오늘의
너희들이 잘못된 믿음이요, 잘못된 신
앙이요, 잘못된 백성들이요, 맹종 맹
신하는 자들이요, 저 자신도 모르며
앞에 있는 자를 들여다보지도 못하는
어리석은 자들이기에,
21 너희들이 오늘의 이와 같은 믿음이요,
이와 같은 신앙에 젖어 있으니 하늘에
오르는 길이 아니요, 너희들이 그리
가기 싫어하는 그 지옥의 길로 달려가
는 일만을 몇천 년 동안 일삼아 왔고
역사했으며,
22 그 일을 위하여 살아온 것이 너희들이
요, 지금도 그 일을 위하여 노력하는
자요, 그리고 너희들 후손까지도 그리
가기 위하여 안내하는 자들이니라.
23 내가 무어라 했느냐?
24 너희들이 재물을 모으는 자, 부자가
되는 자, 낙타가 바늘구멍을 통과하는
것보다 어려운 것이 하늘에 오르는 길
이라 했거늘,
25 모두가 부자가 되게 해 달라고 울고불
고하는 것이 바로 너희들이 무엇이더
냐?
26 그와 같은 자들이니, 너희들은 여기서
두말할 것 없이 거듭나지 아니하면 아
니 됨이니 그리 알라 전하라.

10,965 번째 하나님 말씀

2004년 5월 7일 12시 13분

1 사랑하는 나의 아들아!
2 "네, 아버님! 말씀하옵소서."
3 밝은 태양이 지나면 밤이 옴이니, 나
의 모든 백성이 돌아갈 집이 있으며
거처할 곳이 다 있지 않더냐?
4 그러나 이 우주 만물의 모두를 창조한
나 여호와는 지금 갈 곳이 없으며 내
가 찾아갈 곳이 없다면, 과연 너희들
은 어떻겠는가?
5 나의 이 아픈 마음이요, 내 가슴 아픔
을 과연 너희들은 알겠는가?
6 그러니 내가 너희에게 묻노라.
7 사랑하는 나의 아들을 따르는 제자들
이요, 그리고 나의 법전을 읽고 깨우
친 만백성, 너희들은 바로 서는 백성
이요, 나의 아들딸로서 변화되는 삶이
요, 천사와 같은 마음으로 살고자 노
력하는 백성이 있을 때, 나의 성령이
임함이요, 나의 지혜를 너희들이 얻음
이니,
8 그곳에 내가 거할 수 있으며, 내가 찾
아갈 수 있는 공간이요, 집은 거기밖
에 없지 않더냐?
9 그러니 그와 같은 아들딸이 세상에 나
올 때, 내가 모두를 다 알려 주기 위하
여 지금 가슴속에 깊이 간직해 놓았으
며 내가 비밀로 감춰 놓았던 모든 하
늘의 뜻의 그 보따리를 풀 수 있는 때
를 기다리고 기다려,
10 지금 나의 아들을 따르는 제자들이요,
변화되는 너희들이 있기 때문에, 나의
아들을 통하여 그와 같은 역사를 이루
며, 나 여호와가 찾아갈 곳이요, 해가
지고 밤이 오니 나 여호와가 찾아갈
수 있는 그와 같은 안식처를 만들고
역사하는 것이 바로 나의 아들과 나의
아들을 따르는 너희들이라는 것을 알
라, 사랑하는 나의 아들딸들아!
11 그러니 내가 너희에게 부탁하느니라.
12 너희는 인간적인 생각과 인간적인 편
견을 가지고 세상사 모두를 보지 말
며, 인간의 욕심이요, 인간의 편견을
가지고 나의 법전이요, 새로운 성경을
공부하지 말라.
13 진실한 나 여호와의 백성으로서 참진
리를 얻고자, 나 여호와의 뜻을 알고
자 부단히 노력하는 진솔된 마음으로
너희들이 그리 공부하며 그 강론을 듣
도록 하라.
14 지금은 너희들이 생소하며 듣기 어려
우며 이해하기 어려우며 따르기 어려
운 그와 같은 나의 새로운 성경이 수
없이 내려감이니,
15 그렇다 해서 너희들이 중도에 포기하
며 나의 이 새로운 성경을 덮으며 이
를 중단해서는 아니 됨이니라, 사랑하
는 나의 아들딸들아!
16 세월이 지나면 지날수록 너희들이 내
가 내린 새로운 성경의 그 어렵고 힘
든 내막이요, 그 뜻을 다 알 수 있으
며, 생소한 그것들도 다 너희 심성에
와 닿을 때가 있을 것이니 그리 알라.
17 그러니 나의 이 법전 160권을 너희들
이 버리지 말며 끝까지 공부하고 깨우
쳐, 밤이 되니 내가 찾아가 안식하며
쉴 수 있는 그와 같은 안식처를 너희
들이 만들어 줄 수 있어야 되며, 너희

들이 만들어야 한다는 걸 절대 잊지
말라, 사랑하는 나의 아들딸들아!
18 너희들이 중도에 포기하고 무너진다
면 이 세상을 창조한 나 여호와가 갈
곳이 없으며, 내가 숨겨 놓은 성서의
그 위대한 비밀이요, 그 위대한 뜻을
전할 길이 없으며, 만백성을 위해 그
를 세상에 내려보낼 수가 없지 않더냐?
19 그러니 너희들이 생소하고 어렵고 힘
들다 해도 중도에서 포기하지 말며,
나의 새로운 성경을 가지고 너희들이
나의 아들의 강론을 들으며, 끝까지
깨우쳐 거듭나는 백성이 되어 나 여호
와의 안식처를 만들도록 그리하라, 사
랑하는 나의 아들딸들아!
20 지금은 어렵고 힘드니라.
21 그러나 너희들이 인간적인 생각과 인
간의 편견을 앞세워서 나의 새로운 성
경을 가지고 공부하지 말며,
22 마음을 비우고 너희 자신을 던지고,
나 여호와가 어찌하여 이와 같은 뜻을
내렸는가 너희들이 내 뜻을 알고자 깊
이 노력하고 또 노력하다 보면 모두를
얻게 될 것이니라, 사랑하는 나의 아
들딸들아!
23 내 앞에 와 한 점의 부끄러움이 없는
진실된 신앙의 길이요, 진실된 참진리
의 길을 가기 위하여 너희들이 최선을
다하여 노력하라.
24 그리고 내가 너희들에게 마음이 둘이
라 하지 않았느냐?
25 육은 하나지만 너희들의 정신적인 그
마음은 둘이니, 그 두마음을 너희들이
악한 마음을 다스리며 선한 마음으로
써 거듭나는 그와 같은 역사를 하라
하였음이니,
26 이를 명심하고 또 명심하여, 내가 내
리는 나의 새로운 성경을 가지고 공부
함에 있어서 진솔된 마음으로 최선을
다하여 연구하고 공부하도록 그리하
라.
27 그리하면 너희들이 모두를 다 얻을 것
이며, 아무도 모르는 그 깊은 하늘의
뜻을 알게 될 것이니라, 사랑하는 나
의 아들딸들아!
28 그때야말로 하늘에서 이루어진 것같
이 지상의 뜻이 역사하는 것이요, 그
를 너희들은 볼 것이니라.

10,966 번째 하나님 말씀

2004년 5월 7일 12시 17분

1 사랑하는 나의 아들아!
2 **"네, 아버님! 말씀하옵소서."**
3 너와 너를 따르는 제자들이요, 나의
법전을 읽고 깨우쳐 나의 법전을 가지
고 전하는 백성, 그들이 무엇이더냐?
4 너희들이 일 년의 농사를 짓기 위하여
농부가 터를 닦고 씨앗을 뿌리는 그
역사를 함이니라.
5 그 기초적인 씨앗을 뿌리는 역사를 하
면서 너희들이 힘들고 어렵다, 이 길
을 가지 못하겠다 하여 중도에 포기한
다면,
6 너희들은 무더운 여름에 김을 매 주며
그들을 다스리며 가꾸며 가지를 쳐 주
며, 결실을 거둘 수 있도록 그 길고도
긴 세월을 너희들이 어찌 가며 그 어
려운 역경을 과연 어찌 넘을 수 있단
말이더냐?

7 내가 너희들에게 무어라 하였느냐?
8 나의 새로운 성경을 만들어 너희들이
세상에 하얀 눈이 덮듯이 다 세상을
덮으라 하였음이니, 이는 바로 너희들
이 온 세상을 텃밭을 이루어 거기에
나의 새로운 씨앗을 뿌리라 함이니,
9 바로 농사를 짓는 농부로 말하면, 봄
에 씨앗을 뿌리는 그와 같은 역사를
하는 것이 지금 나의 아들을 따라가는
제자 너희들이 하는 길이니라.
10 너희들이 이 지상의 모두를 텃밭처럼
가꿔, 여기서 나의 법전이라는 씨앗을
뿌리고 또 뿌려 그 새로운 씨앗을 너
희들이 심어 놓아야만,
11 그것을 가꾸고 또 기르고 열매를 맺는
너희들의 후손이, 다음 세대가 그 모
두를 역사하여 이 지상이 천 년에 걸
쳐서 하늘에 이루어진 것처럼 이 땅에
서 이루어지는 그와 같은 역사이니라.
12 사랑하는 나의 아들딸들아!
13 너희들이 봄에 농부가 씨앗을 뿌리기
를 제철을 놓치며, 그리고 그가 게을
리한다면 그는 어찌하겠느냐?
14 수확할 수 없으며, 중간에 있는 그 사
람이 아무리 열심히 가꾸며 아무리 그
를 가꾸려 해도,
15 결국 그는 뿌리는 시기를 놓치니 그
가 성장할 수 없으며 그리하여 열매를
얻을 수 없으며, 그리하여 농부는 그
결실을 가을에 거두지 못하는 것이 되
지 않겠느냐?
16 가을에 걷지 못하는 그 농부의 통탄함
이 어떻겠느냐, 사랑하는 나의 아들딸
들아!
17 이게 바로 나의 뜻이니라.
18 그러니 너희들이 지금 봄에 씨앗을 뿌
리기 위해 터를 닦는 자들이요, 그리
고 너희들이 지금 터를 닦는 그 터전
위에 나의 법전을 만들어, 하얀 눈이
세상을 덮듯이 너희들이 법전이라는
그 새로운 성경의 씨앗을 온 세상에
뿌려 놓는 것으로써 너희들의 그 모든
대명이 끝나며 너희들의 사명이 끝남
을 알라, 사랑하는 나의 아들딸들아!
19 터를 닦고 봄에 씨앗을 뿌리는 것이
힘들고 어렵다면, 그를 가꾸고 가꾸는
긴 세월 동안에 그 모두를 가야 되는
너희들의 후손이 어찌 가며,
20 너희들이 못된 씨를 뿌려 놓으며 썩은
씨를 뿌려 놓았을 때, 그것을 믿고 너
희 후손들이 아무리 가꾸고 가꿔도 그
결과가 얻어지겠느냐?
21 그러니 아무리 기다려도 가을에 추수
할 것이 없느니라.
22 더욱이 너희들은 때를 놓쳐서도 아니
되며 또한 썩은 씨를 뿌려서도 아니
됨이니, 너희들이 만든 나의 새로운
성경이 어렵고 힘들다 하여 너희들의
임의대로 너희들 뜻대로 마음대로 해
서는 아니 되는 것이니라.
23 그러니 제시기에 맞춰 파종하듯이 때
를 맞춰 너희들이 좋은 씨로써 뿌리는
것을 잊지 말라.
24 너희들이 완벽히 터를 닦아 좋은 씨를
세상에 뿌려 놓았을 때, 그 너희들의
후손이 그를 가꾸고 가꿔 가을에 모든
결실을 거두는 그와 같은 역사의 한
단면을 내가 너희들에게 한 장의 그림
으로 보여 주니,
25 너희들은 터를 닦아 씨앗을 뿌리는 것

이 오늘의 나의 아들을 따르는 제자들
이요, 나의 법전을 읽고 깨우친 백성,
너희들이 할 일이요,
26 앞으로 천 년에 걸쳐서 그 모든 역사
하는 것은 너희들의 후손이요, 너희들
이 잘 뿌려 놓은 터전 위에서 너희들
의 후손이 잘 가꿔 나 여호와가 열매
를 거두는 그와 같은 역사를 이루도록
하는 것이 내 뜻이니,
27 이는 엄연한 사실이며 이는 불변인 것
을 알라, 사랑하는 나의 아들딸들아!

부 록

【하나님께서 가르쳐 주신 운동】

천재지변이 일어날 때, 동물이나 미물들은 미리 알고 대피하지만, 인간은 알지 못하고 큰 화를 당합니다. 하나님께서 인간에게 가장 높은 지혜를 주시고 완벽하게 창조해 주셨기에 동물들보다 더 잘 알 수 있지만, 욕심으로 마음이 혼탁해져서 한 치 앞을 보지 못하는 것입니다.

마찬가지로, 인간은 누구나 스스로 필요한 운동을 해서 건강을 지킬 수 있도록 하나님께서 만들어 주셨습니다. 우리의 머리에서 우리 몸에 필요한 동작을 해 달라고 끊임없이 신호를 보내지만, 인간이 혼탁하게 살아서 그 신호를 알아채지 못합니다. 그러니 자연스럽게 자기 몸이 원하는 그 신호를 따라서 운동하는 것이 하나님께서 가르쳐 주신 운동 방법입니다. 바로, 우리의 영이 육을 이끄는 운동입니다.

▶ 하나님 운동법

1. 눈을 감고, 발을 어깨너비로 벌리고 바르게 선다.
2. 몸에 힘을 풀고, 허리를 숙이면서 손과 머리를 아래로 내린다.
3. 허리를 펴고 싶을 때, 천천히 펴면서 하고 싶은 동작을 하면 운동이 시작된다. (사람마다 다르다.)
4. 멈추지 말고, 어떤 동작이든지 자기 몸의 느낌대로 계속 이어서 한다.

▶ 참고 사항

① 눈을 감은 상태로 아무 생각 하지 않고, 자기 몸의 느낌대로 움직입니다.

② 마음을 비우고, 욕심을 버리고, 지난날의 잘못을 반성하면서 몇 차례 시도하다 보면, 자기도 모르게 하고 싶은 동작이 끊임없이 생깁니다.

③ 운동 장소는 방 안이든 운동장이든 관계없으며, 걷거나 달리고 싶을 때는 눈을 떠도 됩니다.

④ 매일 40분 이상, 주 4회 이상, 3개월 이상 하면 음식 조절에 들어갑니다.
- 음식으로 생긴 병은 음식으로 치료하게 되며, 어떤 음식을 먹어야 하는지 스스로 알게 됩니다.
(자기 몸에 필요한 음식만 먹고 싶어집니다.)

⑤ 사랑하는 사람과 함께 운동하면 서로 치료해 주기도 합니다.

⑥ 운동을 하다가 몸의 어느 한 부분을 계속 손으로 자극한다면 그쪽에 이상이 있는 것이니, 의사에게 상담을 받고 적절한 치료를 받으면 됩니다.

⑦ 다이어트 및 기타 건강관리에 효과적입니다.

⑧ 꾸준히 운동하여 영이 맑아지면, 자신의 과거와 미래를 스스로 보게 됩니다.

누구나 스스로 하실 수 있습니다.

간행사

《새로운 성경》은:

· 새로운 성경은, 하나님께서 선량하고 선한 자를 선택하여 십계명을 암송하도록 하시고, 십계명을 암송한 다음에 음성으로써 들려주시는 말씀을 듣고 그대로 카세트테이프에 녹음해서 받아쓴 책입니다.

· 90분짜리 녹음테이프 700여 개에 달하는 말씀으로, 1999년 8월부터 2004년 7월까지 총 160권(권당 288쪽)을 완성하였으며, 그 이후에도 현재까지 계속 말씀을 내려 주고 계십니다.

· 새로운 성경은 "하늘을 두루마리 삼고 바닷물을 먹물 삼아 쓰고 써도 다 못 쓴다"는, 끝없이 방대한 하나님의 말씀이 두루마리로 직접 내려오는 것입니다. 이러한 새로운 성경은 구약과 신약을 폐하려는 것이 아니라 "인봉된 성서의 비유의 뜻"을 상세히 설명하여 완성하고자 하나님께서 직접 내려 주신 말씀입니다.

《새로운 성경》의 구성:

· 제 목: 2013년, 160권 모음집을 발간하면서, 본 도서의 제목을 "하나님! 말씀하옵소서"에서 《새로운 성경》 으로 명해 주셨습니다.

· 단행본: 각 권당 288쪽(신국판) 책이 160권까지 시리즈로 출판됩니다.
(모음집은 단행본을 16권씩 묶어서, 총 10부로 구성됩니다.)

《새로운 성경》의 성경적 근거:

· 신약 성경 [요한복음] 16장 13절에 "진리의 성령이 오시면 그가 너희를 모든 진리 가운데로 인도하시리니 그가 자의로 말하지 않고, 오직 듣는 것만을 말하며" 하신 말씀처럼 하나님의 음성을 들은 것만 기록하였으며,

· "장래 일을 너희에게 알리시리라" 하신 말씀과 같이 개인, 나라, 인류의 "장래"일을 하나님께서 알려 주시는 것만 기록하여 책으로 만들었습니다.

《새로운 성경》의 기록 방법:

· 1999년 8월부터 하나님께서 저에게 들려주시는 음성을 기록하였습니다. 처음에는 제가 들은 말씀을 불러 주면 저의 아내가 기록하여, 2000년 1월 29일에 1권 초판이 세상에 나왔습니다. 2000년 4월부터는 주시는 말씀을 받아 녹음기에 기록하기 시작하였습니다.

· 녹음을 시작하면서 하나님의 말씀을 받는 데 가속도가 붙었고, 2001년 5월 3일에 1부(1~16권까지)를 인쇄하여 출판하였으며, 2004년 7월까지 총 160권 분량의 말씀을 받아 기록하였습니다.

하나님께서 저에게 주신 것은:

· 첫째, 만백성을 상대로 내려 주시는 "기도", 둘째, 수시로 내려 주시는 "묵상", 셋째, 개인의 과거, 현재, 미래를 알려 주시는 "개인 기도", 넷째, 개인의 건강을 위해서 내려 주시는 "음식 처방", 다섯째, 하나님께서 가르쳐 주신 "운동"등이 있습니다. 이 중에 첫 번째, "기도"를 책으로 편찬하였습니다. 사람의 생사, 개인의 미래에 관한 천기는 수록하지 말라 하셨습니다.

강론 안내:

· 하나님께서는 지금도 매일 저에게 새로운 하늘의 비밀의 말씀을 내려 주고 계십니다. 수시로 내려 주시는 말씀을 정리해서 제자를 육성하라는 말씀에 따라 매주 강론을 하고 있습니다. 누구나 무료로 들으실 수 있습니다. (book160.com)

《새로운 성경》을 읽는 분들에게 드리는 선물:

· 개인 기도: 개인의 과거, 현재, 미래에 관하여 말씀을 내려 주십니다.

· 음식 처방: 사람은 음식을 먹고살다가 건강을 잃으니, 음식과 운동으로 건강을 되찾는 방법을 알려 드립니다. 단, 하나님이 계심을 믿고, 십계명을 지키겠다고 진실로 서약하는 분들께 알려드립니다.

《새로운 성경》의 은혜와 기적:

· 새로운 성경 전160권은 16권씩 묶어서 총 10부의 모음집으로 구성됩니다. 모음집 한 부를 읽고 깨우치는 자에게 하나님께서 다음과 같은 기적이 있다고 하셨습니다.

· "첫째, 그가 죽어 하늘에 갔을 때 그의 죄를 묻지 아니하며, 구원을 받는 위대한 은혜가 있으며, 둘째, 그의 소원과 소망이 이루어지고, 셋째, 죽은 자(부모, 형제, 자식, 사랑하고 은혜 입은 분)의 이름으로 구입한 책을 읽고 누군가 한 사람이 깨우칠 때, 그 죽은 자가 지옥에서 천국으로 구원을 받게 되며, 넷째, 유산, 중절 수술 등으로 태어나지 못한 아이를 위하여 구입한 책을 보고 한 명이 깨우쳤을 때, 그 아이가 사람으로 다시 한 번 태어나는 은혜를 받는다."

· "새로운 성경"을 3회 이상 정성을 다해 정독하는 자, 성서의 비밀을 알게 되고, 세상의 이치를 알게 되며, 세상을 지배하고 통제할 수 있는 지혜를 다 얻게 된다고 하셨습니다. 이 책은 만백성이 정독하고 이웃에게 전하여, 평생 가슴에 묻은 슬픔과 고통의 짐을 벗고 미래를 위한 힘찬 삶을 살아가도록 하는 책입니다.

끝으로

· 하나님께서는 흰 눈이 세상을 덮듯이 새로운 성경을 온 세상에 전하라고 하셨습니다. 《새로운 성경》을 각국어로 번역해서 온 인류에게 구원의 길을 깨우쳐 주고, 그 수익으로 가난하고 어려운 백성을 구제하여, 만백성의 영과 육을 함께 구원하는 선지자의 임무를 수행하라고 저에게 명하셨습니다.

· 하늘에서 내려 주신 말씀의 보화를 만백성에게 나누어 주는 것이 선지자의 임무라고 하셨습니다. 새로운 성경을 통해서 얻는 재물을 사용할 곳도 하나님께서 일일이 명해 주십니다. 모든 재물은 저의 자의로 쓸 수 없고, 하나님께서 명하시는 대로만 쓰여집니다.

· 어떤 명분으로든 십일조나 각종 헌금을 거두어들이지 말라 하셨으며, 국내뿐 아니라 각국에 성전과 단독 서점을 운영하며, 한국의 많은 젊은이들을 전 세계에 지도자로 내보내라고 하셨습니다.

· 우리는 세계적으로 새로운 성경을 보급하며 어려운 이들을 돕는 역사를 해 나갈 것입니다. 지금까지 비록 몇 명 안 되는 제자들과 함께 이러한 일을 역사했지만, 앞으로도 계속 하나님께서 기뻐하시는 일들을 해 나갈 것입니다. 부족한 저희에게 여러분들의 지혜와 성원을 보내 주시기를 바랍니다. 많은 분들의 참여와 도움을 간절히 기다립니다. 감사합니다.

한국어로 내려온 《새로운 성경》 단행본을 출간하며
2016년 4월 10일

발행인 **김 용 철**

한국어로 내려온

새로운 **성 경** · 10부 · 제145권

지은이 하나님 말씀
대역자 김용철

초판인쇄 1쇄 2017년 2월 1일
2쇄 2017년 6월 21일

펴낸 곳 도서출판 하얀마음
등록번호 제 10-2107호 (2001년 2월 14일)
주소 서울시 노원구 덕릉로86길 5, 2층
전화번호 02) 313-1114
팩스 02) 393-5554
전자우편 book160@hanmail.net
편집위원 조나영 김미향 이석교
제작지원 김서영 이상빈

도서상담 1600-7527
ISBN 978-89-5875-245-5 (04230)
978-89-5875-100-7 (세 트)

값 10,000원
잘못된 책은 구입하신 곳에서 바꾸어 드립니다.

※이 책은 10부로 제작되며, 각 부 16권씩 총160권으로 구성됩니다.※

1부	2부	3부	4부	5부	6부	7부	8부	9부	10부
1권	17권	33권	49권	65권	81권	97권	113권	129권	145권
2권	18권	34권	50권	66권	82권	98권	114권	130권	146권
3권	19권	35권	51권	67권	83권	99권	115권	131권	147권
4권	20권	36권	52권	68권	84권	100권	116권	132권	148권
5권	21권	37권	53권	69권	85권	101권	117권	133권	149권
6권	22권	38권	54권	70권	86권	102권	118권	134권	150권
7권	23권	39권	55권	71권	87권	103권	119권	135권	151권
8권	24권	40권	56권	72권	88권	104권	120권	136권	152권
9권	25권	41권	57권	73권	89권	105권	121권	137권	153권
10권	26권	42권	58권	74권	90권	106권	122권	138권	154권
11권	27권	43권	59권	75권	91권	107권	123권	139권	155권
12권	28권	44권	60권	76권	92권	108권	124권	140권	156권
13권	29권	45권	61권	77권	93권	109권	125권	141권	157권
14권	30권	46권	62권	78권	94권	110권	126권	142권	158권
15권	31권	47권	63권	79권	95권	111권	127권	143권	159권
16권	32권	48권	64권	80권	96권	112권	128권	144권	160권